U0665661

国家社科基金
GUOJIA SHEKE JIJIN HOUQI ZIZHU XIANGMU
后期资助项目

明代四夷馆研究

A Study on Siyiguan in Ming Dynasty

任 萍 著

北京师范大学出版集团
BEIJING NORMAL UNIVERSITY PUBLISHING GROUP
北京师范大学出版社

图书在版编目(CIP)数据

明代四夷馆研究／任萍著.—北京：北京师范大学出版社，2015.9
（国家社科基金后期资助项目）
ISBN 978-7-303-19153-6

Ⅰ．①明… Ⅱ．①任… Ⅲ．①外语教学－教育史－研究－
中国－明代 Ⅳ．① H09-092

中国版本图书馆 CIP 数据核字（2015）第 140012 号

营 销 中 心 电 话　010-58805072 58807651
北师大出版社学术著作与大众读物分社　http://xueda.bnup.com

MINGDAI SIYIGUAN YANJIU

出版发行：北京师范大学出版社 www.bnup.com
　　　　　北京市海淀区新街口外大街 19 号
　　　　　邮政编码：100875
印　　刷：北京京师印务有限公司
经　　销：全国新华书店
开　　本：787mm×1092mm　1/16
印　　张：15
字　　数：230 千字
版　　次：2015 年 9 月第 1 版
印　　次：2015 年 9 月第 1 次印刷
定　　价：58.00 元

策划编辑：曾忆梦　　　　　责任编辑：曾忆梦
美术编辑：袁　麟　　　　　装帧设计：毛 淳 袁 麟
责任校对：陈 民　　　　　责任印制：马 洁

版权所有 侵权必究

反盗版、侵权举报电话：010-58800697
北京读者服务部电话：010-58808104
外埠邮购电话：010-58808083
本书如有印装质量问题，请与印制管理部联系调换。
印制管理部电话：010-58805079

国家社科基金后期资助项目

出 版 说 明

后期资助项目是国家社科基金设立的一类重要项目，旨在鼓励广大社科研究者潜心治学，支持基础研究多出优秀成果。它是经过严格评审，从接近完成的科研成果中遴选立项的。为扩大后期资助项目的影响，更好地推动学术发展，促进成果转化，全国哲学社会科学规划办公室按照"统一设计、统一标识、统一版式、形成系列"的总体要求，组织出版国家社科基金后期资助项目成果。

全国哲学社会科学规划办公室

凡　例

1. 引用古文献时，除了部分内容为已经出版的古文献点校本之外，其他引自《四库全书》、《续修四库全书》、《明实录》以及其他古籍的文献，均为作者点校。

2. 引用古文献时，"□"为原文影印不清，无法辨识的文字。引用时根据需要，中间省略部分用"……"表示。古文献引文中"（）"内的文字，为笔者补充。

3. 引用古文献时，均已将原文中的繁体字、异体字改为现行的简体字。古人名中的繁体字没有对应简体字时，仍记为繁体字。

前　言

　　我国是外语教育大国，在国民教育体系中，外语教育占有十分重要的地位。新时期，为了更好地开展外语教育，我们有必要对外语教育史进行追溯。关于我国有史可考的最早的外语教育机构，一般有两种观点，一种认为是元代的"回回国子学"（付克，1986），一种认为是明代的四夷馆（马祖毅，1984），笔者更倾向于后者的观点。元代是个多民族融合的朝代，当时所称的"回回人"与汉人、蒙古人一样都是诸多民族中的一支，当时所称的"回回文"与汉文、蒙古文都是当时官方通用的文字之一。为了平衡民族利益，实现多元取仕，元朝廷先后设立了蒙古国子学、国子学与"回回国子学"等教育机构。蒙古国子学是为了教授与普及蒙古新字设立的，国子学是为了教授儒学经典设立的，"回回国子学"是为了教授亦思替非文字设立的①。"回回国子学"与蒙古国子学都可以视为元朝廷设置的教授民族语言文字的中央官学，而非外语教育机构。因此，笔者认为将元代的"回回国子学"视为我国古代外语学校的滥觞似有不妥。明朝永乐（1403～1424）年间，由于朝廷对外交往的频繁进行，需要大量精通周边民族及国家语言文字的翻译人员。于是，永乐五年（1407），我国历史上最早的官办多语种翻译学校兼中央翻译机构——四夷馆便应运而生了。四夷馆内先后设有十个译馆，除了教授民族语言文字之外，也教授外国语言文字。因此，可以说我国最早的有组织的外语教学活动是从明代四夷馆开始的。

　　明代四夷馆在我国外语教育史及翻译史上具有承上启下、继往开来的重要地位。四夷馆的翻译人才培养体系对我国近代外语教育的发展具有奠基作用，对今天的外语教育也具有启发意义。从目前的研究情况来看，我国古代外语教育史的研究相对薄弱，成果多集中在近现代研究。外语教育史的史料比较分散、难以尽收，而明代的史料又相对较早，因此目前还未见有专门研究明代多语种翻译教学的著作问世。

　　明代四夷馆的翻译教学为我国近代外语教育的发展奠定了基础。对

---

　　①　关于"回回国子学"的教学内容将在余论部分详细论述。

以四夷馆为代表的明代官办翻译教学进行系统的研究，可以更加深入地了解我国古代的翻译教学史，弥补相关研究领域的盲点，具有重要学术意义。培养人才、发展科技、服务社会是高等教育机构的三大职能。因为我国近代高等教育的开端是清代京师同文馆，其办学基础可以追溯到明代四夷馆的翻译教学，所以对明代四夷馆进行系统全面的研究对于追溯高等教育机构的职能也具有重要意义。

本研究的内容涉及古代外语教育史及翻译史，国内在这方面较为详细的研究开始于20世纪80年代。外语教育史早期的代表性成果有通史性研究，如付克《中国外语教育史》(1986)。近年来多为断代史性质的研究，如李传松、许宝发《中国近现代外语教育史》(2006)、高晓芳《晚清洋务学堂的外语教育研究》(2007)、李传松《新中国外语教育史》(2009)、易点点《晚清军事需求下的外语教育研究》(2010)、张美平《晚清外语教育教学研究》(2011)与《民国外语教学研究》(2012)等。上述通史性研究中仅个别章节提到明代四夷馆且内容简单；断代史性质的研究成果集中在近现代研究，对明代四夷馆只停留在追溯性介绍的阶段。

翻译史早期的代表性成果有马祖毅《中国翻译简史》(1984)、陈玉刚《中国翻译文学史稿》(1989)、臧克伦《中国翻译史话》(1991)、陈福康《中国译学理论史稿》(1992)、王克非《翻译文化史论》(1997)、郭延礼《中国近代翻译文学概论》(1998)等。这些不同类型与内容的翻译史著作为之后的研究奠定了基础。近年来的主要成果有通史性研究，如马祖毅《中国翻译通史》(2006)，其中对明代四夷馆的论述较为简单；有断代史性质的研究，如李伟《中国近代翻译史》(2005)，此书以鸦片战争时期的翻译为开篇，对明代四夷馆只在前言中简单述及；有专门史性质的研究，如孟昭毅、李载道《中国翻译文学史》(2005)、黎难秋《中国口译史》(2002)与《中国科学翻译史》(2006)，前者介绍了京师同文馆设立以后近代翻译文学的兴起与发展，后者虽然涉及明代的翻译活动，但对四夷馆只停留在概括性叙述。

20世纪90年代以来，关于明代四夷馆相关的研究论文成果有黄明光《明代译字教育述议》(1996)、刘迎胜《宋元至清初我国外语教学史研究》(1998)、乌云高娃《14～18世纪东亚大陆的"译学"机构》(2003)、李传松《中国外语教育史初探》(2006)、张美平《教习译写翻字，事虽轻而干系重——明代四夷馆翻译教学述略》(2011)等，这些成果多为综述性研究，对明代四夷馆的具体问题虽有涉及但分析还不够深入。

国外学者尤其是日本学者对明代四夷馆，特别是各译馆译语的关注时间较早，成果集中在 20 世纪 80 年代以前。乌云高娃在《日本学者对明"四夷馆"及〈华夷译语〉的研究状况》(2002)一文中对此做了梳理，相关成果有田坂兴道《最近关于四夷馆及〈华夷译语〉的研究》(1951)、渡边三男《关于〈华夷译语〉及"日本馆译语"》(1961)、坂井健夷《关于所谓丙种本〈华夷译语〉所收"朝鲜馆译语"中的汉语发音》(1975)等。

上述成果为进一步研究明代四夷馆奠定了基础，但是存在以下不足。国内学者虽然注意到明代四夷馆是我国外语教育史及翻译史上的重要环节，但对其设立原因、师生管理、教学内容等关键问题缺乏具体详细的研究，使我们无法了解古代外语教育发轫期的整体情况。国外学者主要关注明代番汉对译辞书《华夷译语》中个别译馆译语的内容，却很少从整体上对四夷馆的教材《华夷译语》进行详细论述。应该肯定，这些研究成果有利于我们对个别问题的深入了解，但仅从这些成果很难准确洞察明代官办翻译教学机构的整体情况，明晰四夷馆在我国外语教育史及翻译史上的重要地位与作用，从而整体把握我国外语教育以及翻译活动的发展历史。因此，我们非常有必要对明代官办翻译教育机构四夷馆进行系统的、全面的、深入的研究。

本研究围绕明代四夷馆的翻译教学展开，主体内容涉及"学校—教师—学生—教材"。除了绪论与余论之外，主体内容分为六章。绪论部分回顾了我国古代的涉外机构与翻译人员的发展演变历史，明确了作为明代重要涉外机构之一的四夷馆在我国外语教育史及翻译史上的历史阶段与地位。余论部分通过元代"回回国子学"与明代四夷馆的比较研究，进一步明确了界定明代四夷馆为我国最早的官办外语教育及翻译机构的缘由。主体部分共有六章，第一章为"明代四夷馆的设立"，论述了四夷馆的设立背景、建置沿革、机构设置与职能以及四夷馆的兴盛与衰落。第二章为"四夷馆的职官"，论述了四夷馆的提督官及各译馆属官的考核与升迁，四夷馆内的译字官、通事的职责与考核。第三章为"四夷馆的教师"，论述了四夷馆教师的选用与职责，管理与待遇。第四章为"四夷馆的学生"，论述了四夷馆译字生的招募与遴选，培养模式与考核制度，待遇与出路。第五章为"四夷馆的教学"，论述了四夷馆的教学目标、教学管理制度、教学内容与方法。第六章为"四夷馆的教材"，论述了明代的《华夷译语》以及北图古籍珍本丛刊本《华夷译语》的编撰与内容。

目 录

绪　论　我国古代的涉外机构与翻译人员①

我国自古对外交往活动频繁，周王朝及其后各个朝代在与周边各民族及国家的交往中都设立了涉外机构，并且设有专门负责迎送接待外番使者的翻译人员。涉外机构在古代政权中具有重要职能，翻译人员在朝廷的对外交往中发挥了重要作用。继唐代之后，明代迎来了对外交往的又一个高潮时期，其间中国交往的国家数量之多、地域之广阔、内容之丰富、变化之多端都是前所未有的②。同时，继元代的民族迁徙与融合之后，明代迎来了民族大融合的新时期。为了应对频繁的对外交往并加强对周边各民族的统辖，明朝廷迫切需要有一支专业的翻译人才队伍，于是设立了专门的翻译教育机构四夷馆来培养翻译人才。四夷馆成为明代涉外机构与民族管理机构的重要组成部分，体现了明代涉外机构的新特点。为了明晰明代涉外机构与从属于涉外机构的翻译人员的情况，有必要对我国古代涉外机构的发展演变以及不同时期翻译人员的称谓及其职责等问题进行简单梳理。

第一节　古代的涉外机构

古代中央都设有涉外机构，并配置相应的外事人员，负责涉外事务的管辖与处理。最早的涉外机构可以追溯到周朝，古代不同时期涉外机构的构成不同，所隶属的职能部门也不相同。明代的涉外机构继承了前代涉外机构的一些特点，同时由于国力的强盛和对外交往的频繁，涉外机构也呈现出不同于以往朝代的新特点。

---

① 中外学者常用同心圆来比喻以中国王朝为中心的具有等级特点的东亚朝贡体系，即以天子所居的京师王畿为中心，其外是州县地区，其外是边疆民族地区，其外是藩属国地区，其外是贸易国地区。（参见程尼娜：《羁縻与外交：中国古代王朝内外两种朝贡体系——以古代东北亚地区为中心》，载《史学集刊》，2014 年第 4 期）因此，文中所述"涉外"并不简单等同于现代意义上的涉外概念。根据古代不同时期，"外"的内涵也相应发生变化，即可以指相对于京畿的外辅，相对于朝廷的诸侯，相对于主流族群的少数族群，相对于中国的外国。

② 朱亚非：《明代中外关系史研究》，济南，济南出版社，1993，第 6 页。

一、周朝的中央涉外机构

周朝中央设有大行人、小行人、象胥、掌客等职务，负责接待各地的诸侯与使者。据《周礼·秋官司寇第五》载：

> 大行人：掌大宾之礼及大客之仪，以亲诸侯。
>
> 小行人：掌邦国宾客之礼籍，以待四方之使者。
>
> 象胥：掌蛮、夷、闽、貉、戎、狄之国使，掌传王之言而谕说焉，以和亲之。若以时入宾，则协其礼，与其辞，言传之。凡其出入送逆之礼节、币帛、辞令而宾相之。
>
> 掌客：掌四方宾客之牢礼、饩献、饮食之等数与其政治。①

从上述记载可知：周朝的大行人负责接待朝聘的诸侯与卿大夫；小行人负责接待各诸侯国的其他使者；掌客负责掌管四方使者的牢礼、饩献、饮食；象胥负责接待各国使者，传达天子诏谕。此外，象胥还负责教习各诸侯国使者朝觐的礼仪，充当其与周天子之间的翻译。凡是有关外番使节迎来送往的礼节、赏赐、辞令等都由象胥负责引导与教授。可见，作为礼仪之邦，我国从周朝开始在涉外接待中就非常注重礼仪，而且分工较为明确。周朝的象胥既是最早的涉外司仪，也是口译人员的滥觞。

二、秦朝的典客与汉朝的大鸿胪

与周朝的大行人、小行人一样，秦朝的典客与典属国主要负责处理与周边各部族相关的事务。据《汉书·百官公卿表第七上》载：

> 典客，秦官，掌诸归义蛮夷，有丞。景帝中六年更名大行令，武帝太初元年更名大鸿胪。属官有行人、译官、别火三令丞及郡邸长丞。
>
> 典属国，秦官，掌蛮夷降者。武帝元狩三年昆邪王降，复增属国，置都尉、丞、候、千人。属官，九译令。成帝河平元年省并大鸿胪。②

---

① 吕友仁译注：《周礼译注》，郑州，中州古籍出版社，2004，第531，539，551，552页。

② 班固撰、颜师古注：《汉书》，北京，中华书局，1962，第730，735页。

　　秦朝为管理归降的各部族，设立了典客与典属国，下设属官。典客负责归顺的各部，视其为"客"，意为友好往来的部族；典属国负责降服的各部，视其为"属国"，意为强行征服的部族。但据学者考证，秦朝时尚未有"典属国"，只有"属邦"，因此《汉书》中的上述记载并不确切①。

　　两汉时期，朝廷对中央涉外机构进行了三次较大的改革，分别是西汉的汉武帝时期、汉成帝时期以及东汉的光武帝时期②。汉景帝中元六年(前144)将典客更名为大行令，汉武帝太初元年(前104)又将大行令更名为大鸿胪，增置属官行人、译官、别火与郡邸。行人负责诸藩朝聘，译官负责翻译事务，别火掌管改火③之事④，郡邸可以视为地方政府的驻京办事处。这一时期的中央涉外机构具有新的特点，出现了专门负责语言文字翻译的属官，即大鸿胪下设的"译官"与典属国下设的"九译令"。

　　据《汉书·武帝记第六》载，汉武帝元狩二年(前121)，"秋，匈奴昆邪王杀休屠王，并将其众合四万余人来降，置五属国以处之。以其地为武威、酒泉郡"⑤。匈奴贵族昆邪王归降之后，朝廷在典属国中增设属国，增置属官。汉成帝河平元年(前28)将典属国并入大鸿胪。此时，中央负责处理涉外事务的机构除了大鸿胪之外，还有尚书主客曹。"鸿胪"本为大声传赞、引导仪节的意思。汉武帝时设立大鸿胪，掌管朝廷中诸多与仪节相关的事务。据《后汉书·志第二十五·百官二》载：

　　　　大鸿胪，卿一人，中二千石。本注曰：掌诸侯及四方归义蛮夷。其郊庙行礼，赞导，请行事，既可，以命群司。诸王入朝，当郊迎，典其礼仪。及郡国上计，匡四方来，亦属焉。皇子拜王，赞授印绶。及拜诸侯、诸侯嗣子及四方夷狄封者，台下鸿胪召拜之。王薨则使吊之，及拜王嗣。⑥

　　可见，大鸿胪主要负责皇家内外的典礼仪式。具体来说，对内负责

---

① 刘瑞：《秦"属邦"、"臣邦"与"典属国"》，载《民族研究》，1999年第4期。
② 黎虎：《汉唐外交管理体制的演进及其特点》，载《北京师范大学学报》，1998年第3期。
③ 《汉书·百官公卿表第七上》"典客"条载，如淳曰："汉仪注别火，狱令官，主治改火之事。"古代钻木取火，四季换用不同木材，称为"改火"，又称"改木"。
④ 一说"火"意为伙食，"别火"意为另起伙食，归义蛮夷不习惯中原饮食，故另起伙食，主其事者，则曰别火。参见高叶华：《秦汉大鸿胪官职考略》，载《河南理工大学学报》，2007年第2期。
⑤ 班固撰、颜师古注：《汉书》，北京，中华书局，1962，第176页。
⑥ 司马彪撰、刘昭注补：《后汉书》，北京，中华书局，1965，第3583页。

天子祭祀时的赞唱引导，对外负责诸王朝觐时的参奏礼仪。此外还负责在皇子封王时协助授予印绶，在拜授诸侯子嗣及四方受封者时负责召请拜认，在王侯去世时负责前去慰问吊唁。

据《后汉书·志第二十六·百官三》载：

> 尚书六人，六百石。本注曰：成帝初署尚书四人，分为四曹：常侍曹尚书主公卿事；二千石曹尚书主郡国二千石事；民曹尚书主凡吏上书事；客曹尚书主外国夷狄事。世祖承遵，后分二千石曹，又分客曹为南主客曹、北主客曹，凡六曹。①

又据《晋书·志第十四·职官》条载：

> 至成帝建始四年，罢中书宦者，又置尚书五人，一人为仆射，而四人分为四曹，通掌图书秘记章奏之事，各有其任。其一曰常侍曹，主丞相御史公卿事。其二曰二千石曹，主刺史郡国事。其三曰民曹，主吏民上书事。其四曰主客曹，主外国夷狄事。②

从上述记载可知，汉成帝建始四年(前29)置尚书，分为四曹，掌管图书、谶纬③、奏折等，其中客曹尚书负责外番朝聘事务。东汉光武帝时，客曹又分为南主客曹与北主客曹，负责与周边各部族及国家相关的事务。尚书本是掌管文书奏章的文官，客曹尚书应该主要负责汉王朝与周边各地区的往来文书。

三、隋唐时期的鸿胪寺

三国两晋南北朝时期的中央涉外机构大体上都沿袭两汉之制，北齐始置鸿胪寺，除掌管外事接待外，还负责朝令及吉凶礼仪，兼管佛教、寺庙④。隋朝建立以后，隋文帝杨坚建立以三省六部为核心的朝政机构，改主客曹为主客司，为尚书省礼部四司之一。此外，还在鸿胪寺下设四方馆接待四方来使。据《隋书·志第二十二·百官中》载："鸿胪寺，掌蕃

---

① 司马彪撰、刘昭注补：《后汉书》，北京，中华书局，1965，第3597页。
② 房玄龄等：《晋书》，北京，中华书局，1974，第730页。
③ 谶纬是谶书和纬书的合称。谶是秦汉间巫师、方士编造的预示吉凶的隐语，纬是汉代迷信附会儒家经义的一类书。
④ 马祖毅等：《中国翻译通史·古代部分》，武汉，湖北教育出版社，2006，第8～9页。

客朝会，吉凶吊祭。"①可见，隋朝沿袭北齐的作法，由鸿胪寺掌管诸藩朝聘、吉凶吊祭等事务。

据《隋书·志第三十三·百官下》载：

> 鸿胪寺统典客、司仪、崇玄三署。各置令。典客署又有掌客，司仪有掌仪等员。
>
> 鸿胪寺改典客署为典蕃署。初炀帝置四方馆于建国门外，以待四方使者，后罢之，有事则置，名隶鸿胪寺，量事繁简，临时损益。东方曰东夷使者，南方曰南蛮使者，西方曰西戎使者，北方曰北狄使者，各一人，掌其方国及互市事。②

隋朝鸿胪寺下设典客、司仪、崇玄三署，负责诸藩朝聘礼仪，管理道士僧尼事务。隋炀帝时设置四方馆接待四方来使，后来由于各时期来朝使者的人数多寡不均，四方馆由常设机构变为临时机构，"有事则置"，隶属于鸿胪寺。四方馆的属官有四方使者，负责周边各国的朝贡及互市。有学者认为隋朝四方馆虽然名义上仅管理入境商胡市场贸易，但实际上也是一种政治侦察机构③。

唐朝统一全国后，国力逐渐强盛，与周边各民族以及亚洲、欧洲等诸多国家建立了友好关系，出现了史无前例的对外开放局面。唐朝处理各民族以及外国事务的机构有鸿胪寺，礼部下设的主客司以及中书省的通事舍人等。与隋朝相比，唐朝鸿胪寺的机构设置更加细化，职员人数也更为庞大。据《旧唐书·志第二十四·职官三》"鸿胪寺"条载：

> 周曰大行人，秦曰典客，汉景帝曰大行，武帝曰大鸿胪。梁置十二卿，鸿胪为冬卿，去大字，署为寺。后周曰宾部，隋曰鸿胪寺。龙朔改为同文寺，光宅曰司宾寺，神龙复也。
>
> 卿一员，少卿二人。卿之职，掌宾客及凶仪之事，领典客、司仪二署，以率其官属，供其职务。
>
> 典客署：令一人，丞二人，掌客十五人，典客十三人，府四人，史八人，宾仆十八人，掌固二人。典客令掌二王后之版籍及四夷归化在蕃者之名数。丞为之贰。凡朝贡、宴享、送迎，

---

① 魏征等：《隋书》，北京，中华书局，1973，第756页。
② 魏征等：《隋书》，北京，中华书局，1973，第777，798页。
③ 薛宗正：《大行令、大鸿胪与鸿胪卿》，载《新疆社会科学》，2004年第5期。

皆预焉。辨其等位,供其职事。凡酋渠首领朝见者,皆馆供之。
如疾病死丧,量事给之。还蕃,则佐其辞谢之节。①

从上述记载可知,唐高宗龙朔(661~663)年间鸿胪寺改为同文寺,
唐睿宗光宅(684)年间改为司宾寺,唐中宗神龙(705~707)年间复名鸿胪
寺。唐朝鸿胪寺下设典客、司仪二署。如前所述,隋朝的典蕃署下设东
西南北四方使者各一人,共4人;而唐朝的典客署设有八级共63人,规
模明显扩大。典客署除了负责使者的朝贡、宴享、送迎等接待事务外,
还负有出使藩国、传达圣谕的使命。司仪署,顾名思义主要负责朝廷婚
丧嫁娶等重要仪式的引领赞唱等事务。可见,唐朝时鸿胪寺是处理民族
事务和外交事务的常设机构,其所辖职能涉及贡使生活的方方面面,在
唐朝的对内统治与对外交往中都发挥了极为重要的作用。

据《旧唐书·志第二十三·职官二》载:"主客郎中一员,员外郎一
员,主事二人,令史四人,书令史九人,掌固四人。郎中、员外郎之职,
掌二王后及诸蕃朝聘之事。"②唐沿隋制,礼部下设主客司,属官有主客
郎中与员外郎等。隋朝时主客司只有两名官员,而唐朝时下设六处官署,
共有21名官员。唐朝中书省下设通事舍人,掌管四夷贡使的迎接与通
奏。据《新唐书·志第三十七·百官二》条载:"通事舍人十六人,从六品
上。掌朝见引纳、殿庭通奏。凡近臣入侍、文武就列,则导其进退,而
赞其拜起、出入之节。蛮夷纳贡,皆受而进之。"③作为涉外机构的四方
馆与鸿胪寺一样,在唐朝处理涉外事务的过程中具有重要地位。与隋朝
四方馆隶属于鸿胪寺不同,唐朝四方馆隶属于中书省。唐初四方馆由通
事舍人掌管,中期以后由其他官员负责管理④。鸿胪寺主要负责朝会仪
节,而中书省则是朝廷的机要部门,从唐朝四方馆隶属于中书省也可以
看出朝廷对涉外事务的管理更为重视。

四、宋朝的鸿胪寺与元朝的"回回国子学"

宋初沿用唐制,朝廷处理周边各民族及外国事务的涉外机构依然以
鸿胪寺为主。据《宋史·志第一百十八·职官五》载:

---

① 刘昫等:《旧唐书》,北京,中华书局,1975,第1884~1885页。
② 刘昫等:《旧唐书》,北京,中华书局,1975,第1832页。
③ 欧阳修、宋祁:《新唐书》,北京,中华书局,1975,第1212页。
④ 王静:《隋唐四方馆、鸿胪客馆论考》,载《西域研究》,2002年第2期。

　　鸿胪寺，旧置判寺事一人，以朝官以上充。元丰官制行，置卿一人，少卿一人，丞、主簿各一人。卿掌四夷朝贡、宴劳、给赐、送迎之事，及国之凶仪、中都祠庙、道释籍帐除附之禁令，少卿为之贰，丞参领之。凡四夷君长、使价朝见，辨其等位，以宾礼待之，授以馆舍而颁其见辞、赐予、宴设之式，戒有司先期办具；有贡物，则具其数报四方馆，引见以进。……其官属十有二……已上并属鸿胪寺。中兴后，废鸿胪不置，并入礼部。①

　　从上述记载可知，宋朝鸿胪寺的职能与前朝大体相同，下设四方馆负责清点贡物、引见使节。鸿胪寺的下设官署比前朝更为完备，共有 12 处，分别负责四方使节的朝贡、互市、翻译，并掌管僧侣户籍、僧官补授等事务。宋朝建炎中兴(1127)以后，鸿胪寺被废除，所辖职事由礼部负责。
　　宋朝负责外事接待的机构还有礼部下设的主客司以及中书省下设的客省、引进司等。据《宋史·志第一百十六·职官三》条载："主客郎中、员外郎，掌以宾礼待四夷之朝贡。凡郊劳、授馆、宴设、赐予，辨其等而以式颁之。至则图其衣冠，书其山川风俗。有封爵礼命，则承诏颁付。"②主客郎中负责四方使节的朝聘礼仪。当贡使到来时，主客郎中负责绘制其人衣冠，书写其地风俗，如朝廷有封爵等诏谕，则负责通传颁布。
　　据《唐会要》卷六十六"鸿胪寺"条载："大历四年七月，诏罢给客省之廪，每岁一万三千斛。永泰已后，益以多事，四方奏计，或连岁不遣，仍于右银台门置客省以居之。"③又据《宋史·志第一百十九·职官六》载：

　　客省使、副使各二人。掌国信使见辞宴赐及四方进奉、四夷朝觐贡献之仪，受其币而宾礼之，掌其饔饩钦食，还则颁诏书，授以赐予。
　　引进司使、副各二人。掌臣僚、蕃国进奉礼物之事，班四方馆上。④

　　可见，客省在唐朝就有，宋朝沿用唐制。客省负责四方信使的送迎、

---

① 脱脱等：《宋史》，北京，中华书局，1977，第 3903 页。
② 脱脱等：《宋史》，北京，中华书局，1977，第 3854 页。
③ 王溥：《唐会要》，北京，中华书局，1955，第 1151 页。
④ 脱脱等：《宋史》，北京，中华书局，1977，第 3935～3936 页。

宴享、赏赐以及来使的进奉、朝觐等礼仪。引进使负责百官以及藩国的进贡，任职于四方馆。

元朝不设鸿胪寺，礼部下设的侍仪司与会同馆负责外事接待事务。据《元史·志第三十五·百官一》载：

> 侍仪司，秩正四品。掌凡朝会、即位、册后、建储、奉上尊号及外国朝觐之礼。至元八年始置。
>
> 会同馆，秩从四品。掌接伴引见诸番蛮夷峒官之来朝贡者。至元十三年始置。二十五年罢之。二十九年复置。元贞元年，以礼部尚书领馆事，遂为定制。①

元朝至元八年(1271)设置侍仪司，对内负责朝见天子、皇帝即位、册封皇后等重要典礼仪式，对外负责教授外番使节朝觐的礼仪；至元十三年(1276)设置会同馆，二十五年(1288)裁革，二十九年(1292)复置，元贞元年(1295)以后，由礼部尚书主领会同馆，负责朝贡使节的接待、伴送、引领等事务。

与宋朝由鸿胪寺的下设机构负责"朝贡互市译语"之事不同，元朝处理语言文字事务的机构为蒙古翰林院。据《元史·志第三十七·百官三》载："蒙古翰林院，秩从二品。掌译写一切文字，及颁降玺书，并用蒙古新字，仍各以其国字副之。"②与前朝相比，元朝涉外机构的设置更为精简。元朝不设鸿胪寺，外事接待由礼部下设的侍仪司与会同馆负责。元朝是一个开放的朝代，来华的不仅有通过陆路丝绸之路东来的中亚、西亚的穆斯林，由于海上交通的发达，除阿拉伯和波斯商人、传教士外，还有来自南亚、东南亚、非洲的穆斯林③。人们只要通晓蒙古语，便可以自由往来欧亚各国。张星烺在《中西交通史料汇编》中提到：

> 迄于元代，混一欧亚，东起太平洋，西至多瑙河、波罗的海、地中海，南至印度洋，北迄北冰洋，皆隶版图。幅员之广，古今未有。……通蒙古语，即可由欧洲至中国，毫无阻障。驿站遍于全国，故交通尤为便捷。④

---

① 宋濂等：《元史》，北京，中华书局，1976，第2137，2140页。
② 宋濂等：《元史》，北京，中华书局，1976，第2190页。
③ 李占魁：《再探元代穆斯林地位优越的原因》，载《西北民族研究》，2008年第1期。
④ 张星烺：《中西交通史史料汇编》第2册，北京，中华书局，2003，第1~2页。

与此相对，由于元朝的统治阶级为蒙古人，为了便于统治汉人与回族人，元朝负责处理国内各民族事务的机构比以往任何朝代都要繁杂。例如，元朝在中央设有蒙古国子学与"回回国子学"，中央和地方各部门几乎都设有"译史"、"通事"、"蒙古必阇赤"①、"回回令史"、"蒙古字教授"、"儒学教授"等职务，负责蒙汉、蒙回文字的教习与翻译。可见，元朝时蒙古文几乎成为中外交往的通用语言，因此这一时期在各机构中设置翻译人员，与其说是对外交流的需要，不如说是对内统治的需要。

五、明朝与清初的涉外机构

明朝的涉外机构有礼部下设的主客司、太常寺提督四夷馆以及鸿胪寺等。据《明史·志第四十八·职官一》载：

> 主客分掌诸蕃朝贡接待给赐之事。……凡审言事，译文字，送迎馆伴，考稽四夷馆译字生、通事之能否，而禁饬其交通漏泄。凡朝廷赐赉之典，各省土物之贡，咸掌之。②

明朝主客司除了掌管诸藩的朝贡、接待、赏赐等事务外，还负责贡品审阅、表文勘验、贡使接待和赏赐等级的评定、语言文字的翻译等。此外，也负责四夷馆译字生、通事的考核与监督。

明朝涉外机构的一个重要特点是出现了最早的培养翻译人才的多语种翻译学校，即四夷馆。据《明史·志第五十·职官三》载：

> 提督四夷馆。少卿一人，正四品掌译书之事。自永乐五年，外国朝贡，特设蒙古、女直、西番、西天、回回、百夷、高昌、缅甸八馆，置译字生、通事，通事初隶通政使司，通译语言文字。正德中，增设八百馆。八百国兰者哥③进贡。万历中，又增设暹罗馆。初设四夷馆隶翰林院，选国子监生习译。宣德元年，兼选官民子弟，委官教肄，学士稽考程课。弘治七年，始增设太常寺卿、少卿各一员为提督，遂改隶太常。④

---

① 必阇赤是蒙古语音译，元代官职名，掌管文书等事，亦译作"必彻彻"、"必赤赤"。
② 张廷玉等：《明史》，北京，中华书局，1974，第1749页。
③ 王宗载《四夷馆考》卷下"暹罗馆"条记为"蓝者歌"，严从简《殊域周咨录》卷八"暹罗"条与梁储《郁洲遗稿》卷一"留远人疏"条均记为"蓝者哥"。本书正文（引文除外）亦据《明史》记为"兰者哥"。
④ 张廷玉等：《明史》，北京，中华书局，1974，第1797页。关于《明史》中所述弘治七年（1494）四夷馆改隶太常寺，恐为误记，将在第一章第二节中详细论述。

　　明朝四夷馆负责朝廷往来文书的翻译事务。永乐五年(1407)设立了蒙古、"回回"、缅甸等八个译馆,置有译字生与通事,通译语言文字。正德(1506～1521)年间增设八百馆,万历(1573～1620)年间增设暹罗馆。四夷馆设立之初隶属于翰林院,挑选国子监监生进入馆内学习翻译。宣德元年(1426)学生的生源有所扩大,兼选官民子弟入学,委任专职官员教习,由翰林学士进行考核。弘治七年(1494)增设太常寺卿与少卿,提督四夷馆。

　　为了加强对少数民族地区的管辖与对外交流,明朝廷还在边境地区设立了翻译机构。据《明太祖实录》卷三十一"永乐二年十月辛未"条载:"上以云南各处土官不识中国文字,遇有奏报不谙礼体,命吏部各置首领官,择能书而练于字事者往任之。"①永乐二年(1404)十月,朝廷在云南布政司属下的六个军民宣慰司(木邦、孟养、麓川平缅、老挝、缅甸、八百)设置经历、都事各一员②。以缅甸馆为例,除了在四夷馆内设立缅甸馆之外,昆明还设有专为培养缅甸语翻译和接待缅甸客商的缅字馆③。

　　据《明史·志第五十·职官三》载:"鸿胪掌朝会、宾客、吉凶仪礼之事。……司仪,典陈设、引奏,外吏来朝,必先演仪于寺。司宾,典外国朝贡之使,辨其等而教其拜跪仪节。"④可知,明朝鸿胪寺的职能与前朝相比有所缩小,主要负责使节的接待、朝见以及国家重要典礼的仪式。鸿胪寺下设司仪、司宾二署,司仪署负责四方使者朝觐时的奏知引见,司宾署负责根据使节等级教授其相应的朝觐礼仪。

　　清初沿袭明朝体制,礼部下设的主客司负责傧相之礼,会同四译馆"掌治宾客,谕言语",负责接待四方使者,通传语言。据《嘉庆重修一统志》卷四"京师四·会同四译馆"条载:

　　　　在玉河桥西,明永乐五年建,名四夷馆。本朝改设会同馆。按旧制设会同馆,以待外国贡使;设四译馆,以习各国文字。乾隆十三年,以四译馆归并礼部会同馆,更今名。又以原设译字八馆,酌量裁并,因合回回、高昌、西番、西天为一馆,曰西域馆;合暹罗、缅甸、百夷、八百并苏禄南掌为一馆,曰百

---

① 《明太宗实录》卷三十一(台北"中央研究院历史语言研究所"1962年校印本为卷三十五),梁鸿志1941年影印江苏国学图书馆传抄本,第8页。

② 余定邦:《明代的四夷馆》,《庆祝中山大学建校六十周年(1924—1984)东南亚历史论文集》,广州,中山大学东南亚历史研究所,1985。

③ 钟智翔、颜剑:《缅汉翻译概论》,北京,军事谊文出版社,2002,第18页。

④ 张廷玉等:《明史》,北京,中华书局,1974,第1802页。

夷馆。原设译字生九十六人，酌留八人，以备体制。①

据《清史稿·志第八十九·职官一》载：

> 顺治元年，会同四译分设二馆。会同馆隶礼部，以主客司
> 主事满、汉各一人提督之。四译馆隶翰林院，以太常寺汉少卿
> 一人提督之。分设回回、缅甸、百夷、西番、高昌、西天、八
> 百、暹罗八馆，以译远方朝贡文字。……乾隆十三年，省四译
> 馆入礼部，更名会同四译馆，改八馆为二，曰西域，曰百夷，
> 以礼部郎中兼鸿胪寺少卿衔一人摄之。②

又据《清史稿·志第九十·职官二》"鸿胪寺"条载："卿掌朝会、宾飨
赞相礼仪，有违式，论劾如法。少卿佐之。鸣赞掌傧导赞唱。"③从上述
记载可知，顺治元年（1644）会同四译分设二馆，会同馆隶属于礼部，四
译馆隶属于翰林院。清初四译馆沿袭明朝四夷馆的体制，分设八馆。乾
隆十三年（1748）将四译馆并入礼部会同馆，更名为会同四译馆，规模也
大为减小，原来的八个译馆被合并为西域馆与百夷馆，译字生由原来的
96 人减少为 8 人。会同四译馆的主要职能为管待朝贡使者的场所和机
构，翻译之职已为附属④。清朝鸿胪寺下设卿、少卿、鸣赞等属官，负
责朝会、宾飨、赞相礼仪以及傧导赞唱，其机构进一步精简，职能进一
步明确。

清政府之所以裁汰四译馆的规模，与当时天朝大国的封建主义思想
以及与周边国家交往的实际情况有关。据《清高宗实录》卷三百十五"乾隆
十三年五月戊申"条载：

> 四译馆不过传习各国译字。现在入贡诸国，朝鲜、琉球、
> 安南表章本用汉文，无须翻译。苏禄、南掌文字，馆内原未肄
> 习。与暹罗表章率由各督抚令通事译录具题。至百夷及川广云
> 贵各省土官，今既改置州府，或仍设土官，皆隶版图，事由本
> 省。回回、高昌、西番、西天等国以及洮、岷、河州、乌思藏

① 《嘉靖重修一统志》卷四，《四部丛刊续编史部》，上海，商务印书馆，1919，第 11 页。
② 赵尔巽等：《清史稿》，北京，中华书局，1976，第 3283 页。
③ 赵尔巽等：《清史稿》，北京，中华书局，1976，，第 3318 页。
④ 王静：《清代会同四译馆论考》，载《西北大学学报》，2006 年第 5 期。

等处番僧，现统隶理藩院。高昌馆字与蒙古同，西天馆字与唐
古忒同，是该馆并无承办事务，应归并礼部会同馆。①

可知，当时前来朝贡的国家中，有些国家表文用汉文书写，无需翻
译；有些国家表文用番文书写，但四译馆内并未设立相应语种的译馆；
有些地区已经改为清朝廷的州府，设有土官；有些国家及地区已经转由
理藩院负责。综上种种，清政府认为四译馆几乎没有需要承办的事务，
失去了单独存在的价值，因此将其并入礼部会同馆。

第二节　古代的翻译人员

翻译人员作为沟通不同国家、不同民族、不同语言群体之间的媒介，
在古代朝廷的对内统治与对外交流中扮演着重要角色。古代翻译人员的
普遍特点是地位不高，不同时期翻译人员的称谓不同，从事的翻译事务
也有差别。

一、"象胥"与"舌人"

在古代各个时期，翻译人员都具有十分重要的作用，是朝廷与周边
地区及国家往来交流的媒介。古代不同地区对翻译人员的称谓也不同。
据《礼记》载："五方之民，言语不通，嗜欲不同。达其志，通其欲，东方
曰寄，南方曰象，西方曰狄鞮，北方曰译。"②可见，当时各地人民语言
不通，嗜好不同，为了互通信息、互相交流，需要借助翻译人员。翻译
四方语言的人员，其称谓各不相同。

如前所述，我国最早的口译人员可以追溯到周朝的象胥，象胥负责
接待前来朝贡的周边各诸侯国的使者，并负责传译周天子的口谕。周朝
之所以用"象胥"指代翻译人员，原因有二：一是因为当时多用"胥"指代
有智之官，通晓两种以上语言的人自然被认为是智者，因此称其为"胥"；
二是因为周朝最初归化并遣使来朝的藩国位于南方，翻译人员被称为
"象"，于是便合称为"象胥"③。据《周礼》记载："象胥，每翟④上士一人，

①　《清高宗实录》卷三百十五，北京，中华书局，1985，第 178 页。
②　郑玄注、孔颖达疏：《礼记正义》，北京，北京大学出版社，1999，第 399 页。
③　宋丹：《周朝"象胥"考——周朝的翻译制度考证》，载《兰台世界》，2010 年第 2 期。
④　"翟"古同"狄"，用来称中国北方的民族。

中士二人，下士八人，徒二十人。"①可知，当时周王朝根据交往的民族状况，每一民族都设有相应的翻译人员。象胥在周朝官吏中的地位不高，官阶位于卿、大夫之下。

古代也称翻译人员为"舌人"，这一称谓至迟出现于春秋时期②。据《国语》载："夫戎狄冒没轻儳。贪而不让，其血气不治，若禽兽焉。其适来班贡，不俟馨香嘉味，故坐诸门外，而使舌人体委与之。舌人，能通异方之志，象胥之官。"③当时的人们认为戎、狄等少数民族为人粗鲁，没有长幼尊卑之分，贪婪且不懂礼让。这些地区的使者前来进贡时，等不及朝廷为他们筹备精美的佳肴，所以安置他们坐于殿门外，派翻译人员把全牲送给他们食用。这里的"舌人"特指通晓异族语言的口译人员。据《四库全书总目·经部四十一·钦定西域同文志》载："考译语之法，其来已久。然《国语》谓之舌人，特通其音声而已，不能究其文字。"④可知，翻译这一活动由来已久，但《国语》中提到的舌人只是通晓语言而已，并不精通文字，因此不具备担任笔译的能力。

二、"九译令"与"译令使"

西汉时期，北方的游牧民族匈奴崛起，与北方的交涉成为朝廷对外关系的重中之重。于是，通传北方语言的"译"取代了周朝的"象胥"，成为翻译人员的总称。北宋高僧赞宁在《译经篇》中说："今四方之民，译官显著者何也？疑汉以来，事多北方，故'译'名烂熟矣。"⑤由于北方的翻译活动频繁，"译"取代了其他的译官称谓，成为翻译的统称。如前所述，西汉沿袭秦朝的机构设置，中央负责外事接待的机构有典客与典属国。典客下设的"译官"与典属国下设的"九译令"都是负责翻译的属官。

由于语言不通，古代与周边各民族、国家的交流往往需要经过多次辗转翻译才能实现，这被称为"九译"或"重译"。据《晋书·帝纪第二·文帝》载："海隅幽裔，无思不服；虽西旅远贡，越裳九译，义无以逾。"⑥又据《后汉书·南蛮西南夷列传》载："交阯之南有越裳国。周公居摄六年，制礼作乐，天下和平，越裳以三象重译而献白雉。"⑦周公居摄六年（前

①　吕友仁译注：《周礼译注》，郑州，中州古籍出版社，2004，第473页。
②　黎难秋：《中国口译史》，青岛，青岛出版社，2002，第2页。
③　徐元浩：《国语集解》，北京，中华书局，2002，第58页。
④　永瑢等：《四库全书总目》，北京，中华书局，1965，第356页。
⑤　释赞宁：《宋高僧传》，北京，中华书局，1987，第52页。
⑥　房玄龄等：《晋书》，北京，中华书局，1974，第40页。
⑦　司马彪撰、刘昭注补：《后汉书》，北京，中华书局，1965，第2835页。

1019)位于交阯①以南的越裳国经过多次辗转翻译前来进贡白雉。最早"重九译"确实是指经过九种语言辗转翻译，后来的"九译"、"重九译"仅虚泛地指代翻译或转译次数之多，并不确指经过九次翻译②。因此可以推知上文中的"三象"也未必是指经过三次翻译，而是虚指经过多次翻译。

东晋魏时负责翻译的属官为"译令史"。据《魏书·志第十九·官氏九》载："（天兴四年）十二月，复尚书三十六曹，曹置代人令史一人，译令史一人，书令史二人。"③北魏天兴四年（401）恢复了晋制，尚书下设三十六曹，下辖属官代人令史、译令史、书令史。"令史"本是掌管文书事务的低级官员，始置于秦代，西汉时中央尚书台等机构中设置令史，尚书令史的职责基本上是执掌文书与参与礼仪活动，魏晋以后尚书令史的职责有所扩大④。

三、"通事"的由来

纵观古代职官制度，见于史料记载并与"通事"有关的职务有"通事谒者"、"通事舍人"等。在很长一段时间内，"通事"都作为专司口译的职名出现在史料中，甚至有学者将其作为我国翻译发展历史阶段的主要分期标志，分为"前通事时期"、"通事时期"、"后通事时期"⑤，足以见得通事在翻译史上的重要地位。因此，人们也习惯地将史料中的"通事"等同于今天的翻译人员，其实"通事"一职设置之初与翻译并无直接联系。

（一）"谒者"

古代将接待宾客、通传名帖的官员称为"谒者"。谒者作为官职最初设置于战国初期⑥。据《汉书·百官公卿表第七上》载："郎中令，秦官，掌宫殿掖门户，有丞。武帝太初元年更名光禄勋。属官有大夫、郎、谒者，皆秦官。……谒者掌宾赞受事。"⑦汉武帝太初元年（前104）将秦官郎中令改为光禄勋，下设大夫、郎、谒者等属官。谒者负责典礼的引导仪

---

① 班固撰、颜师古注：《汉书》，北京，中华书局，1962。《汉书·地理志第八下》载："交阯郡，武帝元鼎六年开，属交州。"汉武帝元鼎六年（前111），平定南越国，设交州，下辖交阯等九郡。

② 赵巍、马艳姿：《传统译论中的翻译策略术语研究——重九译、重译、九译、直译和音译》，载《西安外国语大学学报》，2010年第3期。

③ 魏收：《魏书》，北京，中华书局，1974，第2973页。

④ 陶新华：《魏晋南北朝时期尚书台令史的职责和政治影响》，载《湖南大学学报》，2011年第3期。

⑤ 辛全民：《中国翻译史的分期新探》，载《广东外语外贸大学学报》，2011年第2期。

⑥ 魏向东：《两汉谒者官职初探》，载《苏州大学学报》，1985年第2期。

⑦ 班固撰、颜师古注：《汉书》，北京，中华书局，1962，第727页。

式，通传天子口谕。

据《资治通鉴》卷一百八十七载：

> 通事舍人，即秦之谒者。汉书百官表：谒者，掌宾赞受事。旧仪云：谒者有缺，选郎中美须眉大音者补。晋初中书置舍人、通事各一人，东晋令舍人、通事兼谒者之任，通事舍人之名由此始也。隋初，罢谒者官，置通事舍人。炀帝改通事舍人为通事谒者。①

西晋初年中书省下设舍人与通事，东晋时舍人与通事兼谒者的职事，开始有"通事舍人"之称，隋朝时取消谒者，设通事舍人，隋炀帝改"通事舍人"为"通事谒者"。入选谒者有较为严格的条件，形貌、声音都在考查范围之内。从这点来看，"谒者"与之前的"象胥"、之后的"通事"都有相似之处。

（二）"通事舍人"

"通事"一词最早见于《周礼·秋官司寇第五》"掌交"条："掌邦国之通事而结其交好"②，意思是指与各邦国的交际往来。"通事"作为官职最早出现在文献中大约是在三国曹魏时期。据《旧唐书·志第二十三·职官二》载："曹魏于中书置通事一人，掌呈奏按章。"③"通事舍人"之名最早出现于东晋时期。据《宋书·志第三十·百官下》载：

> 中书令，一人。中书监，一人。中书侍郎，四人。中书通事舍人，四人。汉武帝游宴后廷，始使宦者典尚书事，谓之中书谒者，置令、仆射。……成帝改中书谒者令曰中谒者令，罢仆射。……文帝黄初初，改为中书令，又置监，及通事郎，次黄门郎。黄门郎已署事过，通事乃奉以入，为帝省读书可。晋改曰中书侍郎，员四人。晋江左初，改中书侍郎曰通事郎，寻复为中书侍郎。晋初置舍人一人，通事一人。江左初，合舍人通事谓之通事舍人，掌呈奏案章。后省通事，中书差侍郎一人直西省，又掌诏命。宋初又置通事舍人，而侍郎之任轻矣。舍人直阁内，隶中书。④

---

① 司马光编、胡三省注：《资治通鉴》，北京，中华书局，1956，第 5838 页。
② 吕友仁译注：《周礼译注》，郑州，中州古籍出版社，2004，第 562 页。
③ 刘昫等：《旧唐书》，北京，中华书局，1975，第 1850 页。
④ 沈约：《宋书》，北京，中华书局，1974，第 1245 页。

从上述记载可知，汉武帝任用宦官主持尚书事务，置中书谒者令。汉成帝改中书谒者令为中谒者令，魏文帝黄初（220～226）初年改为中书令，下设通事郎，负责呈递奏章。西晋改为中书侍郎，东晋初年改为通事郎，不久又复为中书侍郎。西晋初年置舍人、通事，东晋时期二者合并为通事舍人，负责呈递奏章。后省通事，由中书侍郎负责通传皇帝诏命。南朝宋时置通事舍人，隶中书省。可见，通事及通事舍人设置之初主要负责呈递奏章。

据《南史·列传第六十七·恩幸》载："于时舍人之任，位居九品，江左置通事郎，管司诏诰，其后郎还为侍郎，而舍人亦称通事。"①南朝宋时将东晋的通事郎复为中书侍郎，中书舍人也称为通事。隋唐时期因袭晋制，又置通事舍人，隶属于四方馆，职责与前代有所不同。据《旧唐书·志第二十三·职官二》"通事舍人"条载："通事舍人掌朝见引纳及辞谢者，于殿廷通奏。凡近臣入侍，文武就列，引以进退，而告其拜起出入之节。凡四方通表，华夷纳贡，皆受而进之。"②隋唐时期的通事舍人除了奏传文武大臣的朝见引纳与谢恩告退、教授其廷拜出入的仪节之外，还负责呈递四方使者的表文、接纳进献贡品。可见，隋唐时期通事舍人已经成为外事接待中的重要组成部分。

四、"通事"与"译语"、"译史"

唐朝的翻译人员被称为"译语"。《新唐书·志第三十七·百官二》"中书省"条中有"蕃书译语"，"鸿胪寺"条中有"鸿胪译语"，二者职责有所不同。据《资治通鉴》卷一百九十九载："中书掌受四方朝贡及通表疏，故有译语人。"③中书省负责四方朝贡以及互通表文，下设的蕃书译语应该主要负责文字翻译，即笔译工作。鸿胪寺是唐代外事接待的主要机构，下设的鸿胪译语负责语言翻译，即口译工作。黎虎认为鸿胪寺译语的职责是进行口译，常兼导引宾客；中书省译语则既要从事口译也要从事笔译工作④。宋代以后，除了用"译语"指代翻译人员之外，也普遍用"通事"指代口译人员。据南宋周密《癸辛杂识》载："皆立此传语之人，以通其志。今北方谓之通事。"⑤可见，南宋时北方地区将翻译人员称为"通事"。

---

① 李延寿：《南史》，北京，中华书局，1975，第1914页。
② 刘昫等：《旧唐书》，北京，中华书局，1975，第1851页。
③ 司马光编、胡三省注：《资治通鉴》，北京，中华书局，1956，第1337页。
④ 黎虎：《汉唐外交制度史》，兰州，兰州大学出版社，1998，第336，362页。
⑤ 周密：《癸辛杂识》，北京，中华书局，1988，第94页。

据学者考证，用通事指称翻译人员始于北魏。五代时，契丹置有通事，用熟谙华语的人充任①。

"通事"作为朝廷专司口译的职官区别于笔译人员，在宋代的史料中就已经出现。据《宋史·志第一百二十五·职官十二》"给券"条载："四夷有译语、通事、书状、换医、十券头、首领、部署、子弟之名，贡奉使有厅头、子将、推船、防授之名，职掌有兼。"②可知，宋代的翻译人员分为译语与通事。又据《宋会要辑稿·蕃夷四》载：

> 谢深甫等奏："番字一体，绝类琴谱，竟不知所言何事，方欲下庆元府令译而来。"上曰："可令译来。"既而本府言："蒲德修等并译语人吴文蔚将金表章辩译表文。所有木皮番字一轴，据蒲德修等译语，即系金表章副本，意一同，恐大朝难辨识金表字文，本国又令南卑国人书写番字，参合辩照。"至是，奏上焉。③

南宋庆元六年(1200)真腊携表文进贡，大臣谢深甫上奏说，番文字体就像琴谱一样，无法辨识，希望找人翻译。于是，宋宁宗下令寻找能够识别番文的人员前来翻译表文。庆元府上报说，蒲德修以及译语人吴文蔚能够辩译表文。可见，从分工来看译语主要从事笔译工作。

与"译语"不同，"通事"主要负责口译工作。据《宋史·志第七十二·礼二十二》载："契丹国使入聘见辞仪。……至国信大使传国主问圣体，通事传译，舍人当御前鞠躬传奏讫，揖起北使。"④通事负责外番使者朝觐时的通传翻译。关于"通事"成为口译人员代名词的时间问题，姚从吾认为："舌人改称通事，大概在唐代末叶，或辽宋初年。南宋以后，始废舌人、译者，专称通事。"⑤还有一种说法认为"通事"最早被用来指代口译人员始于契丹⑥。宋代欧阳修在《新五代史·晋本纪第九》中提及后晋天福七年(942)的契丹使节时说到："甲辰，契丹使通事来。""癸酉，契丹使其客省使张九思来。""八年春正月，契丹于越使乌多奥来。""(冬十月)丙寅，契丹使通事刘胤来。"⑦从上述记载中的使者姓名来看，客省使张

---

① 史仲文、胡晓林：《中华文化制度辞典》，北京，中国国际广播出版社，1998，第219页。
② 脱脱等：《宋史》，北京，中华书局，1977，第4145页。
③ 徐松：《宋会要辑稿》，北京，中华书局，1957，第7763页。
④ 脱脱等：《宋史》，北京，中华书局，1977，第2805页。
⑤ 姚从吾：《辽金元时期通事考》，《姚从吾先生全集》第5册，台北，正中书局，1981。
⑥ 辛全民：《通事的词义变迁》，载《淄博师专学报》，2010年第2期。
⑦ 欧阳修：《新五代史》，北京，中华书局，1974，第90～91页。

九思与通事刘胤很可能是汉人,于越使乌多奥可能是契丹人。可以推知契丹的客省使①与通事相当于口译人员。辽太宗会同元年(938)设客省,下设客省使,并设大于越府。于越是契丹的最尊职位,下设于越使。据《辽史·志第十五·百官志一》载:"大于越府。无职掌,班百僚之上,非有大功德者不授,辽国尊官,犹南面之有三公。"②辽设大于越府,虽然不掌管具体事务,但位居百官之上,没有大功德的人不授此官,是地位最尊的官职。

元朝时各民族进一步融合,除了蒙古人之外,还有大量的"回回人"与汉人。元朝廷无法把蒙古文作为唯一的官方语言,还必须借助其他文字推行政令。元朝中央的笔译事务主要由蒙古翰林院负责。据《元史·志第三十七·百官三》载:"蒙古翰林院,秩从二品,掌译写一切文字,及颁降玺书,并用蒙古新字,仍各以其国字副之。"③元朝的蒙古翰林院负责译写一切文字,颁布诏书时都用蒙古新字,并用各国文字书写副本。

为了便于统治,元朝廷在中央及地方的各级官署中基本都设有"译史"、"通事"等职官。从分工来看,通事负责口译,职责与古代的象胥相似;译史相当于笔译人员,负责翻译文献史料。"译史"早在辽代的史料中就有出现④,元代的中央及地方机构中基本都设有蒙古译史与"回回译史"。据《元史·志第五十·刑法一》载:"诸内外百司五品以上进上表章,并以蒙古字书,毋敢不敬,仍以汉字书其副。"⑤元朝廷要求凡内外各机构五品以上的官员上奏时,都要用蒙古字书写奏章,并用汉字书写副本。据《元史·志第三十三·选举三》载:"译史、通事选识蒙古、回回文字,通译语正从七品流官,考满验元资升一等,注元任地方,杂职不预。"⑥译史与通事均由通晓蒙古文及"回回文"的人员担任,任期满后经考试成绩合格者方可晋升,且不可以调离或转任其他职务。

元代译史与通事的出现之所以如此频繁,是因为元朝版图辽阔、民族众多。蒙古文虽然具有"国书"的地位,但并非各民族通用的语言文字,

---

① 客省使是官职名,掌款侍外国与少数民族使者及文武官员朝见皇帝礼仪。客省作为朝廷留止宾客的机构大约南朝即有。由于客省设在宫内,唐后期设置了由宦官充任的客省使予以管理。参见吴丽娱:《试论晚唐五代的客将、客司与客省》,载《中国史研究》,2002 年第 4 期。
② 脱脱等:《辽史》,北京,中华书局,1974,第 694 页。
③ 宋濂等:《元史》,北京,中华书局,1976,第 2190 页。
④ 萧启庆:《内北国而外中国·蒙元使研究》,北京,中华书局,2007,第 418 页。
⑤ 宋濂等:《元史》,北京,中华书局,1976,第 2615 页。
⑥ 宋濂等:《元史》,北京,中华书局,1976,第 2071 页。

因此在颁发诏敕时无法仅使用一种文字，这就引发先以何种文字草拟，然后如何转译的问题①。也就是说翻译对元朝统治者来说具有更为重要的意义，不仅是对外交流的手段，也是朝廷政令得以正确实施的保障。

五、"通事"与"译字生"

明朝在与周边各国的交往中，语言与文字的翻译都显得十分必要，这与前朝在对外交往中主要以口译为主的状况大有不同。因为随着各国文字体系的完善，中国在与周边各国的交往中，既需要翻译日常会话的口译人员，也需要翻译番书表文的笔译人员。明成祖永乐年间设立四夷馆，成为我国最早的培养翻译人才的学校，兼具中央翻译机构的职能。据《明史·志第五十·职官三》载："提督四夷馆。少卿一人，正四品掌译书之事。自永乐五年，外国朝贡，特设蒙古、女直、西番、西天、回回、百夷、高昌、缅甸八馆，置译字生、通事，通事初隶通政使司，通译语言文字。"②明成祖永乐五年由于外番朝贡，特设蒙古等八馆，置译字生与通事，通译语言文字。

明朝在礼部下设主客司，负责外事接待。据《明史·志第四十八·职官一》载："主客分掌诸蕃朝贡接待给赐之事。……凡审言事，译文字，送迎馆伴，考稽四夷馆译字生、通事之能否，而禁饬其交通漏泄。"③明朝主客司负责诸藩朝贡、接待、赏赐等事务。审核公文，翻译文字，接送来使，考核监督四夷馆的译字生、通事等也都由主客司负责。据《徐文贞公集》"岁考通事官生"条载：

> 臣等窃惟通事之设，上以宣明华夷一统之分，下以侦察来夷诚伪之情，必须谙习其声音，而后能周知其意向，比之译字官生，原不相同。盖译字以能译其文为业，而通事以能通其语为职者也。④

明朝设置通事的原因，一是为了宣扬朝廷华夏一统的思想，二是为了察明来使的真伪。因此通事必须谙熟语言，才能洞察来使的意图。朝廷对通事与译字生的要求也不相同，译字生要求能够翻译文字，通事则

---

① 张帆：《元朝诏敕制度研究》，《国学研究》第 10 卷，北京，北京大学出版社，2002。
② 张廷玉等：《明史》，北京，中华书局，1974，第 1797 页。
③ 张廷玉等：《明史》，北京，中华书局，1974，第 1749 页。
④ 陈子龙等：《明经世文编》，北京，中华书局，1962，第 2559 页。

要求必须谙晓语言。

　　汉字作为记录语言的符号，在历史上曾经得到广泛的应用，从而形成了"汉字文化圈"。这一时期虽然东亚各国的文字体系渐趋完备，但汉字依然是最为重要的对外交流媒介。当口译人员沟通不畅的时候，仍然需要借助汉字进行交流。据《明史·列传第二百六·广西土司二》载，洪武二十九年(1396)"帝令户部录所奏，遣行人陈诚、吕让往谕安南。三十年，诚、让至安南，谕其王陈日焜，令还思明地。议论往复，久而不决。以译者言不达意，复为书晓之。"[1]明太祖派使者陈诚、吕让出使安南。二人到达安南，面见安南国王，希望其归还思明府的属地。但双方交涉很久都不能达成协议，由于翻译人员不能很好的传译，明朝廷只能通过书信与其进行协商。

六、"翻译"与"翻译官"

　　曹明伦认为："据有文字资料的记载，早在公元 384 年(前秦建元二十年)，中国人就开始用'翻译'二字来明确指称翻译活动了。"[2]陈福康认为"翻译"两字的连用，至迟开始出现于南北朝时期的佛经翻译活动中[3]。也有学者认为"南朝时期，翻译二字并用开始逐渐为人们所接受，进入了翻译本体话语体系之中，到了唐代，'翻译'二字已经开始为人们普遍接受，成为佛学中的常用词汇，并作为翻译的本体话语固定下来"[4]。虽然学者们对翻译二字何时出现持有不同意见，但可以肯定的是在我国历史上从很早开始就用翻译指代翻译活动了。在相当长的时间里，翻译都专指翻译佛经的活动，作为翻译人员的称谓普遍出现在史料中则见于清代。这一时期"翻译"一词已经完全确立，既可以指称翻译过程，也可以指称翻译现象，还可以指称政府官员和驻华使馆译者这一职衔[5]。清代史料中主要使用"翻译"一词指代笔译人员。鸦片战争以后，"翻译官"开始取代"通事"，各国驻华外交机构中开始设立"翻译官"[6]。"通事"作为口译人员的代名词一直延续到民国初期才逐渐退出历史舞台[7]。据《清史稿·志第八十九·职官一》载："内翻书房管理大臣，满洲军机大臣兼充，掌

---

① 张廷玉等：《明史》，北京，中华书局，1974，第 8235 页。
② 曹明伦：《翻译之道：理论与实践》，保定，河北大学出版社，2007，第 201 页。
③ 陈福康：《中国译学理论史稿》，上海，上海外语教育出版社，2000，第 4 页。
④ 贺爱军、乔璐璐：《从"译"到"翻译"》，载《宁波大学学报》，2013 年第 1 期。
⑤ 贺爱军、乔璐璐：《从"译"到"翻译"》，载《宁波大学学报》，2013 年第 1 期。
⑥ 辛全民、姚东：《中国翻译史的通事时期初探》，载《青海民族大学学报》，2010 年第 3 期。
⑦ 周毅：《近代广东通事及其角色特征之分析》，载《四川大学学报》，2005 年第 3 期。

翻谕旨、御论、册祝文字。提调、协办提调，各二人。收掌官、掌档官，俱各四人。并于本房行走官内酌派。翻译四十人。"①内翻书房管理大臣负责皇帝诏令、御论、祭祀祝词等文字的翻译，设有翻译 40 人。

据《清史稿·志第九十四·职官六》载："三十二年改订官制，意合满、汉，而翰林、都察两院仍依往制。是岁增置翻译官十有五人。七、八、九品各五人，分股治事。"②光绪三十二年（1906）清政府增置翻译官 15 人，授以七、八、九品等不同官衔，分别负责不同的翻译事务。此外，清末还设有"通译官"，当大臣历访他国时，通译官需要偕同出使，负责翻译③。

小　结

　　绪论对我国古代涉外机构的发展以及翻译人员的称谓与职能的演变进行了回顾。古代最早的涉外机构可以追溯到周朝。两汉时期中央涉外机构具有新的特点，出现了专门负责语言文字翻译的属官"译官"与"九译令"。唐朝时期鸿胪寺是处理民族事务和外交事务的常设机构。宋朝中期以后鸿胪寺被废除，职能并入礼部。元朝不设鸿胪寺，礼部下设的侍仪司与会同馆负责外事接待。明朝的涉外机构有礼部主客司以及鸿胪寺等，最为重要的新特点是在翰林院设立了专门培养翻译人员的翻译学校兼中央翻译机构，即由太常寺卿与少卿提督的四夷馆。

　　最早的口译人员可以追溯到周朝的"象胥"。西汉时期典客下设的"译官"与典属国下设的"九译令"都是负责翻译的属官。东晋魏时负责翻译的属官为"译令史"。"通事"与"通事舍人"等官职设置之初主要负责呈递奏章，隋唐时期"通事舍人"成为外事接待机构的重要组成部分。唐朝时期翻译人员被称为"译语"，宋代以后普遍用"通事"指代口译人员。元朝时期中央与地方的各级官署中都设有"译史"、"通事"等职官。明代四夷馆中的通事与译字官分别负责口译与笔译工作。"翻译"本是指翻译佛经的活动，作为翻译人员的称谓普遍出现在史料中见于清代。鸦片战争以后，"翻译官"开始取代"通事"。"通事"作为口译人员的代名词一直延续到民国初期才逐渐退出历史舞台。

---

①　赵尔巽等：《清史稿》，北京，中华书局，1976，第 3271 页。
②　赵尔巽等：《清史稿》，北京，中华书局，1976，第 3448 页。
③　邱树森：《中国历代职官辞典》，南昌，江西教育出版社，1991，第 573 页。

第一章　明代四夷馆的设立

明朝建国之初，百废待兴，既要恢复经济，又要稳定局势。面对前代元朝的残余势力以及周边的不稳定因素，积极的对外交往政策成为明朝廷施政纲领中非常重要的一环。永乐年间（1403～1424），明朝的统治根基相对稳固，国力显著增强，明成祖在对外交往方面沿袭明太祖"怀柔远人"的方针，而且表现得更为积极主动，多次派遣使者前往其他国家，在宣扬国威的同时不断拓展对外关系。由于对外交往的频繁进行，明朝廷需要大量精通番语文字的翻译人员，永乐五年（1407），我国历史上最早的官办翻译学校兼中央翻译机构四夷馆便应运而生了。四夷馆的设立及其进行的翻译教学活动，在古代教育史上是一件新鲜事。可以说最早的有组织进行的多语种翻译教学活动以明代四夷馆为开端。四夷馆的设置是明朝廷对外交往频繁的产物，因此其实用性也非常突出①。

第一节　四夷馆的设立背景

作为中央翻译机构与翻译学校，四夷馆的设立离不开明王朝的政策支持，也体现了明代的社会需要。明天子积极的对外交往态度以及重视文教的政策是四夷馆得以设立的前提，明代的民族大融合趋势以及对外交往的进一步发展是明朝廷设立四夷馆的主要原因。

一、明朝廷的对外政策

明太祖建国之初根据儒家的对外关系的伦理道德，吸取元朝对外关系中的历史教训，迅速确立了"怀柔远人"的对外方针②。据《明太祖实录》卷三十七"洪武二年二月辛未"条载："中国正统，胡人窃据百有余年，纲常既隳，冠履倒置。朕是以起兵讨之，垂二十年，海内悉定。朕奉天

---

① 李国钧、王炳照主编、吴宣德：《中国教育制度通史·第四卷·明代》，济南，山东教育出版社，1999，第 436 页。

② 陈尚胜：《论宣德至弘治时期（1426～1505）明朝对外政策的收缩》，载《山东大学学报》，1994 年第 2 期。

命，已主中国，恐遐迩未闻，故专使报王知之。"①严从简的《殊域周咨录》中记录了当时明朝使者的所到范围："命使出疆周与四维诸邦国，足履其境者三十六，声闻于耳者三十一，风俗殊异大国十有八，小国百四十九。"②明太祖登基之后，积极派遣使者出使敕谕周边各国，一是为了宣扬国威，确立新王朝在东亚乃至世界的正统地位；二是想借助宗藩体系维系东亚地区的稳定，保证国内经济的恢复与发展。据《明太祖实录》卷二百五十四"洪武三十年八月丙午"条载："洪武初，海外诸番与中国往来，使臣不绝，商贾便之。近者安南、占城、真腊、暹罗、爪哇、大琉球、三佛齐、勃尼、彭亨、百花、苏门答剌、西洋邦哈剌等几三十国。"③明太祖的积极对外交往政策确实取得了显著成效，洪武（1368～1398）初年周边近三十个国家纷纷派遣使者前来朝贡，与明朝进行互市贸易。

明太祖一方面与前代已经建立宗藩关系的国家保持密切的往来，另一方面希望将尚未建立宗藩关系的国家也纳入这一体系。在东亚地区，明太祖积极争取的对象是日本。④ 据《明太祖实录》卷三十七"洪武二年辛未"条载：

赐日本国王玺书曰："……诏书到日，如臣，奉表来庭；不臣，则修兵自固，永安境土，以应天休。如必为寇盗，朕当命舟师扬帆诸岛，捕绝其徒，直抵其国缚其王，岂不代天伐不仁者哉？惟王图之。"⑤

可见，明太祖起初对待日本的态度可谓恩威并施，敕谕日本俯首称臣前来朝贡，并且威胁说如若不然则以武力将其征服。其实，明太祖吸取元朝两次东征日本都以失败告终的教训，并不打算诉诸武力。不仅如此，他还制定祖训，希望后代也能效仿他的做法，不以武力征服朝鲜、日本、安南等周边国家，以免劳民伤财，损伤国家元气。据《皇明祖训·箴戒章》载：

① 《明太祖实录》卷三十七，梁鸿志 1941 年影印江苏国学图书馆传抄本，第 3 页。
② 严从简：《殊域周咨录》，北京，中华书局，1993，第 280 页。
③ 《明太祖实录》卷二百五十四，梁鸿志 1941 年影印江苏国学图书馆传抄本，第 7 页。
④ 王剑：《洪武初年东北亚国际格局的变迁与明代的对策》，载《黑龙江社会科学》，2000 年第 3 期。
⑤ 《明太祖实录》卷三十七，梁鸿志 1941 年影印江苏国学图书馆传抄本，第 3 页。

> 四方诸夷，皆限山隔海，僻在一隅，得其地不足以供给，
> 得其民不足以使令。若其自不揣量，来挠我边，则彼为不详。
> 彼既不为中国患，而我兴兵轻伐，亦不详也。吾恐后世子孙倚
> 中国富强，贪一时战功，无故兴兵，致伤人命，切记不可。①

　　明太祖认为周边各国在地理位置上与中国都有山海阻隔，即使征服其疆土，也不会给国家带来好处。因此只要对方不来侵犯边境，就不必兴兵讨伐。明太祖曾说："自古人君之得天下，不在地之大小，而在德之修否。"②这表现了其希望恢复华夏传统，通过朝贡关系确立以明王朝为中心的国际社会秩序，以实现天下共主、四海宾服的理想。

　　明成祖即位以后，对内继续推行"休养生息"的政策，对外则通过大规模派遣使者和彰显强大的经济实力来充分贯彻"怀柔远人"的方针。明成祖对大臣说："朕今休息天下，惟望时和岁丰，百姓安宁。至于外夷，但思有以备之，必不肯自我扰之，以疲敝生民。"③可见，明成祖的对外方针主要采用防御战术，希望避免因战争而破坏国内的经济发展。据《明太宗实录》卷十二载，明成祖对礼部大臣说道：

> 太祖高皇帝时，诸番国遣使来朝，一皆遇之以诚。其以土
> 物来市易者，悉听其便；或有不知避忌而误干宪条，皆宽宥之，
> 以怀远人。今四海一家，正当广示无外，诸国有输诚来贡者听。
> 尔其谕之，使明知朕意。④

　　明太祖时期周边各国前来朝贡，明朝廷都以诚相待，允许其进行互市贸易。即使有触犯条例者，也都宽大处理。明成祖沿袭前朝对外交往中的"怀柔"政策，希望四海宾服，天下太平。据《明史·列传第一百九十二·宦官一》载："当成祖时，锐意通四夷，奉使多用中贵。西洋则和、景弘，西域则李达，迤北则海童，而西番则率使侯显。"⑤明成祖在对外交流中表现得更为积极主动，多次派遣宦官作为使者出使周边各国。在明朝廷积极的对外交往姿态的感召下，周边各国的朝贡使者也都接踵而

①　朱元璋：《皇明祖训》，《四库全书存目丛书》史部第264册，济南，齐鲁书社，1996，第167页。
②　《明太祖实录》卷七十六，梁鸿志1941年影印江苏国学图书馆传抄本，第7页。
③　《明太宗实录》卷二十三，梁鸿志1941年影印江苏国学图书馆传抄本，第9页。
④　《明太宗实录》卷十二，梁鸿志1941年影印江苏国学图书馆传抄本，第8页。
⑤　张廷玉等：《明史》，北京，中华书局，1974，第7768页。

至，"九州之外，蛮、夷、狄、戎莫不梯山航海而至"①。《明史·列传第二百二十·西域四》中记载了当时对外交往的盛况：

> 自成祖以武定天下，欲威制万方，遣使四出招徕。由是西域大小诸国莫不稽颡称臣，献琛恐后。又北穷沙漠，南极溟海，东西抵日出没之处，凡舟车可至者，无所不届。自是，殊方异域鸟言侏儒之使，辐辏阙廷。岁时颁赐，库藏为虚。而四方奇珍异宝、名禽殊兽进献上方者，亦日增月益。盖兼汉、唐之盛而有之，百王所莫并也。余威及于后嗣，宣德、正统朝犹多重译而至。②

明代四方前来朝贡的使者络绎不绝，盛况空前。明朝廷也因此承担了繁重的经济负担，赏赐不断竟然致使国库亏空。而各地朝贡的奇珍异宝也都与日俱增，"兼汉、唐之盛而有之"。一直到宣德（1426～1435）、正统（1436～1449）年间，依然有历经长途跋涉，通过辗转翻译前来朝贡的使者。在明朝廷的对外接待场所会同馆内，曾有一段时间接待使者竟达上万人，可以说这种对外交往盛况在古代中外关系史上都是绝无仅有的③。

二、四夷馆的设立原因

明朝廷之所以设立四夷馆作为培养翻译人才的学校以及中央翻译机构，与当时国内国际形势的变化密不可分。国内方面，各民族的交往活动十分频繁，民族融合进一步加强，推动了少数民族地区经济文化的发展，朝廷要加强对边疆地区的管理，需要有通晓当地语言文字的人员；国际方面，由于朝贡贸易的不断开展，在与各国的往来之中，明朝廷对翻译人员的需求量也大幅增加。

明朝建国之初，非常重视对边境少数民族地区的安抚。据《明太祖实录》卷三十"洪武元年八月戊寅"条载：

> 湖广行省平章杨璟等还自广海，入见。上问广西两江、黄

① 邱浚：《大学衍义补》，《景印文渊阁四库全书》第712册，台北，台湾"商务印书馆"，1986，第673页。
② 张廷玉等：《明史》，北京，中华书局，1974，第8625～8626页。
③ 朱亚非：《明代中外关系史研究》，济南，济南出版社，1993，第12页。

岑二处边务。璟言："蛮夷之人性习顽犷，散则为民，聚则为盗，难以文治，当临之以兵，彼始畏服。"上曰："蛮夷之人性习虽殊，然其好生恶死之心未尝不同。若抚之以安静，待之以诚意，谕之以道理，彼岂有不从化者哉？"①

洪武元年(1368)，大臣杨璟上奏说，少数民族性情顽劣，难以教化，建议朝廷下令用武力征服。明太祖认为少数民族虽然习性与汉人不同，但也都"好生恶死"，如果对其进行安抚以诚相待，晓之以理动之以情，则必然能够使其归顺朝廷。因此，明太祖在处理民族事务中一直推行怀柔政策。

明成祖在处理民族问题上也沿袭明太祖的怀柔政策。据《明太宗实录》卷十五"洪武三十五年十二月辛酉"条载：

> 宁夏总兵官左都督何福，以边地降虏有叛去者，请举兵讨之。敕谕福曰："夷虏谲诈，不可凭恃，自古则然。但今朝廷大体当以诚心待之，《春秋》驭夷之道：来者不拒，去者不追。盖彼之来既无益于我，则其去也亦何足置意。况其同类颇众，其间必有相与为亲戚者。今若以兵讨叛，其未叛者亦将置疑。不若姑听其去，但严兵备，固疆围，养威观衅，顺天行事。如造次轻举，后悔无及。②

洪武三十五年(建文四年，1402)，大将何福因为边境有俘虏逃走，请求朝廷出兵讨伐。明成祖认为边境俘虏生性狡诈，不能轻信。而朝廷的大局是要与少数民族和平共处，《春秋》里说治理少数民族的方法是"来者不拒，去者不追"，再加上少数民族人数众多，如果出兵讨伐，则会使已经归顺的人也心生疑虑。所以明成祖认为不如任其逃走，今后加强防备，如果其再来挑衅，则诉诸武力。此外，明朝廷还在少数民族地区设立军政机构负责管理当地事务。例如在西南地区设立了三宣六慰司③，任命少数民族首领进行管理，希望借此缓和民族矛盾，加强民族交流。

① 《明太祖实录》卷三十，梁鸿志1941年影印江苏国学图书馆传抄本，第9页。
② 《明太宗实录》卷十五，梁鸿志1941年影印江苏国学图书馆传抄本，第6页。
③ "三宣"指南甸宣抚司、干崖宣抚司、陇川宣抚司。"六慰"指车里军民宣慰使司、缅甸军民宣慰使司、木邦军民宣慰使司、八百大甸军民宣慰使司、孟养军民宣慰使司、老挝军民宣慰使司。参见郝勇、黄勇、覃海伦：《东南亚研究：老挝概论》，广州，世界图书出版广东有限公司，2012，第341页。

可以说明朝廷与边境少数民族联系的加强，客观上要求必须培养一批精通民族语言文字的翻译人员，以适应国内各民族交往与融合的需要。同时，为了应对频繁朝贡的外番使者，明朝廷除了因袭前代的外事接待机构外，由于翻译人员的匮乏，也迫切需要兴办翻译教育机构，培养通晓周边民族及国家语言文字的翻译人员。于是，我国最早的官办翻译学校兼中央翻译机构四夷馆便应运而生了，设立目的旨在"设四夷馆以通达夷情"①，"习译夷字以通朝贡"②。如前所述，与明太祖相比，明成祖在对外交往方面表现得更为积极主动，四夷馆的设立也再次证明了这一点。据《大明会典》卷二载："四夷朝贡，言语文字不通。"③"命礼部选国子生蒋礼等三十八人，隶翰林院，习译书，人月给米一石。遇开科，令就试，仍译所作文字，合格准出身。置馆于长安右门之外处之"④。明成祖时期，由于周边各国朝贡，语言文字不通，礼部从国子监中选出38人，隶属翰林院，进入四夷馆学习翻译。古代王朝几乎都以天朝大国自居，视周边各民族为蛮夷，视其语言文字为鸟语。明成祖能够设立专门机构，教授并学习周边各族的语言文字，这在封建时期本身就是一种巨大的进步。

明朝廷要求周边各国前来朝贡时必须携带表文，这些国家的表文既有用汉文书写的，比如朝鲜与日本等，也有用番文书写的，比如泰国以及中亚等地区。众所周知，汉字作为记录语言的符号，曾在历史上得到广泛应用，形成"汉字文化圈"，范围包括现在的中国、朝鲜、韩国、日本、越南以及其他中国人到达的地方。然而，随着各国文字体系的完善，汉字逐渐失去了权威性。据《大学衍义补》卷一百四十五"译言宾待之礼"条载：

> 译言之官自古有之，然惟译其言语而已也。彼时外夷犹未有字书，自佛教入中国始有天竺字，其后"回回"、女直、蒙古、缅甸，其国人之黠慧者，各因其国俗而自为一种字书。其来朝贡及其陈说、辩诉、求索，各用其国书，必加翻译，然后知其意向之所在。唐宋以来，虽有润文、译经使之衔，然惟以译佛

① 钱曾：《读书敏求记》，《续修四库全书》第 923 册，上海，上海古籍出版社，2002，第 243 页。
② 严从简：《殊域周咨录》，北京，中华书局，1993，第 283 页。
③ 申时行：《大明会典》卷二，明万历刻本，第 34 页。
④ 《明太宗实录》卷四十八（台北"中央研究院历史语言研究所"1962 年校印本为卷六十五），梁鸿志 1941 年影印江苏国学图书馆传抄本，第 11 页。

书而已，非以通华夷之情也。我文皇帝始设八馆……盖此一事似缓而实急，似轻而实重。一旦外夷有事，上书来言其情，使人人皆不知其所谓，或知之而未尽，则我所以应之者，岂不至相矛盾哉？非惟失远情，而或至启边衅者亦有之矣。我文皇帝专设官以司之，其虑远哉！①

我国自古就设有负责翻译的职官，最初只有口译，因为当时周边各国还没有创制自己的文字。随着佛教传入中国，梵语也随之传入，后来"回回"、女真②、蒙古、缅甸等地的有智之士分别根据本地习俗创制了自己的文字。这些地区前来朝贡时都使用当地的语言文字，需要借助翻译人员才能进行交流。唐宋以来虽然有润文使、译经使等职官，但只是负责佛经的翻译及文字修饰，并不以通晓中番信息为目的。明成祖设立四夷馆培养翻译人员是非常必要的举措，正所谓"似缓而实急，似轻而实重"。究其原因，一是由于前来朝贡的国家有些使用本国的语言文字陈说、辨诉、求索，必须通过翻译才能互相交流；二是由于翻译事关重大，只有通晓番语文字，才能了解边防状况，正确应对突发事件。也就是说，明朝廷设立四夷馆不仅是为了涉外关系的需要，更是为了国防安全的需要。正如四夷馆提督官洪文衡在《四译馆增定馆则》（下文略为《增定馆则》）卷十七《续增馆则序》中所说，"夫世治则通夷而文字为政，世不治则御夷而介胄为政，与其介胄之威敌也，孰若文字之谕情尔？"③也就是说，太平盛世需要借助文字作为治世手段，战乱时期需要借助武力防御敌人，与其借助武力威慑对方，不如借助文字了解对方，知己知彼才能百战不殆。

第二节　四夷馆的建置沿革

"四夷馆"这一名称最早出现在北魏时期的史料中，本来是指朝廷安置四方来者的场所。明代四夷馆的职能有所改变，成为中央翻译机构与培养翻译人才的学校，位置与隶属也都不同于前代，四夷馆馆则是了解

---

① 邱浚：《大学衍义补》，《景印文渊阁四库全书》第 713 册，台北，台湾"商务印书馆"，1986，第 677 页。

② 古代文献中"女真"屡被称为"女直"，一种说法是避辽兴宗耶律宗真名讳曰女直，另一种说法是在宋以前称为女真，后因蒙古太祖名曰铁木真，为避其名讳，改名女直。参见李培栋：《中国历史之谜》，上海，上海辞书出版社，1996，第 444～445 页。

③ 吕维祺等：《四译馆增定馆则》，《续修四库全书》第 749 册，上海，上海古籍出版社，2002，第 647 页。

明代四夷馆建置沿革的重要史料。

一、明代以前史料中的四夷馆

纵观正史史料，很早就开始用"东夷"、"南蛮"、"西戎"、"北狄"等词语指代周边不同方位的国家和地区。东汉许慎撰《说文解字》曰：

> 夷东方之人也，从大从弓。各本作平也，从大从弓，东方之人也。浅人所改耳，今正。韵会正如是。羊部曰。南方蛮闽从虫。北方狄从犬。东方貉从豸。西方羌从羊。西南僰人，焦侥从人，盖在坤地，颇有顺理之性。惟东夷从大。大，人也。夷俗仁，仁者寿。有君子不死之国。按天大，地大，人亦大。大象人形，而夷篆从大，则与夏不殊。夏者，中国之人也。①

"夷"的本意专指东方，与"蛮"、"戎"、"狄"等字相比，可谓与华夏同宗，更具有亲近感。也许正因为如此，在古代史书中，多将四方统称为"四夷"，其中最具代表性的是古代朝廷设立的接待四方来者的场所——四夷馆。据明代田艺蘅《留青日札摘抄》卷一"八夷"条载："四夷馆，举东西南北而言之也。其名有八，曰西（天）、曰鞑靼、曰回回、曰女直、曰高昌、曰西番、曰缅甸、曰百夷。成祖所立。古称东夷、西戎、南蛮、北狄，而东方之夷有九种，故曰九夷，即今倭奴是也。九夷、八狄、七戎、六蛮，是曰四海。今总四方名曰八夷，甚新。"②

四夷馆最初见于史料记载是在北魏时期。据《洛阳伽蓝记》载：

> 永桥以南，圜丘以北，伊洛之间，夹御道有四夷馆。道东有四馆：一名金陵，二名燕然，三名扶桑，四名崦嵫；道西有四馆：一曰归正，二曰归德，三曰慕化，四曰慕义。吴人投国者，处金陵馆，三年已后，赐宅归正里。……北夷来附者，处燕然馆，三年已后，赐宅归德里。……东夷来附者，处扶桑馆，赐宅慕化里。西夷来附者，处崦嵫馆，赐宅慕义里。自葱岭已西，至于大秦，百国千城，莫不欢附。商胡贩客，日奔塞下。所谓尽天地之区已。乐中国土风，因而宅者，不可胜数。是以

---

① 许慎撰、段玉裁注：《说文解字注》，上海，上海古籍出版社，1981，第493页。
② 沈节甫：《纪录汇编》卷一百八十七，上海，商务印书馆，1938，第7页。

附化之民，万有余家。门巷修整，阗阓填列，青槐荫陌，绿柳
垂庭。天下难得之货，咸悉在焉。①

从记载看，北魏四夷馆位于都城洛阳永桥以南，是安置四方归附者
的地方。四夷馆共设有八馆，道东四馆是安置四方归附者的暂时居所，
道西四里是赐予归附者的宅地。由于商胡贩客的往来频繁，归附人员的
数量众多，四夷馆及四夷里内门巷修整，绿树成荫，人丁兴旺，货品齐
全。此时的四夷馆既是朝廷接待来使的场所，也是四方归附者的聚居地。
隋唐时期的四方馆与北魏的四夷馆一脉相承，隋炀帝设立四方馆接
待四方使者。据《隋书·志第二十三·百官下》载：

> 初炀帝置四方馆于建国门外，以待四方使者，后罢之，有
> 事则置，名隶鸿胪寺，量事繁简，临时损益。东方曰东夷使者，
> 南方曰南蛮使者，西方曰西戎使者，北方曰北狄使者，各一人，
> 掌其方国及互市事。②

隋炀帝在建国门外设四方馆作为接待四方使者的场所。后来由于来
朝的使者人数多寡不均，四方馆便由常设机构变为临时机构，"有事则
置"，隶属于鸿胪寺。四方馆设有四方使者，负责周边各国的朝贡及互
市。可见，北魏的四夷馆不仅是接待四方归附者的场所，也是归附者的
集中居住区。隋朝的四方馆则是专门接待四方使者的机构。唐因隋制，
中央也设有四方馆，但与隋朝时四方馆隶属于鸿胪寺不同，唐朝四方馆
隶属于中书省。两宋时期四方馆的职能范围有所缩小，被都亭驿、礼宾
院等机构分权。辽金时期四方馆的职能进一步被弱化，并逐渐淡出历史
舞台，会同馆取而代之，并且在元明时期得到了极大的发展。③

二、明代四夷馆的位置与隶属

如前所述，明成祖永乐五年（1407）设立了四夷馆，作为专门培养翻
译人才的学校以及中央翻译机构。据《明太宗实录》载，四夷馆置"于长安

---

① 杨衒之：《洛阳伽蓝记》，《景印文渊阁四库全书》第 587 册，台北，台湾"商务印书馆"，
　　1986，第 31 页。
② 魏征等：《隋书》，北京，中华书局，1973，第 798 页。
③ 何春明：《唐朝四方馆研究——兼论其在处理中外民族关系中的地位和作用》，中央民
　　族大学 2011 年博士学位论文，第 24 页。

右门之外"。① 据《增定馆则》卷十八"翰林院四夷馆重修记"条载，"四夷馆在东安门衢南"。② 有学者根据《燕都游览志》与《大明一统志》中有关北京地理的记载，推断四夷馆位于翰林院旁，玉河桥以西③；有学者认为四夷馆的具体位置可能在今北京劳动人民文化宫东南角④；也有学者认为四夷馆初创时都城位于南京，迁都北京后兴建的四夷馆与"南馆"长期并存，衙署位于北京"东安门衢之南"的南薰坊北端，并不设于翰林院之内⑤；还有学者指出明朝迁都之前，四夷馆的位置应该在五龙桥以北，御道街以西，即今南京航空航天大学西苑内的某个位置⑥。据王弘治考证，《燕都游览志》与《大明一统志》中所载四夷馆的位置并非《明实录》中所载四夷馆的初设地址，北京的长安门始建于永乐十五年（1417），而四夷馆建立于永乐五年（1407），因此《明实录》中所述"长安右门"应该是指明初南京皇城而言⑦。笔者认为明代北京皇城格局仿照南京皇城建造，"长安右门"、"东安门"为南京明故宫与北京故宫共有之地名，因此迁都前后四夷馆的位置虽有不同，但应该都与翰林院邻接。

《大明会典》卷二百二十一"翰林院"条载："凡四方番夷翻译文字，永乐五年设四夷馆，内分八馆，曰鞑靼、女直、西番、西天、回回、百夷、高昌、缅甸，选国子监生习译。……正德六年增设八百馆，万历七年增设暹罗馆。"⑧由此可知，四夷馆设立之初，有鞑靼、女直、西番、西天、"回回"、百夷、高昌、缅甸八馆，正德六年（1511）增设八百馆，万历七年（1579）增设暹罗馆。据《增定馆则》卷十三"文史·建馆舍"条载：

> 看得本馆原设八馆，分列东西。后于正德年间增设八百一馆，比因地方狭隘，遂建在本馆东北大门之内。今欲再开一馆，更无空地。及查旧制，夷使远来教译，工部给与官房在坐。今来使已有三员，从人又不下数名，所有学馆住房通各议建。缘

---

① 《明太宗实录》卷四十八（台北"中央研究院历史语言研究所"1962 年校印本为卷六十五），梁鸿志 1941 年影印江苏国学图书馆传抄本，第 11 页。

② 吕维祺等：《四译馆增定馆则》，《续修四库全书》第 749 册，上海，上海古籍出版社，2002，第 649 页。

③ 乌云高娃、刘迎胜：《明四夷馆"鞑靼馆"研究》，载《中央民族大学学报》，2002 年第 4 期。

④ 乌云高娃：《14—18 世纪东亚大陆的"译学机构"》，载《黑龙江民族丛刊》，2003 年第 3 期。

⑤ 任小波：《明代西番馆职司与史事述考》，载《西藏大学学报》，2012 年第 3 期。

⑥ 特木勒：《迁都前明朝四夷馆方位小考》，刘迎胜主编：《元史及民族与边疆研究集刊》第 21 辑，上海，上海古籍出版社，2009。

⑦ 王弘治：《永乐本〈西番馆杂字〉中所见汉藏语言的性质》，载《民族语文》，2010 年第 2 期。

⑧ 申时行：《大明会典》卷二百二十一，明万历刻本，第 14 页。

外夷初入京师，籍以传习尚，当不废关防。若使馆舍隔远，窃
恐关防未便。如蒙题行工部，委官看估，就于本馆之西，接连
回回馆地方兑易官地，起盖暹罗馆一所，并造夷居一所，于教
习关防，斯为两便。①

四夷馆设立之初，共有八馆，分列于东西两边。正德六年（1511）增
设八百馆，建在四夷馆本馆东北大门以内，万历七年（1579）增设暹罗馆，
建在四夷馆本馆以西邻接"回回馆"之处。四夷馆的馆舍建造之所以比较
集中，一是由于地方狭小，二是为了教习方便，三是出于关防考虑，便
于管理。

据《明史·志第五十·职官三》"提督四夷馆"条载："初设四夷馆隶翰
林院，选国子监生习译。宣德元年，兼选官民子弟，委官教肄，学士稽
考程课。弘治七年，始增设太常寺卿、少卿各一员为提督，遂改隶太
常。"②关于此处四夷馆"改隶太常"的记载，有学者认为太常寺卿提督四
夷馆可能是事实，但四夷馆改隶太常寺绝不可能，此为《明史》之误③。
笔者也同意这一观点。据《增定馆则》卷十七《馆则序》载："四夷馆，隶翰
林院，而官督以太常，旧设有卿、少卿各一员。"④又据《大明会典》卷二
载："嘉靖二十五年以后，裁革卿，止存少卿，仍听内阁稽考。一切公移
俱呈翰林院转行，其习译官鸿沪寺带衔。"⑤可见，四夷馆隶属于翰林院，
由太常寺卿、少卿为提督官。嘉靖二十五年（1546）以后裁革正卿，只留
少卿一名，由内阁委派官员进行考核，一切公务转由翰林院处理，译官
隶属于鸿胪寺。因此，设官提督不能等同视为其隶属关系。

三、四夷馆馆则

辑录四夷馆馆则的相关文献是了解四夷馆建置沿革的重要渠道。据
《增定馆则》卷十八《翰林院四夷馆题名记》载："馆之迁设，官之建置，岁

① 吕维祺等：《四译馆增定馆则》，《续修四库全书》第 749 册，上海，上海古籍出版社，
2002，第 610 页。
② 张廷玉等：《明史》，北京，中华书局，1974，第 1797 页。
③ 乌云高娃、刘迎胜：《明四夷馆"鞑靼馆"研究》，载《中央民族大学学报》，2002 年第 4 期。
④ 吕维祺等：《四译馆增定馆则》，《续修四库全书》第 749 册，上海，上海古籍出版社，
2002，第 646 页。
⑤ 申时行：《大明会典》卷二，明万历刻本，第 34 页。

月已漫无可考，吾辈更失。今弗图，后嗣何观？"①又据《增定馆则》卷十七《馆则序》载："馆之文献，湮漫滋久，法守寡稽，道莫折衷。"②四夷馆的相关文献多已逸失，因此对其迁设、建置无法进行详细深入的考证。

查阅史料可知，专门记录四夷馆的文献有王宗载《四夷馆考》(2 卷)，明吕维祺辑、清曹溶增、钱綎补《四译馆增定馆则》(20 卷)，清江蘩《四译馆考》(10 卷)等。其中，记录明代四夷馆馆则且内容较为完整的是《四译馆增定馆则》(下文略称《增定馆则》)。吕维祺，《明史》有传，字介儒，江南新安人，万历四十一年(1613)进士，崇祯元年(1628)升太常寺少卿，提督四夷馆③。吕维祺是明末清初豫西著名大族——新安吕氏家族的代表人物④，一生为官勤奋尽职，"居官必尽其职，而尤好讲学，所在以教人为务。上疏言'三不负'，谓：上不负天子，中不负知己，下不负所学也。"⑤吕维祺在《增定馆则》卷十七《增定馆则叙》曰："馆则昉于郭一泉、洪平仲两先生，余取而增定之。"⑥四夷馆提督官郭鋆于嘉靖二十二年(1543)辑录四夷馆馆则，洪文衡于万历四十年(1612)续增馆则，吕维祺在此二人的基础之上于崇祯三年(1630)年再次增订四夷馆馆则，后来又经过清朝顺治(1644～1661)、康熙(1662～1722)年间时任四夷馆提督官的曹溶、钱綎的增补，袁懋德、许三礼的修订，才得以流传下来。几经修订的《增定馆则》是现存最为重要的研究四夷馆内教学情况以及师生管理的文献资料。《增定馆则》共有 20 卷，内容分别为"建设"、"选授"、"典制"、"训规"、"官方"、"本堂提名"、"属官"、"俸廪"、"经费"、"仪注"、"人役"⑦、"文史·题奏类"、"文史·公移类"、"文史·条约类"、"文史·檄示类"、"文史·序类"、"文史·记类"、"文史·箴类"、"文史·诗类"等，后附"十馆师生校阅姓氏"。

比《增定馆则》成书时间更早的是《四夷馆考》，此书为时任四夷馆提

---

① 吕维祺等：《四译馆增定馆则》，《续修四库全书》第 749 册，上海，上海古籍出版社，2002，第 649 页。

② 吕维祺等：《四译馆增定馆则》，《续修四库全书》第 749 册，上海，上海古籍出版社，2002，第 646 页。

③ 张廷玉等：《明史》，北京，中华书局，1974，第 6820 页。

④ 关于新安吕氏家族的情况参见王永宽：《明末至清代新安吕氏家族世系与支派考略》，载《中州学刊》，2012 年第 1 期。

⑤ 张岱：《石匮书后集》卷八，清抄本南京图书馆影印本，第 7 页。

⑥ 吕维祺等：《四译馆增定馆则》，《续修四库全书》第 749 册，上海，上海古籍出版社，2002，第 647 页。

⑦ 据《增定馆则》卷十一载："卷内所载馆乘、稿簿、集书、器用、房号五项俱遗失迁徙无存，似宜删裁，其人役一款见在缺乏，亟应请补录备。"

督官的王宗载于万历八年(1580)最后编辑而成①。"王宗载,字时厚,京山人,进士嘉靖四十一年,任擢御史,历左都御史。"②万历六年(1578)"太仆寺少卿王宗载为太常寺少卿提督四夷馆"③。据《四夷馆考》卷下载:

> 此明人钞本,下卷之首已缺损,无目录序跋,亦无撰人姓氏。卷中凡"诏"、"敕"、"朝廷"、"我明"等字皆抬行,传录颇多讹脱。校以《明史·外国传》,每有异同,不能据以勘定。考述古堂书目,有《四夷馆考》十卷,不著撰人名。《明史·艺文志》"史部·职官类"有汪俊《四夷馆则例》二十卷,《四夷馆考》二卷。此本与明志卷数相同,或即汪氏所著,爰遣写官录副存之。光绪戊申正月上虞罗振玉点勘毕题记。④

《四夷馆考》是光绪三十四年(1908)由中国近代语言文字学家罗振玉以明人抄本为底本,对比《明史·外国传》等书目点校编辑而成。此明人抄本的下卷卷首缺损,既无目录与序跋,也无作者姓名,且内容颇多讹脱。根据《明史·艺文志》的记载,汪俊撰有《四夷馆则例》(20卷)、《四夷馆考》(2卷)。此明人抄本卷数与《明史》记载相符,因此罗振玉推测此书为汪俊所辑。1937年,向达先生在巴黎发现法国东方语言学校所藏的旧抄本《四夷馆考》,其书首尾完善,作者王宗载自序不缺⑤。至此,此书作者终于明确。

《四夷馆考》分上下两卷,上卷收鞑靼馆、"回回馆"、西番馆;下卷收高昌馆、女直馆、百夷馆、缅甸馆、西天馆、八百馆、暹罗馆。从《四夷馆考》的资料来源看,该书多取材于郑晓《吾学编》中的《皇明四夷考》和《皇明北虏考》以及李贤、彭时等纂修的《大明一统志》,部分内容来源于四夷馆保存的往来文书和王宗载提督四夷馆期间询问来朝使者所得,还有一部分内容可能源自严从简的《殊域周咨录》⑥。王宗载在《四夷馆考》序文中首先充分肯定了四夷馆设立的意义,认为将翻译学习专业化是非常必要的。"典象胥者,不有专业,何以宣圣德而达夷情?此四夷馆之

---

① 向达:《瀛涯琐志——记巴黎本王宗载四夷馆考》,载《图书季刊》,1940年第2期。

② 樊维城,胡震亨:《海盐县图经》,《四库全书存目丛书》史部第208册,济南,齐鲁书社,1996,第494页。

③ 《明神宗实录》卷八十一,梁鸿志1941年影印江苏国学图书馆传抄本,第2页。

④ 王宗载:《四夷馆考》,民国十三年(1924)东方学会印本,第25页。

⑤ 张文德:《王宗载及其〈四夷馆考〉》,载《中国边疆史地研究》,2000年第3期。

⑥ 张文德:《王宗载及其〈四夷馆考〉》,载《中国边疆史地研究》,2000年第3期。

设，猷虑其弘远也。"此外，他也说明了自己编辑《四夷馆考》的目的，即首先是满足时政军事的需要，其次是供初学番语者参考。"所译诸夷，建置沿革、山川岩易、食货便滞、谣俗庞漓，与夫叛服之始末，战守之得失，略诠次成编，并于各馆译语之首。俾初学之士，时有所考，以知夫彼国之委悉，庶于译学不无小补耳。"①

明末钱曾对王宗载的《四夷馆考》给予高度评价。据《读书敏求记》卷二载：

> 国初以遐陬奇壤，声教隔阂，设四夷馆以通达夷情，拨子弟之幼颖者，授译课业于彼国之来使。凡山川、道里、食货、谣俗，了然如观掌果。迨后肄习既废，籍记无征，此馆几为马肆。万历庚辰，王宗载提督四夷馆，搜辑往牒创为此书，于柔远之道，不无小补云耳。②

明朝初年，与周边各族语言文字不通的情况阻碍了朝廷声威教化的传播。明朝廷想要了解夷情而设立四夷馆，挑选优秀子弟拜朝贡使者为师，学习夷字翻译，对其地风土人情了如指掌，后来译业荒废，史料逸失。万历(1573～1620)年间，王宗载在提督四夷馆期间，搜集史料编辑成《四夷馆考》。《增定馆则》与《四夷馆考》作为现存的记录明代四夷馆的建制沿革及翻译教学情况的两部重要文献，内容互为补充，相得益彰。从两部书的成书时间可以推知王宗载的《四夷馆考》很可能参考了郭鋆编撰的《四夷馆馆则》，也为后来洪文衡与吕维祺编订《四夷馆馆则》提供了参考。

康熙三十四年(1695)，时任四译馆提督官的江蘩辑录《四译馆考》，此书增补了清代四译馆的相关内容，有关明代四夷馆的部分基本抄录王宗载的《四夷馆考》③。因此，一般对此书的评价不高，《四库全书总目提要》中说：

> 是书略记外藩朝贡之目，恭载列祖敕谕及赐予物数，皆《实录》、《会典》之所有。其国俗土风，则捃摭前代史传为之，多不

---

① 陈梦雷：《古今图书集成》第209册，上海，中华书局，1934，第44页。
② 钱曾：《读书敏求记》，《续修四库全书》第923册，上海，上海古籍出版社，2002，第243页。
③ 张文德：《王宗载及〈四夷馆考〉》，载《中国边疆史地研究》，2000年第3期。

确实。后系以集字诗二卷，皆蘩所自作，而以诸国字译之。诗
既无关于外藩，所译之字，又不能该诸国之字，则亦戏笔而已，
不足以资掌故也。①

《提要》指出《四夷馆考》中记录的有关皇帝敕谕以及赏赐物品等内容
都为《明实录》、《明会典》所记载，有关他国风土人情的记载则是收集前
代史料编辑而成，内容多不确实。书后有集字诗两卷，都是江蘩自己所
作，用各国文字翻译出来。诗文内容与外番无关，翻译的文字也并非番
语，只是戏作而已，不太具有参考价值。

第三节　四夷馆的机构设置与职能

明代四夷馆的设立是为了解决明朝廷与周边民族及国家的不同语言
文字之间的交流与沟通问题，适应朝廷对内统治与对外交流的需要。如
前所述，四夷馆设立之初有八个译馆，后来根据需要又增设了其他译馆。
四夷馆的主要职能是为朝廷培养翻译人才，在翻译教学与翻译实践中体
现了学以致用、用以促学、学用相长的原则。

一、四夷馆的机构设置

如前所述，明朝洪武(1368～1398)、永乐(1403～1424)年间前来朝
贡的国家近三十个。永乐五年(1407)四夷馆设立之初有鞑靼、女直、西
番、西天、"回回"、百夷、高昌、缅甸八个译馆，正德六年(1511)增设
八百馆，万历七年(1579)增设暹罗馆。各馆教习的文字如下：鞑靼馆教
习蒙古文，负责翻译以蒙古为首的北方各民族的往来文书；女直馆教习
女真文，负责翻译女真各部的往来文书；西番馆教习藏文，负责翻译以
土番为首的西部地区的往来文书；西天馆教习梵文，负责翻译今印度等
地的往来文书②；"回回馆"教习波斯文，负责翻译西域地区的往来文书；
百夷馆教习傣文，负责翻译木邦军民宣慰司所辖地区的往来文书；高昌
馆教习畏兀儿文，负责翻译今新疆地区的往来文书；缅甸馆教习缅甸文，
负责翻译缅甸军民宣慰使司所辖地区的往来文书；八百馆教习傣文，负
责翻译八百大甸宣慰司所辖地区的往来文书；暹罗馆教习泰文，负责翻

---

① 永瑢等：《四库全书总目》，北京，中华书局，1965，第720页。
② 从后文所录"西天馆译语"的内容来看，可以推知西天馆主要以翻译佛经为主。

译今泰国等地的往来文书①。胡振华认为鞑靼馆与"回回馆"的前身分别
是元朝的蒙古国子学与"回回国子学"②。四夷馆各馆的设立时间有先后，
据明代周应宾《旧京词林志》卷三"习字官生"条载：

> 洪武中，以蒙古人火源洁等为侍讲、编修，专译夷语，隶
> 本院，此习译始也。永乐三年七月，取云南监生施玉等六人习
> 百夷字。五年三月，复取举人监生蒋礼等三十八人习达达、回
> 回、四夷等字，与百夷共为四馆。皆以通事为教师，居于长安
> 右门之外，令都指挥李贤以锦衣卫士守其门，务令成业。其后
> 复增西番、西天二馆焉。按：故牍，永乐中止有六馆，《会典》
> 又有高昌、缅甸二馆，未详，当是后所增也。③

从上述记载可知，明朝廷的译字教育开始于洪武（1368～1398）年间
明太祖命火原洁编写译语之时。永乐三年（1405），四夷馆设立以前曾经
从国子监中挑选监生学习百夷文字。永乐五年（1407），设立鞑靼、"回
回"、四夷④、百夷四馆，挑选监生入馆学习，以通事为教师。当时四夷
馆内的翻译教学可能是封闭式教育，为防止学生外逃，朝廷命令都指挥
李贤派锦衣卫士兵把守门庭。永乐（1403～1424）年间连同西番、西天二
馆，四夷馆中共有六馆，后来又增设高昌、缅甸二馆。关于鞑靼馆的设
立时间，也有不同看法。例如，中国近现代史学先驱柳诒徵据《南雍志》
卷三"戊子永乐六年（1408）八月辛丑"条"习达达等字监生刘勉等二十七
人，户部奏请如例支给，从之"⑤，推断"疑初命监生习四夷字时无达达
字，是年始加习达达等字，以将北征故也"⑥。

由于前来朝贡的使者许多属于同一语系的国家，四夷馆内有些译馆
不只负责一个国家的往来文书翻译，还要兼译其他国家的文书。王宗载
在《四夷馆考》中列出了各译馆所辖的地区与国家，除了女直、西番、缅
甸、西天、八百、暹罗等译馆只负责本馆对应地区国家的往来文书翻译
之外，其他四个译馆均要负责两地以上的文书翻译。各馆具体辖区为：

---

① 王雄：《明朝的四夷馆及其对译字生的培养》，载《民族研究》，1987 年第 2 期；黄明光：
《明代译字教育述议》，载《民族研究》，1996 年第 1 期。
② 胡振华：《珍贵的回族文献〈回回馆译语〉》，载《中央民族大学学报》，1995 年第 2 期。
③ 参引自张文德：《明与帖木儿王朝关系史研究》，北京，中华书局，2006，第 178 页注③。
④ 此处"四夷"可能是指"女直"，即女真馆。
⑤ 黄佐：《南雍志》，《续修四库全书》第 749 册，上海，上海古籍出版社，2002，第 110 页。
⑥ 李帆：《民国思想文丛·学衡派》，长春，长春出版社，2013，第 183 页。

鞑靼馆辖鞑靼、兀良哈；"回回馆"辖"回回"、撒马儿罕、天方、土鲁番、占城、日本、爪哇、真腊、满剌加；高昌馆辖高昌、哈密、安定、阿端、曲先、罕东、鲁陈、亦力把力、黑娄；百夷馆辖百夷、孟养、孟定、南甸、干崖、陇川、威远州、湾甸、镇康、大候、芒市、景东、鹤庆、者乐甸；八百馆辖八百、老挝、车里、孟艮。据《四夷馆考》卷上"高昌馆"条载："高昌本属高昌馆译审，但其中多回回人，入贡时亦有用回回字者，故又属回回馆，此当临时分别业。"①高昌贡使的表文本来由高昌馆负责翻译审核，但由于其中多有"回回人"进贡，当表文使用"回回文"撰写时，则由"回回馆"代为翻译。四夷馆中事务最为繁忙的译馆除了"回回馆"之外，还有鞑靼馆。据明代陈洪谟《治世余闻录》上篇卷一载："太宗朝以西域番夷入贡者多，乃即哈密地，封元遗孽脱脱为忠顺王，赐金印。凡诸夷入贡，悉令译文以闻。"②在元朝对外交往的基础上，明初西域贡使来朝频繁，明朝廷便册封元朝遗臣脱脱为忠顺王，凡入贡表文全权委托其翻译。在明晚期，女真各部普遍使用蒙古文书写进贡表文，女真馆业务都由鞑靼馆兼代③。由此可见，虽然四夷馆设立之初有八个译馆，但各馆翻译事务繁简不均，各馆师生人数多少及其在明朝廷对外交往中的重要性也有所不同。

据《四夷馆考》卷下"缅甸馆"条载："我朝洪武二十九年始归附，立缅甸军民宣慰使司，因其朝贡不缺，始设本馆。"④洪武二十九年(1396)缅甸归附后，朝廷设立了缅甸军民宣慰使司，后因朝贡不断，便设立了缅甸馆。可见，四夷馆设立译馆主要是基于实际需要，这对于我们今天外语院校开设外语专业也具有启发意义。《明实录》等史料中对于暹罗馆的设立记载较为详细，让我们对明朝廷设立译馆的过程有初步了解。据《明孝宗实录》卷二"成化二十三年九月庚戌"条载：

> 暹罗国王国隆勃剌略坤息利尤地亚遣使臣坤江悦等，赍金叶表文入贡谢恩，且言："旧例，本国番字与回回字互用。近者，请封金叶表文及勘合咨文间有同异，国王疑国人书写番字者之弊，乞赐查办。"而表文番字难于辨识，乃命本国自行究治。

---

① 王宗载：《四夷馆考》，民国十三年(1924)东方学会印本，第1页。
② 沈节甫：《纪录汇编》卷一百八十七，上海，商务印书馆，1938，第4页。
③ 史金波，黄润华：《中国历代民族古文字文献探幽》，北京，中华书局，2008，第206页。
④ 王宗载：《四夷馆考》，民国十三年(1924)东方学会印本，第14页。

仍令今后止许用回回字样，不得写难识番字，以绝弊端。①

　　成化二十三年(1487)暹罗国王遣使携带金叶表文入贡时提到，以往暹罗国文字与"回回字"互用，近来暹罗国请封的金叶表文(暹罗文)与明朝廷的勘合咨文("回回字")之间字义存在分歧，暹罗国王怀疑书写暹罗文字者不能正确达意，因此希望明朝廷查办。而明朝廷则因为暹罗文字难以辨识，要求暹罗国自行查办，并且要求今后进贡表文只许使用"回回字"，不得使用暹罗文字。这说明至少在成化(1465～1487)年间，暹罗国进贡时就已经开始使用本国文字书写表文，而明朝廷让"回回馆"代为翻译暹罗表文，并不能很好的达意，无法实现与暹罗国的良好交流。暹罗国使者的请求实际上是婉转表达了希望明朝廷能够用暹罗文撰写勘合咨文的意愿。据《礼部志稿》卷九十二"始设暹罗译字官"条载：

　　　　弘治十年，时暹罗国进金叶表文，而四夷馆未有专设暹罗国译字官，表文无能译办，大学士徐溥等以为请。上曰："既无晓译通事，礼部其行文广东布政司，访取谙通本国言语文字者一二人，起送听用。"②

　　弘治十年(1497)暹罗国前来朝贡，当时四夷馆内没有暹罗国译字官，表文无人能够辨译。于是，朝廷下令由礼部发文到广东布政司，寻找谙晓暹罗国语言文字的人员赴京备用。据《四夷馆考》卷下"暹罗馆"条载：

　　　　正德十年，遣使贡方物，进金叶表，下回回馆译写。该大学士梁疏："据提督少卿沈冬魁呈准回回馆主簿王祥等呈，窃照本馆专一译写回回字。凡暹海中诸国，如占城、暹罗等处，进贡来文亦附本馆带译。但各国言语文字与回回不同，审译之际，全凭通事讲说，及至降敕回赐等项，俱用回回字。今次有暹罗王进贡金叶表文，无人识认，节次审译不便。及查得近年八百、大甸等处夷字失传，该内阁俱题，暂留差来头目蓝者歌在馆教习，合无比照蓝者歌事例，于暹罗国来夷人内选留二三名在馆，并选各馆世业子弟数名送馆令其教习，待有成之日将本夷照例

---

①　《明孝宗实录》卷二，梁鸿志 1941 年影印江苏国学图书馆传抄本，第 18 页。
②　林尧俞等纂修，俞汝楫等编撰：《礼部志稿》，《景印文渊阁四库全书》第 598 册，台北，台湾"商务印书馆"，1986，第 684 页。

送回彼国等因。"上从之。①

正德十年(1515)暹罗国派遣使者前来朝贡，朝廷下令表文由"回回馆"代为翻译。"回回馆"主簿王祥等上奏说，由于暹罗文与"回回文"不同，为了避免翻译时的误译，希望"回回馆"今后专门负责"回回文字"的翻译。建议朝廷参照之前暂留八百、大甸等处使者头目兰者哥在四夷馆内教习当地文字的事例，从暹罗国使者中挑选二三名人员留在四夷馆内教习暹罗文字。可见，朝廷设立暹罗馆已经势在必行。之前"回回馆"虽然也代为翻译暹罗国贡使的表文，但主要是根据通事的翻译进行重译，这样难免有翻译错误或者翻译不清楚的地方。朝廷在四夷馆内开设暹罗馆教习暹罗文，有效避免了因重译带来的翻译不精的弊端，也减轻了"回回馆"的负担。

据《四夷馆考》卷下"暹罗馆"条载：

> 其次子昭华宋顷嗣为王，以钦赐印信被兵焚无存，因奏请另给。礼部议称："印文颁赐年久，无凭查给，且表字译学失传，难以辨验。"复题行彼国查取印篆字样，并取精通番字人员赴京教习。五年八月，差通字握文源同夷使握闷辣、握文铁、握文帖赍原奉本朝勘合赴京请印，并留教习番字，各赐冠带、衣服有差。六年十月，该内阁大学士张等题据提督少卿萧禀呈，请于本馆添设暹罗一馆，考选世业子弟马应坤等十名送馆教习。时宗载承乏提督课业之暇，因令通事握文源且述彼国之土风、物产如左。②

又据《明神宗实录》卷三十九"万历三年六月甲午"条载："暹罗国奏：'向为东蛮所侵，印信勘合业被烧毁，求乞更给，以便修贡。'许之。"③据《明神宗实录》卷八十一"万历六年十一月丁巳"条载："诏：'以暹罗开馆事系创始，凡选择生徒、建修馆舍等项，宜酌定成规，以使遵守。'"④据《万历起居注》"万历八年五月三日辛未"条载："七年正月初四日，考选译字生马应坤等十名到馆教译。源等将本国大字母二十五个，生出杂字三

---

① 王宗载：《四夷馆考》，民国十三年(1924)东方学会印本，第20页。
② 王宗载：《四夷馆考》，民国十三年(1924)东方学会印本，第22页。
③ 《明神宗实录》卷三十九，梁鸿志1941年影印江苏国学图书馆传抄本，第9页。
④ 《明神宗实录》卷八十一，梁鸿志1941年影印江苏国学图书馆传抄本，第4页。

千五百五十字，又生切音一万有余，仍将杂字类成十八门，与诸生讲解，令皆能默诵，意义了然。"①综上可知，万历三年（1575）七月，暹罗国派使者前来，述及之前明朝廷颁给的勘合在战乱中焚毁，希望朝廷能够重新颁给勘合②。明朝廷趁此要求暹罗国派使者将本国文字字样送来，并选送精通暹罗文字的人员赴京教习。万历五年（1577）八月，暹罗国派遣通事握文源和使者握闷辣、握文铁、握文帖携带之前明朝廷颁给的勘合样本赴京，并留在四夷馆内教习暹罗文。万历六年（1578）十月，内阁大学士张居正等奏请在四夷馆内增设暹罗馆，并挑选世业子弟马应坤等 10 人入馆学习暹罗文。万历七年（1579）正月，朝廷正式开设暹罗馆，考选译字生马应坤等入馆习译，由暹罗国通事握文源等人负责教习。时任提督官的王宗载在督查课业之余，让通事握文源叙述彼国的风土物产，并记录在案作为学生的辅助教材。从暹罗馆的设立过程可以看出，四夷馆的设立是为了适应频繁的朝贡贸易的需要，而朝贡贸易的展开也为明朝廷设立译馆提供了必要的师资条件，二者相辅相成。

除了译馆之外，四夷馆内很可能还设有供贡使暂时逗留的驿站馆舍。嘉靖（1522～1566）年间，大学士杨一清曾就进贡使者未按规定时间回国，请求朝廷下令四夷馆及相关地方彻查。据《关中奏议》卷十七"提督类"载："其土鲁番进贡未回夷人二十八名，及哈密卫进贡回还，除见监外，尚有未回夷人二十二名，恐俱在沿途及在京潜住，中间奸黠亦难遥定。合无通行在京四夷馆及北直隶、河南、陕西地方，如有各夷潜住，查将土鲁番正、副使，使臣、从人满剌阿都剌等二十八名，哈密卫先次正、副使满剌俄陆思等六名，俱一体迁发两广安置。"③万历（1573～1620）年间，意大利天主教耶稣会传教士利玛窦来到中国时，也曾被安置在四夷馆内居住。据《申报》专栏"沟通中西文化者利玛窦之生平"记载："礼部以旧例，外国人进贡，系该部分内之事，今内监干预贡事，心有不甘，故上奏疏鸣，多不以利公居京为然；因居利公于四夷馆，出入不能自由。利公在此情景之中，名为优待外宾，实则无异圈禁，乃在其相知之显官前，请其转圜，终于一六〇一年五月十八日出馆。"④

---

① 《万历起居注》第 2 册，北京，北京大学出版社，1988，第 57 页。
② 勘合指验对符契。古时符契文书，上盖印信，分为两半，当事双方各执一半。用时将二符契相并，验对骑缝印信，作为凭证。
③ 杨一清：《杨一清集》，北京，中华书局，2001，第 650 页。
④ 《申报》1942 年 10 月 29 日。

二、四夷馆的职能

西方学者伯希和、威立德以及日本学者本田实信等认为明代四夷馆是中央"翻译处"或"翻译局";我国学者刘迎胜认为四夷馆是明朝廷学习、研究亚洲诸民族语言文化的学校和研究院;乌云高娃认为四夷馆是主管翻译事务,兼培养"习译"人才的"译学"机构①;李传松等认为四夷馆设立初期以翻译语言文字为主,还不是真正的外语学校,而是翻译机构,直到明代宣德(1426~1435)年间才"兼选官民子弟,委官教肄,学士稽考课程",真正成为外语学校②。笔者认为四夷馆是我国最早的官办多语种翻译学校,兼具中央翻译机构的职能。因此,四夷馆的主要职能可以分为两部分,一是培养精通各民族与国家语言文字的翻译人才以及朝廷后备的文史人才,二是翻译明朝与周边各地区及国家的往来文书。前者体现了四夷馆作为翻译学校的职能,后者体现了四夷馆作为翻译机构的职能。可以说,四夷馆在明朝的民族关系与对外关系的发展中都发挥了极为重要的作用。

(一)培养翻译人才

四夷馆的主要职能是培养精通其他语种语言文字的翻译人才,充任朝廷各职能部门的翻译人员。如前所述,明朝廷设立四夷馆的原因是"四夷朝贡,言语文字不通"③。据《礼部志稿》卷三十六"四夷馆通事"条载:

> 洪武、永乐以来,设立御前答应大通事,有都督、都指挥、指挥等官,统属一十八处小通事,总理来贡番人并来降番人及走回人口。凡有一应番情,译审奏闻。嘉靖初,革去大通事,其小通事悉属提督官,凡在馆钤束番人,入贡引领,回还伴送,皆通事专职。④

可见,凡是与番人有关的事务都需要通事,即翻译人员介入处理。当有番人前来投降或是漂流至此时,需要由翻译人员对其身份进行盘查审问。据《礼部志稿》卷三十六载,投降夷人"到馆译审明白,兵部题请到

---

① 乌云高娃:《14—18世纪东亚大陆的"译学"机构》,载《黑龙江民族丛刊》,2003年第3期。

② 李传松,许宝发:《中国近现代外语教育史》,上海,上海外语教育出版社,2006,第2页。

③ 申时行:《大明会典》卷二,明万历刻本,第34页。

④ 林尧俞等纂修,俞汝楫等编撰:《礼部志稿》,《景印文渊阁四库全书》第597册,台北,台湾"商务印书馆",1986,第679页。

部关给来降赏赐。毕日，着去该都督府，差委官舍伴送两广军门，转发缺少头目卫分安插"。漂流夷人"至会同馆，即行该馆通事序班译审明白，日给薪米养赡。兵部委官伴送，沿途应付，至辽东镇巡衙门，另差人员转送归国"①。可见，朝廷必须借助翻译人员才能对来降者的诚伪进行判别。因此，翻译人员在明朝廷的国防中占有举足轻重的作用。

翻译人员在明朝廷拓展对外关系的过程中也必不可少，当有重臣出访外番时，朝廷则派遣翻译人员随同前往。据《增定馆则》卷三"重臣奏讨"条载："国家敕命重臣有事外国，奏讨通译人员，准院手本，于各馆职官内，选其谙晓番文、熟知夷情者，送院拣选。"②此外，翻译人员还被派往边防要塞，负责审验外番进贡人员。据《增定馆则》卷三"差官喜峰"条载：

> 大喜峰口③差官一员，验放进贡夷人，三年一更。每遇期满，彼中巡抚官据呈申请兵部移咨，由礼部本院转行本馆，拣选行止端慎、年深老成、谙晓番字官一员，请知内阁转开本院起送接管。④

明朝廷在边境要塞设置译官一名，负责验放进贡夷人。其任期为三年，期满后由巡抚官向兵部提出申请，由兵部移文礼部，由翰林院发文四夷馆，挑选行为谨慎、年深老成、精通番语的官员一名，由内阁派遣赴任。由于明朝廷在朝贡贸易中厚往薄来，一些唯利是图者便冒充使者前来朝贡，从而获取赏赐。因此，驻守边境的翻译人员也成为朝廷确保边境安全、正常开展朝贡贸易的重要保障之一。

（二）输送文史人才

四夷馆不仅是明朝廷培养翻译人才的学校，也是输送文史人才的基地。这是因为四夷馆的学员最初来自国子监监生，儒学功底较为深厚。

① 林尧俞等纂修，俞汝楫等编撰：《礼部志稿》，《景印文渊阁四库全书》第597册，台北，台湾"商务印书馆"，1986，第676页。
② 吕维祺等：《四译馆增定馆则》，《续修四库全书》第749册，上海，上海古籍出版社，2002，第538页。
③ 喜峰口是地名。在河北省迁西县。明代为蓟北重地，曾设兵驻守。向为长城内外交通要冲之一。原名喜逢口，相传古有久戍不归者，其父求之，喜逢于此，故名。明永乐间改今名。
④ 吕维祺等：《四译馆增定馆则》，《续修四库全书》第749册，上海，上海古籍出版社，2002，第539页。

而且由于翻译人员工作的涉外性,他们代表了明朝廷的对外形象,因此要求入学者"资禀清秀"。据《增定馆则》卷十二"万历三十一年五月题选译字生稿"载:"合候命下本部行移翰林院,转行四夷馆,考收各官名下事业子弟资质清秀者,开送本部,考以番文,收馆习学。"①四夷馆在翻译教学过程中,并不禁止学生兼习举业,对于成绩特别优秀者还提拔任用,但前提是要精通翻译本业。据《增定馆则》卷四"训规"条载:"诸生中有通举业者,如精通本业,不妨并肆。考试之日,一体另题考验,或出论策诏勅等题,有能通晓畅达者,另拔超等,设法优异。"②

据《增定馆则》卷三"文华拣选"条载:"文华殿书办缺人,诸生有精于楷书、愿赴考者,据呈考择手本送院,转送礼部拣选。"③又据《增定馆则》卷三"选拣起送"条载:"先年事例,遇诰敕房史馆誊录缺人,合将四夷馆译字官员,从公考选,起送内阁,遵行已久。"④可知,当文华殿、诰敕房、史馆缺少人手时,朝廷则从四夷馆的习译人员中挑选精于楷书、文字秀美的人员充任。例如,嘉靖十五年(1536),大学士李时奉命重修《宋史》,便借力于四夷馆官生。据《明世宗实录》卷一百八十七"嘉靖十五年五月乙卯"条载:"及再幸天寿山,召见大学士李时等于行宫,面谕重修《宋史》。至是,训录书完。时等遂请举行二事,因言誊录前项经籍卷帙已为浩繁,又重修《宋史》,非时月可办,见在各馆官生恐不敷用。除四夷馆善书官员听臣选取外,请仍下礼部会同吏部,于举监生儒内拣选精通楷书者二三十名,进呈御览,请裁去留。"⑤可见,进入四夷馆的学生素质较高,天资聪敏,相貌清秀。精通书法者,可以另作他用。四夷馆在培养学生的过程中充分发挥学生的特长,人尽其才,才尽其用,这对我们今天的人才培养同样具有启发意义。

(三)翻译往来文书

如前所述,四夷馆设立之初有鞑靼、女直、西番、西天、"回回"、百夷、高昌、缅甸八个译馆,各译馆一般负责相应地区与国家的往来文

① 吕维祺等:《四译馆增定馆则》,《续修四库全书》第749册,上海,上海古籍出版社,2002,第591页。
② 吕维祺等:《四译馆增定馆则》,《续修四库全书》第749册,上海,上海古籍出版社,2002,第542页。
③ 吕维祺等:《四译馆增定馆则》,《续修四库全书》第749册,上海,上海古籍出版社,2002,第538页。
④ 吕维祺等:《四译馆增定馆则》,《续修四库全书》第749册,上海,上海古籍出版社,2002,第538页。
⑤ 《明世宗实录》卷一百八十七,梁鸿志1941年影印江苏国学图书馆传抄本,第2页。

书翻译。由于四夷馆内译馆数量有限，而往来国家数目众多，语言各异，难免会出现进贡表文无人能识，回赐表文无法撰写的情况。于是，明朝廷规定，此时必须使用双方都通晓的第三种文字进行交流，"以通华夷之情"①。这样一来，个别译馆不仅需要负责本馆相应地区的文字翻译，还要代译其他地区的往来文书。

据《四夷馆考》卷上"回回馆"条载："其附近诸国，如土鲁番、天方、撒马儿罕旧隶本馆译审。此外，如占城、日本、真腊、爪哇、满剌加诸国皆习回回教，遇有进贡，番文亦属本馆代译，今具列于后。""哈密地近高昌，本属高昌馆译审，但其中多回回人，入贡时亦有用回回字者，故又属回回馆"。② 据《万历起居注》"万历六年十一月十日丁巳"条载："回回馆贡使颇繁，文字难译，先年常令代译暹罗诸国表文。"③可见，明朝与周边各民族、各地区的往来文书都需要经由四夷馆进行翻译。正因为四夷馆参与边防要务的翻译，因此并非只是一般的翻译机构，也是朝廷的军事机要部门。四夷馆作为翻译学校兼具翻译机构的职能，既为朝廷培养了翻译人才，又为学生提供了实践机会，还有效完成了朝廷的翻译事务。四夷馆所奉行的学以致用、力学笃行的宗旨何尝不是我们今天培养外语人才的主旨呢？

第四节　四夷馆的兴盛与衰落

明代四夷馆作为中央涉外机构之一，其发展与明王朝的国运兴衰息息相关，经历了初创、兴盛与衰落的过程。不同时期明朝廷对四夷馆的重视程度不同，四夷馆的馆舍规模、生源数量与生源构成也呈现出不同特点。

一、初创期

明初天下大治，社会经济经过洪武（1368～1398）、建文（1399～1402）、永乐（1403～1424）三朝的恢复与发展，到洪熙（1424～1425）、宣德（1426～1435）时期，出现了社会经济的大繁荣。从永乐五年（1407）四夷馆设立到宣德（1426～1435）年间为四夷馆的初创期。

---

① 刘迎胜：《古代中原与内陆亚洲地区的语言交往》，王元化主编：《学术集林》第 7 卷，上海，上海远东出版社，1996。
② 王宗载：《四夷馆考》，民国十三年（1924）东方学会印本，第 11 页。
③ 《万历起居注》第 1 册，北京，北京大学出版社，1988，第 696 页。

初创期的四夷馆，学生以国子监监生为主，兼选官民子弟入学。据《明史·志第五十·职官三》"提督四夷馆"条载："译字生，明初甚重。与考者，与乡、会试额科甲一体出身。后止为杂流。其在馆者，升转皆在鸿胪寺。"[①]可知，四夷馆设立之初，朝廷给以大力支持，在政府智囊机构翰林院旁边建造馆舍，挑选国子监优秀监生入馆学习。为了鼓励学生习译的积极性，不仅"人月给米一石"，让其带薪学习，而且"遇开科，令就试，仍译所作文字，合格准出身"[②]。译字生与其他监生一样，可以参加科举考试，合格者等同进士出身。与国子监监生相比，译字生的待遇明显有所提高。明初非常重视教育，监生均有政府补贴廪膳衣服。据《大明会典》卷二百二十载："洪武初，定官吏师生会馔。三月至十月终，日食三餐，每人日支米一升；十一月至次年二月终，日食二餐，每人日支米八合五勺。"[③]如此折算，监生的公粮多时每月只有三斗，而译字生的公粮为每月一石，是监生的三倍多。

尽管如此，由于长久以来翻译人员的地位不高，"前代宾馆、典客诸令垂，皆以接待人使为重。而译官之职，则自西汉以后，概未之见，至明始重其事"[④]。加上传统的华夷尊卑观念的影响，监生大多不愿意前往四夷馆学习翻译。据《南雍志》卷二载："永乐七年春二月庚辰，上巡狩北京，车驾发京师，命皇太子监国留守，择吏部历事[⑤]监生四十人译写四夷文字，监生十三人以从。"[⑥]为此，朝廷再次提高译字生的地位，永乐九年"三月甲戌，举人监生钟英、张习、张式、马信、邵聪以入翰林习译书。至是，等进士第改庶吉士[⑦]，仍隶翰林，遂为例"[⑧]。在提高译字生

---

① 张廷玉等：《明史》，北京，中华书局，1974，第 1797 页。
② 《明太宗实录》卷四十八（台北"中央研究院历史语言研究所"1962 年校印本为卷六十五），梁鸿志 1941 年影印江苏国学图书馆传抄本，第 11 页。
③ 申时行：《大明会典》卷二百二十，万历刻本，第 13 页。
④ 纪昀等：《历代职官表》，上海，上海古籍出版社，1989，第 211 页。
⑤ 历事是明代国子监教学实习制度。据《明史·选举志一》载："监生历事，始于洪武五年。建文时，定考核法上、中、下三等。上等选用，中、下等仍历一年再考。上等者依上等用，中等者不拘品级，随才任用，下等者回监读书。"可知，监生历事制度开始于洪武五年(1372)，建文(1398~1402)年间，规定了历事监生的考核方法。历事三月后，由有关部门根据监生历事期间表现的好坏分上、中、下三等评定成绩。上等报吏部候补；中、下等继续实习一年再考，上、中等者分别选用，下等仍需回监学习。
⑥ 黄佐：《南雍志》，《续修四库全书》第 749 册，上海，上海古籍出版社，2002，第 110 页。
⑦ 庶吉士是官职名。明洪武初置。十八年(1385)以进士任职翰林院、承敕监者，均称庶吉士。永乐二年(1404)始定为翰林院庶吉士，选进士中文学书法优良者入馆深造。参见邱树森：《中国历代职官词典》，南昌，江西教育出版社，1991，第 605 页。
⑧ 张廷玉等：《明史》，北京，中华书局，1974，第 1683 页。

地位的同时，朝廷还着力改善四夷馆的办学条件，增建馆舍。"永乐十年六月，增建习译书馆二十楹。"①

为了鼓励监生进入四夷馆学习翻译，朝廷一方面不断提高四夷馆译字生的地位与待遇，另一方面对不愿意进入四夷馆学习的监生进行严厉处罚。据《南雍志》卷二"壬辰永乐十年五月戊子"条载："驾帖取举人监生梁弘等一百二十人习译夷字，弘独告免。礼部以闻，上怒，编伍交阯。"②又据"甲午永乐十二年春二月"条载："令冠带举人监生杜超等习百夷字，月支教谕俸米二石，家属月支米一石；岁贡监生石庆等习回回字，月支米一石，家属月支米六斗。"③可见，为了鼓励译字生习译，译字官生的家属也可以领取一定数量的公粮。

为了缓解监生不愿入馆习译的矛盾、保证有充足的译字生生源，从宣德(1426～1435)年间开始，四夷馆的招生规模有所扩大，除了从监生中挑选学生进入四夷馆学习外，还兼选官民子弟入学。这一时期朝廷中由进士改为庶吉士的名额比例减少，但依然向四夷馆译字生倾斜。据《明史·志第四十六·选举二》载："庶吉士之选，自洪武乙丑择进士为之，不专属于翰林也。……永乐十三年乙未选六十二人，而宣德二年丁未止邢恭一人，以其在翰林院习四夷译书久，他人俱不得与也。"④宣德二年(1427)被选为庶吉士的只有邢恭一人，之所以选他是因为其在翰林院四夷馆学习译书的时间较长。据《明宣宗实录》卷一百十二"宣德九年八月戊辰"条载：

> 初，上以四夷朝贡日蕃，翻译表奏者多老，命尚书胡濙同少傅杨士奇、杨荣于北京国子监选年少监生及选京师官民子弟有可教者，并于翰林院习学。至是，选监生王瑄等及官民子弟马麟等各三十人以闻，命指挥李诚、丁全等教之，翰林学士程督之。⑤

宣德九年(1434)，明宣宗下令让尚书胡濙与少傅杨士奇、杨荣挑选年少监生以及在京的官民子弟进入四夷馆学习。于是，胡濙等人挑选监

① 徐学聚：《国朝典汇》，《四库全书存目丛书》史部第265册，济南，齐鲁书社，1996，第371页。
② 黄佐：《南雍志》，《续修四库全书》第749册，上海，上海古籍出版社，2002，第114页。
③ 黄佐：《南雍志》，《续修四库全书》第749册，上海，上海古籍出版社，2002，第116页。
④ 张廷玉等：《明史》，北京，中华书局，1974，第1700页。
⑤ 《明宣宗实录》卷一百十二，梁鸿志1941年影印江苏国学图书馆传抄本，第8页。

生及官民子弟各 30 人入馆学习翻译，由翰林学士负责监督。至此，四夷馆的办学已经初具规模，拥有较为稳定且充足的生源。

二、发展期

明朝正统(1436～1449)年间，宦官王振擅权，土木堡之变让明朝国力大损，后来经过景泰(1450～1457)、天顺(1457～1464)两朝的恢复，国力逐渐回升，到弘治(1488～1505)时期，经济出现再度繁荣。从正统(1436～1449)到弘治(1488～1505)年间为四夷馆的发展期。这一时期，四夷馆在明初建立与发展的基础上，办学规模进一步扩大。

如前所述，从永乐九年(1411)开始，进入四夷馆学习翻译的监生，身份等同于进士出身，后改为庶吉士。正统(1436～1449)年间，朝廷继续施行优待四夷馆译字生的政策。据《明英宗实录》卷二十三"正统元年冬十月甲子"条载："行在礼部尚书胡濙等奏：'四夷馆旧习夷字及新习者六十四人，俱照例会官考试，出身次为三等。'上命：'一等者，冠带为译字官，逾年再试，得中授职；其二等、三等及有新习者，亦逾年再试。'遂著为令。"[1]正统元年(1436)礼部尚书胡濙等上奏说，译字生共 64 人照例参加了考试，成绩分为三等。明英宗下令一等者晋升为译字官，次年考试合格者授予官职，二等、三等及新入学者次年都要再次参加考试。

由于成为译字生的门槛不高，民间子弟俊秀者即可入馆习译，加上译字生的待遇及出身都比普通监生优越，因此民间私自拜师习译的风气日盛。景泰(1450～1457)年间，四夷馆原有房舍已经不能容纳现有学员。四夷馆提督官刘文等上奏说，希望在四夷馆南面的空地上新建馆舍。据《明英宗实录》卷二百十九"景泰三年八月壬午"条载："改造四夷馆。先是，译书子弟俱于东安门外廊房肄业。至是，提督译书郎中刘文等请建馆于廊房之南隙地，从之。"[2]景泰四年(1453)礼部上奏说，"近年官员、军民、匠役之家子弟，往往私自投师习学番字，希入翰林院四夷馆。及至考试，不惟字画粗拙，而且文理不通，岂堪为用。"[3]可见，景泰(1450～1457)年间官员、军民、工匠家的子弟，往往私自拜师习译，希望进入四夷馆学习。天顺(1457～1464)年间，礼部左侍郎邹干等上奏说：

近年以来，官员、军民、匠作、厨役子弟，投托教师，私

---

① 《明英宗实录》卷二十三，梁鸿志 1941 年影印江苏国学图书馆传抄本，第 3 页。
② 《明英宗实录》卷二百十九，梁鸿志 1941 年影印江苏国学图书馆传抄本，第 9 页。
③ 《明英宗实录》卷二百三十二，梁鸿志 1941 年影印江苏国学图书馆传抄本，第 10 页。

自习学，滥求进用。况番字文书多关边务，教习既滥，不免透漏夷情。乞敕翰林院，今后各馆有缺，仍照永乐间例，选取年幼俊秀监生送馆习学。其教师不许擅留各家子弟私习及徇私举保。①

邹干认为番字文书大多事关边防要务，民间子弟私自习学不免会透漏夷情，因此建议朝廷按照永乐（1403～1424）年间惯例，挑选优秀监生入馆学习，杜绝民间子弟入学，并且下令禁止教师私自招收学生以及徇私举荐子弟入学。朝廷采纳了邹干的建议，下令说："今后敢有私自教习、走漏夷情者，重罪不宥"。② 针对四夷馆生源良莠不齐的状况，朝廷对四夷馆的译字官生进行了考核与清查。据《明宪宗实录》卷三十九"成化三年二月癸丑"条载，明宪宗对礼部大臣说："四夷馆官员、子弟见在既多，礼部即会官考选，精通者量留，余送吏部改外任，子弟俱遣宁家。今后敢有私自教习者，必罪不宥。"③成化三年（1467），明宪宗下令，由礼部对四夷馆的师生进行考试，官员精通翻译者酌情留用，其余人员送吏部改派地方，民间子弟全部遣返回家。

不仅如此，为了提高四夷馆的教学质量，明朝廷还规定，四夷馆的学生必须专心学习翻译，不能别图出身。据《明宪宗实录》卷五十六"成化四年（1468）秋七月丙戌"条载，文渊阁大学士彭时等上奏说："今在馆人员固多新者，志不专一"，希望"今后子弟入馆，俱令专习本业。如有志科举者，宜如科场例告试，不必仍写番字送内阁"，如此便能使"习译者不必习举而分其志，中举者不必兼译损其名，译书、科目两无所误"。④学生进入四夷馆后，必须专心学习翻译，如有希望参加科举考试者，则不必再考查其翻译水平。明朝廷对四夷馆生源的限制说明四夷馆已经发展到一定规模，对学生中有志参加科考者，不再要求兼习翻译，同时对民间子弟的入学条件要求也有所提高。但是，明朝廷的这种做法却促使学生分心科举，不专习本业。弘治三年（1490），礼部尚书耿裕再次上疏，严申四夷馆学生要专心习译，不能别图出身。据《增定馆则》卷一载：

弘治三年五月二十五日，该礼部尚书耿等题奉钦依，四夷

---

① 《明英宗实录》卷三百，梁鸿志 1941 年影印江苏国学图书馆传抄本，第 10 页。
② 《明英宗实录》卷三百，梁鸿志 1941 年影印江苏国学图书馆传抄本，第 10 页。
③ 《明宪宗实录》卷三十九，梁鸿志 1941 年影印江苏国学图书馆传抄本，第 12 页。
④ 《明宪宗实录》卷五十六，梁鸿志 1941 年影印江苏国学图书馆传抄本，第 16 页。

馆子弟务要专工习学本等艺业，精通夷语，谙晓番文，以备应用。不许假以写字习举为由别图出身，不务本等番译。……其初试不中及再试中否，俱照子弟例，施行三试，不中者，送回本监别用。其有曾习举业者，非精通本等番译，纵堪入试，亦不准理。钦此。①

明朝廷规定四夷馆学生不能以参加科举为由别图出身，习译监生经过初试、再试、三试，不合格者送回国子监，另作他用。曾习举业者，如果不精通翻译，即使参加考试也不准受理。

为了保证四夷馆的生源质量，明朝廷除了从监生中挑选学生之外，还招收世业子弟入学。据《明孝宗实录》卷三十八"弘治三年五月戊午"条载：

令本部选监生年二十五以下二十名，官民家子弟年二十以下及有世业子弟翻译习熟者，不限年数，通考选一百名，俱送本院，分拨习学，……子弟务须专习本艺，精通夷语，谙晓番文，以备应用。……其兼习举业者，非精通本业，亦不许入试。②

弘治三年(1490)，朝廷挑选 25 岁以下的监生，20 岁以下的官民子弟及世业子弟中熟悉翻译的共 120 人，送入四夷馆学习，规定学生要专心学习翻译。与成化(1465～1487)年间相比，弘治(1488～1505)年间明朝廷对四夷馆兼习举业的学生要求更为严格，规定译字生如果不能精通翻译，则不能参加科举考试。这样做一是为了保证四夷馆的教学质量，二是为了确保四夷馆的生源不向外流失。

随着四夷馆办学规模的扩大，馆内的翻译事务也比之前繁杂，因此需要委派专门人员进行管理。弘治七年(1494)，朝廷增设太常寺卿、少卿各一人提督四夷馆。太常寺卿品级为正三品，少卿为正四品，由这样仅次于六部尚书的高品级官员掌管四夷馆，反映出四夷馆在明朝国家机构中的地位越来越重要，这一时期也是四夷馆发展中的黄金时期。

---

① 吕维祺等：《四译馆增定馆则》，《续修四库全书》第 749 册，上海，上海古籍出版社，2002，第 517 页。
② 《明孝宗实录》卷三十八，梁鸿志 1941 年影印江苏国学图书馆传抄本，第 2 页。

三、衰落期

弘治(1488～1505)中兴推动明朝的社会经济稳步发展，正德(1506～1521)年间明朝国运中衰，至嘉靖(1522～1566)年间明政府推行新政，政治国力才有所恢复。嘉靖后期至隆庆(1567～1572)年间徐阶、高拱等继续推行新政，万历(1573～1620)年间张居正推行一系列改革，使明朝的社会经济实现中兴。如前所述，正德六年(1511)四夷馆内增设八百馆，万历七年(1579)又增设暹罗馆。这一时期，四夷馆的译馆数量虽然有所增加，但实际在馆学习的人数却逐渐减少。

据史料记载，从嘉靖十六年(1537)到嘉靖四十五年(1566)，近三十年间四夷馆都没有招收过学生，而原有的学生也"多事故更迁"。嘉靖四十五年(1566)大学士徐阶上奏说：

> 见今各馆，惟鞑靼、女直等馆，共止有译字官四员；回回、西番、高昌、八百等馆，虽有教师一二员，并无一名子弟习学；至于百夷、西天等馆，教师久已物故；缅甸馆，师生俱各故绝。其见在教师，又皆正德初年选入者，年深齿迈，精力衰颓。①

可见，嘉靖(1522～1566)后期四夷馆各译馆学生人数稀少，教师大多年老体迈，有些译馆只剩个别教师，没有学生，有些译馆则形同虚设，既无教师也无学生。于是，嘉靖四十五年(1566)朝廷考选世业子弟田东作等75人进入四夷馆学习。

万历(1573～1620)年间四夷馆生源不足的现象更为严重。万历三十一年(1603)大学士沈一贯上奏说：

> 自嘉靖四十五年，考选得田东作等七十五人，至万历六年②，增设暹罗一馆，续收得成九皋等二十一人。迄今历岁久远，率多事故更迁，见在止有教师等官一十八员，散处十馆，并无一名译字生习学。各官又皆年深齿迈，景逼桑榆。每遇夷

---

① 吕维祺等：《四译馆增定馆则》，《续修四库全书》第 749 册，上海，上海古籍出版社，2002，第 586 页。
② 据《大明会典》卷二百二十一载："万历七年增设暹罗馆。"据张文德(《从暹罗馆的设立看明朝后期与暹罗的文化交流》，载《东南亚纵横》，2009 年第 11 期)考证，明朝廷正式开设暹罗馆为万历七年正月初四。

文堆积，辨验书写，未免苦难濡滞。①

朝廷自万历六年（1578）招收成九皋等 21 人进入四夷馆学习后，25 年间都没有招收过学生。至万历三十一年（1603），四夷馆内只有教师 18 人，没有译字生。教师又都年老体迈，遇到有往来文书需要翻译时，往往很难应对。

天启（1621～1627）年间，大学士顾秉谦上奏说：

> 自万历三十二年，考取得译字生马尚礼等九十四名，迄今二十余年，升沉代谢，每馆见在教师止有二三员，而八百馆今已故绝，传习无人。每遇译写来文，回答敕谕，少则尚可苟完，多则动称堆积。②

朝廷自万历三十二年（1604）招收译字生马尚礼等 94 人进入四夷馆学习后，译字生经过二十多年间的升进、黜退，最后每个译馆只剩下教师二三人，八百馆内已经无人习译。每当遇到翻译文书，回答敕谕等事务，量少时尚能勉强应付，量多时则堆积如山。这一时期，四夷馆逐渐衰退，这与朝贡贸易的衰落以及嘉靖（1522～1566）年间倭寇猖獗迫使明朝廷实行海禁政策有直接关系。

由于四夷馆内学生规模的缩小，嘉靖二十五年（1546）以后，朝廷对四夷馆提督官也进行了裁革。"裁革本馆正卿，止存少卿一员，仍听内阁稽考。一切公移俱翰林院转行，其习译官仍鸿胪寺带衔。"③只存太常寺少卿一人提督四夷馆，由内阁负责考核，一切公文由翰林院转行。这说明四夷馆逐渐失去了往昔的地位，进一步衰落。四夷馆学生人数减少的同时，生源质量也不断下降。正德（1506～1521）至嘉靖（1522～1566）年间，由于四夷馆招生标准较低，"收补太滥，请托盛行"，严重影响了译字生的生源质量。嘉靖四十五年（1566）大学士徐阶上奏说：

> 正德三年，选收译字生一百七名，嘉靖十六年，选收译字

---

① 吕维祺等：《四译馆增定馆则》，《续修四库全书》第 749 册，上海，上海古籍出版社，2002，第 590 页。
② 吕维祺等：《四译馆增定馆则》，《续修四库全书》第 749 册，上海，上海古籍出版社，2002，第 593 页。
③ 吕维祺等：《四译馆增定馆则》，《续修四库全书》第 749 册，上海，上海古籍出版社，2002，第 532 页。

生一百二十名，皆不问世家，不论本业，止泛考汉文、数字，
待收馆之后，方习番文。考非所用，用非所考，譬之责工于商，
难便成熟。①

正德三年(1508)四夷馆招收译字生 107 人，嘉靖十六年(1537)招收
120 人，招生时不论是否为世业子弟，也不考查学生的翻译水平，只考
语文、数学等基本科目，等学生入馆之后才开始学习翻译。万历二十四
年(1596)以后，朝廷频繁从四夷馆内挑选官生充任实录馆、玉牒馆和起
居注馆的誊录官②，这与弘治(1488～1505)年间禁止四夷馆的学生"别图
出身"的政策形成鲜明对比，说明万历(1573～1620)朝以后四夷馆的职能
日益弱化，馆务日渐萧条。

此外，"人心日玩，纪纲日驰，教官不肯书验仿，而日省之法废；诸
生善习玩堕，情面目重，而月试之法废；赏赉无资，而季考之法废"③。
四夷馆内人心涣散，纲纪松弛，师生怠惰，这也使四夷馆的教学质量每
况愈下。据明朝王世贞《弇州四部稿》卷一百三十二"外国书旅獒卷"跋载：

> 四夷馆……嘉靖前购诸夷书甚多，学者惮其繁，时时盗出
> 毁其籍。今惟鞑靼学不废，字多横写而直读，余各夷书母籍多
> 失，或间止一二叶存，略识数十字耳。遇夷人来，则贿通事。
> 人问其意，别造语译之要，不失事情而已，其实非本字也。报
> 书亦伪作夷字，以欺我人，不恤外夷笑。④

嘉靖(1522～1566)朝以前四夷馆收购的番文书籍很多，嘉靖(1522～

---

① 吕维祺等：《四译馆增定馆则》，《续修四库全书》第 749 册，上海，上海古籍出版社，
2002，第 588 页。
② 据《增定馆则》卷十三、十四记载，万历二十四年(1596)四月，选四夷馆译字官序班刘
佐等一十五员充誊录职。万历三十九年(1611)九月，选四夷馆官光禄寺署正刘等瀛，
詹事府主簿成九皋二员补诰勅房。万历四十一年(1613)九月，选译字官马尚礼送诰勅
房办事。万历四十二年(1614)三月，选译字官马键送诰勅房办事。万历四十三年
(1615)三月，选一等官生张邦经等十员名在史馆供事，候补誊录。六月，选四夷馆译
字官王子龙补史馆誊录职。东阁大学士礼部尚书方等题以四夷馆教师邵前勋等补起居
注馆誊录玉牒。天启元年(1621)少卿董荐送朱国□等十二员名，开名荐举，以备内阁
不时取用之需。崇祯三年(1630)考取一等教师四员、一等译字官二员、一等译字生七
名，荐送内阁，以备取用。
③ 吕维祺等：《四译馆增定馆则》，《续修四库全书》第 749 册，上海，上海古籍出版社，
2002，第 540 页。
④ 参引自方豪：《中西交通史(下册)》，长沙，岳麓书社，1987，第 689 页。

1566)中期以后学生为了减轻课业，往往把之前收购的番文书籍偷出来烧毁。除了鞑靼馆之外，其他番文书籍的母本大多逸失，或者仅存一两页，能识别的只有数十字。遇到有使者前来，四夷馆译员则贿赂伴送通事。翻译时生编硬造词汇，勉强贯通大意。回复文书时编造外番文字，自欺欺人，完全不顾及夷人的耻笑。可见，嘉靖（1522～1566）后期，由于翻译教学的无序进行，翻译人员的素质低下，无论是作为翻译学校还是作为翻译机构，四夷馆都逐渐失去了应有的职能。

综上可知，四夷馆之所以衰落，原因有三：一是提督官被裁革以致四夷馆职能弱化；二是生源收补不足以致办事人员匮乏；三是教学管理不严以致翻译业务荒疏。这些都源于随着明朝廷与周边国家及地区"朝贡"高潮的过去，四夷馆日渐不被朝廷重视，以致于缺少专项经费管理，明朝后期四夷馆的运营越发困难。嘉靖二十一年（1542），时任四夷馆提督官的郭銮在《翰林院四夷馆重修记》中提到，四夷馆"规制俭隘，岁久日圮，官无宁居，士无宿业，当事者每欲拓而新之，然费广力艰，莫究厥图"[1]。万历六年（1578）大学士张居正在奏疏中写道：

> 查得本馆每年通州并宛、大二县解纸笔等银，约二百四十余两，馆前小房收税，约四十余两。税收或不及数，而州县申解亦不及期，甚至有拖欠数年不解如宛平县者，故先年将直堂皂隶支价充用。近因各馆多授官职，给散已为不足，今增一馆，师生公费更为短少。除该馆桌凳器皿候工部置给，师生饭食柴炭听光禄寺照给外，所有纸笔朱墨各项，似应议处加增，庶公费不乏。[2]

崇祯三年（1630），四夷馆提督官上奏说："本馆故无公费，惟宛、大二县岁解纸笔银二百四十九两有奇，及房租岁五十两有奇。……况两县之起解不时，揭借之利息日积，仰屋嵩目，无可奈何。以致委官挂冠，大典停废。"[3]明末钱曾《读书敏求记》卷二著录王宗载《四夷馆考》语曰：

---

①　吕维祺等：《四译馆增定馆则》，《续修四库全书》第 749 册，上海，上海古籍出版社，2002，第 649 页。

②　吕维祺等：《四译馆增定馆则》，《续修四库全书》第 749 册，上海，上海古籍出版社，2002，第 610 页。

③　吕维祺等：《四译馆增定馆则》，《续修四库全书》第 749 册，上海，上海古籍出版社，2002，第 574 页。

"四夷馆……迨后肄习既废，籍记无征。此馆几为马肆。"[1]可知，后来四夷馆译业荒废，史料逸失，馆舍几乎沦为买卖牲畜的场所。

小　结

本章对四夷馆的设立背景，建置沿革，机构设置与职能，四夷馆发展的兴衰等问题进行了论述。明朝建国之初，面对前元的残余势力以及周边的不稳定因素，积极推行怀柔远人的对外政策。为了适应频繁对外交往状况，明朝廷在中央设立了培养翻译人才、处理翻译事务的机构四夷馆。四夷馆的设立与当时的国内国际形势密切相关：国内方面，各民族的交往十分活跃，民族融合进一步加强，推动了少数民族地区经济文化的发展，朝廷管理边疆事务时需要通晓当地语言文字的人员；国际方面，由于朝贡贸易的开展，在与各国的贸易往来中，朝廷对翻译人才的需求量大幅增加。

四夷馆是明朝廷培养翻译人才的学校以及中央翻译机构，设立之初有鞑靼（蒙古）、女直（女真）、西番、西天、"回回"、百夷、高昌、缅甸八馆，后来增设八百馆与暹罗馆。四夷馆的主要职能可以分为两部分：一是培养精通各民族与国家语言文字的翻译人才，同时也为其他部门输送具有较高儒学素养的文史人才；二是翻译明朝廷与周边各地区及国家的往来文书。四夷馆的发展经历了初创、兴盛与衰落的过程：从永乐（1403～1424）初年到宣德（1426～1435）年间为四夷馆的初创期，这一时期四夷馆初具规模；从正统（1436～1449）到弘治（1488～1505）年间为四夷馆的发展期，这一时期四夷馆在明初设立与初步发展的基础上，办学规模进一步扩大；正德（1506～1521）年间以后为四夷馆的衰落期，这一时期四夷馆虽然增设了八百馆与暹罗馆，但实际在馆学习人数却逐渐减少；嘉靖（1522～1566）中期以后四夷馆内教学无序进行，翻译人员素质低下，四夷馆逐渐失去了作为翻译学校以及中央翻译机构的职能，最后译业荒废，史料逸失，馆舍几乎沦为买卖牲畜的场所。

---

[1]　钱曾：《读书敏求记》，《续修四库全书》第 923 册，上海，上海古籍出版社，2002，第 243 页。

第二章　四夷馆的职官

　　四夷馆是明朝廷设立的官办翻译学校，兼具中央翻译机构的职能。作为学校，教师是主导，学生是主体，需要在管理人员的监督下才能正常开展教学工作；作为翻译机构，为了保证日常翻译工作的顺利进行，需要储备大量翻译人才。因此，四夷馆内部人员的构成较为复杂，除了教师与学生之外，还有管理人员与翻译人员，他们都是明朝廷的职官。关于四夷馆的教师将在第三章中详细论述，本章主要介绍四夷馆的管理人员与翻译人员。管理人员有提督官及其他属官，翻译人员主要有译字官与通事。

第一节　提督官与属官

　　管理人员在组织机构中行使管理职能，组织协调机构内部成员完成具体工作，其工作绩效的好坏直接关系到机构的兴衰成败。四夷馆的管理人员有四夷馆提督官以及各译馆的属官。提督官总理馆内事务，负责对各译馆属官及师生进行考核，各译馆属官的职衔不尽相同，负责对学生（主要为译字生）进行教授与考核。

一、提督官的职责

　　据《增定馆则》卷十八"翰林院四夷馆题名记"条载："旧即其馆师官望之最深者总馆事，惧弗胜任。弘治七年，内阁大臣建置太常寺卿、少卿各一员为提督官，重其职也。"[1]四夷馆设立之初，朝廷并没有委派专职人员进行监管，而是由馆内德高望重的教师负责管理馆内事务。因担心其不能胜任，弘治七年（1494），内阁大臣建议设置太常寺卿、少卿各一人为四夷馆提督官，至此，四夷馆开始由专人负责管理。太常寺卿的官衔为正三品，少卿为正四品。可见，这一时期明朝廷对四夷馆非常重视，委派高级官员掌管馆内事务。据《大明会典》卷二载：

---

[1]　吕维祺等：《四译馆增定馆则》，《续修四库全书》第 749 册，上海，上海古籍出版社，2002，第 650 页。

宣德元年，兼选官民子弟，委官为教师，命翰林院学士稽考课程。正统九年，又谕寺副主事提督。弘治七年，内阁题设太常寺卿、少卿各一员提督。嘉靖二十五年以后，裁革卿，止存少卿，仍听内阁稽考。一切公移俱呈翰林院转行，其习译官鸿胪寺带衔。①

宣德元年（1426），由翰林院学士负责四夷馆学生课程的考核，正统九年（1444），由鸿胪寺副主事提督四夷馆，弘治七年（1494），内阁设太常寺卿、少卿各一人为四夷馆提督官，嘉靖二十五年（1546）以后，裁革正卿，只留少卿一人，由内阁负责考核，一切往来公文由翰林院转行，习译官兼带鸿胪寺官衔。又据《明会要》卷三十八"职官十·提督四夷馆"条载："嘉靖中，裁卿，止少卿一员，用本寺衔名，不治寺事。"②太常寺卿、少卿都只挂衔于太常寺，并不管理太常寺事务，其职责主要是负责四夷馆的日常事务。从翰林院学士到鸿胪寺主事，再到太常寺卿，四夷馆提督官的官衔不断提高，说明朝廷对四夷馆的管理与发展日渐重视。

据《增定馆则》卷十三"请给关防疏稿"条载，万历二十六年（1598）太常寺少卿傅好礼上奏，在提到其具体职责时说道：

> 臣以太仆寺少卿改补太常寺少卿，提督四夷馆事。茌任以来，考询职掌译字官三、六、九年给由，则有内阁之申呈；月试季考十馆译字生，则有弥封之试卷；下州县催取纸笔等伴，则有往来之文移行；光禄寺取用米盐等物，则有开支之手本。俱是白头空文，并无印信铃押。③

作为四夷馆的提督官，太常寺少卿的职责有考核各级译字官，考查译字生，向州县催缴四夷馆所需的笔墨纸砚，到光禄寺领取官生日常的柴米油盐等。可见，大到官生考核的制度办法，小到官生生活的方方面面，提督官都要亲力亲为，负责监管。

作为提督官，其主要职责是考查学生、考核属官。据《增定馆则》卷十三"起送考粮题稿"条载："考选入馆之后，提督官四季考试，习学三

①　申时行：《大明会典》卷二，明万历刻本，第 34 页。
②　龙文彬：《明会要》，北京，中华书局，1956，第 664 页。
③　吕维祺等：《四译馆增定馆则》，《续修四库全书》第 749 册，上海，上海古籍出版社，2002，第 614 页。

年，会同六部都察院堂上官、翰林院掌印官于午门内会考，御史二员监试。"①学生进入四夷馆之后，每季度由提督官进行考试，学习三年后，提督官会同六部都察院、翰林院等处的相关人员进行会考，并由两名御史监考。提督官还要对属官及学生平时的表现进行考评，据《增定馆则》卷十四载：

> 翰林院提督四夷馆为循例荐举人材事，照得本馆旧例，有季考有岁参，每年终，考验官生贤否、勤惰及译学高下，分为等第。其上者，荐送内阁，以备取用；其下者，酌量罚治，相沿已久。②

提督官除了每季度主持季考外，年终还需要对属官与学生的品行态度以及翻译水平进行考核。考核结果为上等者，推荐到内阁作为朝廷的储备人才，下等者酌情进行处罚。

据《增定馆则》卷十五载："本馆旧规，每日辰初译字监生、子弟赴各馆受业，提督官揲签看课背书。每月本馆教师考一次，别等第，呈堂验看。提督官季考四次，量行赏罚，立案照验。"③提督官每日要到各译馆听课，检查学生的背书情况，每季度对学生进行考试，根据考试成绩对学生进行赏罚。又据《增定馆则》卷一载，正统九年（1444）六月明朝廷颁布敕谕，整饬学风，其中提到：

> 近闻有等不遵礼法之徒，全不用心习学，惟务出外游荡，甚至抗拒师长，不服教训。历年已久，学无进益，好生怠慢废驰。今著寺副姚本主事、于礼提督同教师，每专心训诲。敢有仍蹈前非的，提督官同教师责罚记过；屡犯不悛的，具奏处治。翰林院堂上官时常点闸考校，务求成效，以资任使。提督官、教师不许纵容怠慢，习字官子弟人等，果有愚顽不知改悔、不堪教训的，来说黜退；他已除官的，待考满时还着实考他，以

---

① 吕维祺等：《四译馆增定馆则》，《续修四库全书》第 749 册，上海，上海古籍出版社，2002，第 603 页。

② 吕维祺等：《四译馆增定馆则》，《续修四库全书》第 749 册，上海，上海古籍出版社，2002，第 625 页。

③ 吕维祺等：《四译馆增定馆则》，《续修四库全书》第 749 册，上海，上海古籍出版社，2002，第 635 页。

凭黜陟。①

由于四夷馆内一些学生不遵守馆规，不专心学习，只想外出游荡，甚至违抗师命，不服管教，学无长进。为了整顿学风，朝廷下令由四夷馆提督官与教师一起监管学生，如有仍不听教诲、重蹈覆辙者，提督官与教师要责罚记过；如有屡教不改者，则要奏明处置。翰林院相关负责官员要经常对学生进行考校，注重实效。提督官与教师不可以纵容怠慢学生，如果在馆学习的官员子弟中确实有不知悔改、不可教化者，则要呈报朝廷，进行黜退；已经授予官职者，等考核期满后也要进行清算处理。

除了对学生的监督与考核之外，提督官还负责考核属官，考选教师。据《增定馆则》卷二"季课进呈"条载："九馆初授译字官，□□课，每月提督官出题三道，季总九道，发□各官译出番汉字登簿，季终呈堂，类呈内阁收执，授职之后不用。"②提督官每月需要出题目对朝廷新任命的译字官进行考试并记录考试成绩，每季度末将考试结果汇总呈报并送呈内阁存档。据《增定馆则》卷十五载：

> 该馆以后各属教师并已授职译字官考满，须要先呈提督官，考其勤惰，开具有无称职缘由到院，以凭考复。其译字官会考授职，译字生会考食粮，亦经提督官查算在馆日期有无虚旷。③

四夷馆内所有教师以及译字官考核期满时，都需要先由提督官对其任期内的品行进行考核，将称职与否的考核结果呈报翰林院，作为复核依据。在考核能否授予译字官官职以及能否给予译字生公粮时，也需要由提督官核查其在馆学习期限是否已满，是否曾有虚报或者旷课等情况。据《礼部志稿》卷九十二"译职·选四夷馆教师"载："顷来教师多缺，宜令本馆提督官从公考试，优等送内阁复试，照缺委用。"④当四夷馆内教师

① 吕维祺等：《四译馆增定馆则》，《续修四库全书》第 749 册，上海，上海古籍出版社，2002，第 515 页。
② 吕维祺等：《四译馆增定馆则》，《续修四库全书》第 749 册，上海，上海古籍出版社，2002，第 536 页。
③ 吕维祺等：《四译馆增定馆则》，《续修四库全书》第 749 册，上海，上海古籍出版社，2002，第 633 页。
④ 林尧俞等纂修，俞汝楫等编撰：《礼部志稿》，《景印文渊阁四库全书》第 598 册，台北，台湾"商务印书馆"，1986，第 685 页。

有缺额时，提督官要秉公对候选者进行考试，将成绩优秀者送内阁复试，合格者录用，补足教师缺额。看来，四夷馆提督官不仅要具备管理才能，还需要精通翻译业务。既要对师生的品行进行监督，对其翻译业务进行考核，还要亲自参与文书的翻译工作。例如，据《明英宗实录》卷一百八十四"正统十四年冬十月壬戌"条载："改大理寺右少卿许彬为太常寺少卿，兼翰林院待诏，仍旧译书。"①正统十四年（1449）朝廷任命许彬为太常寺少卿，兼任翰林院待诏，让其仍然留在四夷馆内翻译文书。

二、提督官的任命与考核

四夷馆提督官一般是由朝廷委派的，既可以由其他部门的官员迁任，也可以由四夷馆内的属官升任。据《增定馆则》卷六"本堂提名"所载名录可知，有些官员在担任太常寺卿、少卿，提督四夷馆之前曾担任过兵部右侍郎、吏部左侍郎、工部右侍郎等职务。据《增定馆则》卷五"委官承行"条载：

> 本馆一应事宜，必须委官承行。于十馆职官内，拣其练达公勤、众所推服者，帖仰管理。其干济之勤惰，物议之皂白，则官之贤否，于此亦可略占其概矣。今选正副二员，历劳至一年有半，勤慎无过，起送内阁办事，副者接管亦如之。②

为管理四夷馆的内部事务，朝廷从各译馆属官中挑选干练老成，公正勤勉的官员，委任其管理四夷馆的具体事务。通过这种方式，朝廷可以了解官员办事是否勤勉、众议是否属实、为官是否贤明等情况。明朝廷委任正副两名官员担任四夷馆提督官，规定其在四夷馆任职满一年半以后，如果勤勉谨慎、没有过错，则推荐正职到内阁办事，由副职接管四夷馆事务。从四夷馆属官中挑选合适人选提督四夷馆，一方面可以激励属官的办事积极性，另一方面任用熟悉馆务的属官也有利于对四夷馆进行更好的管理。

四夷馆提督官除了常设官员管理之外，有时也由朝廷临时委派官员进行管理，这些官员在四夷馆任职期间还兼任其他职务。例如，据《增定馆则》卷六"本堂提名"载，提督卿张邦奇"嘉靖十七年，以太子宾客吏部

---

① 《明英宗实录》卷一百八十四，梁鸿志1941年影印江苏国学图书馆传抄本，第17页。

② 吕维祺等：《四译馆增定馆则》，《续修四库全书》第749册，上海，上海古籍出版社，2002，第544页。

左侍郎兼翰林院学士，奉钦依，暂令提督，历南京兵部尚书"，提督少卿谢丕"嘉靖六年升任，仍兼翰林院侍读，历吏部左侍郎"①。据《增定馆则》卷五"堂上考满"条载："本馆堂上官考满，将历俸月日扣算，移文吏部考功司查核，引奏复职，与太常寺堂上官同。"②可知，四夷馆提督官的考核由吏部考功司进行，其复职方式与太常寺属官相同。四夷馆其他属官的考核一般由提督官负责。

三、各译馆属官的考核与升迁

四夷馆除了提督官之外，各译馆属官的品衔有正五品尚宾司卿、从七品光禄寺署丞、从八品鸿胪寺主簿、从九品鸿胪寺序班等。这些属官除了负责外事接待、文书翻译之外，还兼任四夷馆教师，负责馆内的翻译教学工作。上述属官均为职事官，即执掌具体事务的官吏。此外，四夷馆中还设有散官，即只有官名而无固定职事的官员。据《增定馆则》卷五"散官开报"条载：

散官帖仰各馆查明有无初授、升授、加授官员，三年考满及遇例曾经请给诰敕等命，并已给散官与今同者不必开报外，其未考满未曾请给恩典及曾六年考满者，取其亲供，行吏部验封司，如由院帖及太常寺转取者，仍转开送。③

朝廷下令四夷馆将各译馆内新任以及晋升、加授的散官名帖开列呈报，除了三年考核期满以及皇帝亲授的散官不必呈报外，其余考核期未满、皇帝未曾赐官者以及六年考核期已满的官员，将其亲笔履历呈报吏部验封司审核，经由翰林院及太常寺转为录用的官员，则由相关部门负责呈报吏部验封司审核。

四夷馆的属官主要由译字生晋升而来，"凡四夷馆译字生，习学三年，考中，食粮；又三年，考中，题给冠带；又三年，考中，授序班，仍旧办事。"④也有通过通事考选的，例如"按辽东例，有朝鲜、女直通

---

① 吕维祺等：《四译馆增定馆则》，《续修四库全书》第 749 册，上海，上海古籍出版社，2002，第 546 页。
② 吕维祺等：《四译馆增定馆则》，《续修四库全书》第 749 册，上海，上海古籍出版社，2002，第 543 页。
③ 吕维祺等：《四译馆增定馆则》，《续修四库全书》第 749 册，上海，上海古籍出版社，2002，第 545 页。
④ 申时行：《大明会典》卷五，明万历刻本，第 8 页。

事，送四夷馆，以次铨补鸿胪官。旧止用东宁卫人，盖取其族类同语言习也。比来各卫亦成有为之者矣"①。东宁卫是明代设在辽东边境的军政机构，主要居住者为女真人②。

据《增定馆则》卷五"属官考察"条载：

> 凡遇考察之年，准院帖厅呈堂，即行十馆。备查各官年甲籍贯、出身来历及除授到任、升迁考满事故等项月日，历俸若干，据投供状过堂，考其勤惰，有无称职，其公差、丁忧③等项，官员续列于后，备造历俸文册送院，转行吏部考功司考复。④

属官任职期满考核时，由翰林院发文至四夷馆提督官，由各译馆将备查官员的年龄籍贯、出身履历以及授职到任、升迁考核的日期与历俸等情况汇总为文字材料，经提督官审核，考查其品行优劣、称职与否以及公差、守丧等情况，列出备查官员的姓名，制成簿册呈报翰林院，转行吏部考功司复核。

据《增定馆则》卷五"属官给由⑤"条载：

> 属官给由呈本堂批行同馆，查勘本官年甲、籍贯及除授历俸年月日期，曾否那移及任内有无公私过犯等项情弊，取具该同馆官生不扶结状，遵照正德十一年礼部题准事例，填注考语，具呈内阁，批行翰林院，另定考语，转送吏部考功。该司考得本官所书番汉字语连卷发寺，送馆查明，即同原发试卷仍转行该司，具题其起送日，即住支俸粮饭食，复职后仍俱取本官到任日期，送院转行吏部查照。⑥

---

① 金毓绂：《辽海丛书·全辽志》卷三，沈阳，辽海书社，1934，第60页。
② 张德玉，刘彦红：《辽东边墙以内的女真人——东宁卫及草河千户所的设置》，载《满族研究》，2012年第3期。
③ 丁忧指遭逢父母丧事。旧制，父母死后，子女要守丧，三年内不做官，不婚娶，不赴宴，不应考。
④ 吕维祺等：《四译馆增定馆则》，《续修四库全书》第749册，上海，上海古籍出版社，2002，第544页。
⑤ 官员在职期间政绩优劣的考核记录称为"给由"。当官员考满时，由相关部门长官将其档案、政绩上交吏部，以备考核，定升降。
⑥ 吕维祺等：《四译馆增定馆则》，《续修四库全书》第749册，上海，上海古籍出版社，2002，第543页。

四夷馆属官考核期满后，由提督官责令译馆查看该属官的年龄、籍贯以及授职历俸的具体日期，曾经是否调动以及任期内有无过错等情况，考核评语填写完成后，与该馆官生的证明材料一起呈报内阁。内阁下令由翰林院另外给出评语，转送吏部考功司。考功司将该官员以往翻译的番汉文字以及试卷底本一起转发鸿胪寺，送到四夷馆查明真伪后，同原发试卷一起送至考功司，注明报送日期，即日停发原有俸禄，停止供应饭食，赴任后将本官到任日期报送翰林院转行吏部核查。可见，朝廷对四夷馆属官的任期考核非常全面，包括品行、学识、德性、才智等诸多方面。

属官任职期满，考核结果为称职者可以晋升高一级官职。据《增定馆则》卷五"属官升衔"条载："属官给由考满，称职者，序班加升主簿官衔，主簿加升光禄署丞官衔；平常者，姑留在馆，暂停例升，有万历四十年樊于陛停升例；不称职者，罢黜。考核结果俱查勘填考，送院转行考功司。"①又据《增定馆则》卷十四"属官给由"条载："女直馆主簿樊于陛操持有议，译业不荒，平常似应暂停例升，以示薄惩，姑留在馆，以责后效。俟过三年再考，果能惕历自新，方与照例升级。庶官常益肃，而各属亦知儆省矣。"②属官任职期满，考核结果为称职者，序班升为主簿，主簿升为光禄寺署丞；考核结果为一般者继续留在四夷馆内，暂不晋升；考核结果为不称职者罢黜。考核结果由四夷馆提督官核实并填写评语后，送翰林院转行考功司复核。万历四十年（1612），女直馆主簿樊于陛的管理工作受到异议，任职期满考核结果为一般，被暂停晋升，仍被留在女直馆内翻译文书，以观后效。三年后需要再次参加考核，考核结果称职才能晋升。

关于四夷馆属官的晋升年限等问题，通过上文所述女直馆主簿樊于陛的事例可见一斑。据《增定馆则》卷十四"属官给由"条载：

> 翰林院四夷馆为给由事，据女直馆署正刘登瀛呈称，查勘过本馆主簿樊于陛，现年三十五岁，锦衣卫官籍，直隶保定府深泽县人。由译字生于万历十八年十一月十七日蒙吏部题奉钦

① 吕维祺等：《四译馆增定馆则》，《续修四库全书》第749册，上海，上海古籍出版社，2002，第544页。
② 吕维祺等：《四译馆增定馆则》，《续修四库全书》第749册，上海，上海古籍出版社，2002，第631页。

依，除授鸿胪寺序班，次日到任。扣至二十七年九月十五日止，
九年考满，升本堂主簿，次日到任。至二十八年二月初八日丁
母忧，扣至三十年五月初七日，不计闰二十七个月，服满起复
到部，十月二十三日复除前职。今扣至三十九年三月初三日止，
通前连闰，实历俸共一百零八个月，九年已满，例应赴部给由。
任内并无公私过名，及远碍等项情弊，今将查勘过缘由，理合
呈复施行。①

　　樊于陛被选为译字生进入四夷馆之后，于万历十八年(1590)晋升为
鸿胪寺序班，实际任职满九年后升任主簿，万历二十八年(1600)因樊母
去世，回乡守丧。守丧期满后复职，至万历三十九年(1611)任职期满，
经女直馆署正刘登瀛调查，樊在任期内没有公私过错，于是便向礼部推
荐批准其晋升官职。

　　四夷馆属官在任期内需要定期参加翻译业务考试，万历二十一年
(1593)四夷馆提督少卿建议对四夷馆属官进行严格的业务考试。据《增定
馆则》卷十五载：

　　　　提督少卿张为申严试规以维译学事，照得国家建置夷馆，
设提督、教师等官，专一教习译字官生，以上外夷言语文字为
事者也。故官生隶馆，日有课，月有试，季有考，三、六、九
年给由有考，如圣谕所载，教条所陈，整然备矣。顾不知始自
何年，考试之法但行于序班以下，而主簿以上不行焉。甚至各
官给由，亦祇谬为虚美，漫不考校，弊也久矣。夫人情以有警
则惕，否则怠，术业不辍故习，否则荒。即如百夷馆主簿徐奎，
业已俨然点署教之席矣。乃试其译文，差谬殊甚，及按其考案，
多居劣等。然则各馆官属信多实者，假令有如奎之类，滥厕其
间，承讹踵散，将来必至译业失传，但使闼称，岂但各官员朝
廷作养之恩，提督官亦与有责焉。相应通行申饬，为此帖仰该
馆官属，今后凡遇季考满之期，除钦定教师免考外，其自帖委
署教而下，俱听候与各官生一体考试。本寺亲阅，次其等第，

---

　　① 吕维祺等：《四译馆增定馆则》，《续修四库全书》第749册，上海，上海古籍出版社，
　　　2002，第630页。

行赏罚焉。①

提督少卿上奏说，按照规定，四夷馆属官需要定期参加翻译业务考试，后来由于纪律松弛，只有序班及以下人员参加考试，而主簿及以上人员都不参加，导致官员业务荒废。例如，百夷馆主簿徐奎，译文差缪甚多，考核成绩多为劣等。因此，为了严格纪律、保证教学质量，建议各馆属官遇到季考，除了钦定教师可以免考外，其他人员必须与译字官生一起参加考试，试卷由提督官亲自审阅，评出等级，进行赏罚。

据《增定馆则》卷十四载："本馆监生并译字生出身官员，译学荒疏、愿告外任者，具呈内阁，起送赴部改选。"②明朝廷规定，四夷馆内由监生或译字生出身的官员，如果译学荒疏，愿意去其他地方任职的，可以呈报内阁，由礼部重新任命。据《明宪宗实录》卷二百三十"成化十八年秋八月癸亥"条载："大学士万安等奏：'四夷馆翻译番文官署丞李华等十人，译学少精，在馆年深，才可别用，宜命吏部改升别任。'从之。"③成化十八年（1482）大学士万安等上奏说，四夷馆内属官李华等由于译学不够精通，在馆内任职多年，其才华可以另作他用，建议吏部改派到其他部门任职。此外，当朝廷其他部门缺少人手时，也会从四夷馆属官中挑选合适人选充任。据《增定馆则》卷十四"起送内阁"条载：

> 提督少卿郑为传奉事，于本月二十五日奉中堂票，为传奉圣旨，重录实训、实录。书帖浩繁，誊录缺人。合将四夷馆译字官员，即于一二日内，从公考选，字画端楷，堪充誊录者十数员，并将原卷封记，送阁再行面试，以凭题请等因到馆。奉此，随即当堂出题，严加考试，得序班刘佐等一十五员，字画端楷，堪充誊录职，未敢擅便，理合呈送，伏乞裁夺施行。④

万历二十四年（1596），提督少卿郑为传奉圣旨重新誊录实训、实录，由于工程浩大，人手不足，希望从四夷馆属官中挑选字迹端正的人员充

① 吕维祺等：《四译馆增定馆则》，《续修四库全书》第749册，上海，上海古籍出版社，2002，第637页。
② 吕维祺等：《四译馆增定馆则》，《续修四库全书》第749册，上海，上海古籍出版社，2002，第545页。
③ 《明宪宗实录》卷二百三十，梁鸿志1941年影印江苏国学图书馆传抄本，第11页。
④ 吕维祺等：《四译馆增定馆则》，《续修四库全书》第749册，上海，上海古籍出版社，2002，第622页。

任誊录者。经过严格考核,挑选刘佐等 15 名书法端正的属官,推荐担任誊录职务。

据《增定馆则》卷十四"本馆选择"条载:

> 提督少卿洪为公务事,准典籍厅手本开称:奉中堂谕,起居注馆办事大理寺寺副周廷臣,中书舍人马应坤,已经取补诰敕房供事。遗下员缺,应于四夷馆官内选收二员等因。奉此,随选得光禄寺署正刘等瀛,詹事府主簿成九皋二员,小心勤慎,堪送供事,理合呈送,伏乞裁夺施行。①

万历三十九年(1611),由于诰敕房人手不足,便从四夷馆属官中挑选人员充任,经考核选得光禄寺署正刘等瀛、詹事府主簿成九皋前往诰敕房任职。可见,四夷馆各译馆的属官如果德才兼备,则有机会升任四夷馆提督官,总理馆内事务;如果精通书法、文字秀美,则有机会被调任到其他文职部门任职。

第二节　译字官

四夷馆作为明朝廷的中央翻译机构,需要有从事具体翻译工作的办事人员。除了兼任四夷馆教师的各级属官外,四夷馆内负责文书翻译的还有译字官。译字官由考核成绩优秀的译字生晋升而来,是朝廷的后备官员。

一、译字官的选授

据《明史·志第五十·职官三》"提督四夷馆"条载:"少卿一人,正四品掌译书之事。自永乐五年,外国朝贡,特设蒙古、女直、西番、西天、回回、百夷、高昌、缅甸八馆,置译字生、通事,通事初隶通政使司,通译语言文字。"②又据《徐文贞公集》卷二"岁考通事官生"条载:"盖译字以能译其文为业,而通事以能通其语为职者也。"③四夷馆设立之初,置

---

①　吕维祺等:《四译馆增定馆则》,《续修四库全书》第 749 册,上海,上海古籍出版社,2002,第 622 页。

②　张廷玉等:《明史》,北京,中华书局,1974,第 1797 页。

③　徐阶:《徐文贞公集》,陈子龙等辑:《皇明经世文编》卷二百四十五,《续修四库全书》第 1658 册,上海,上海古籍出版社,2002,第 527 页。

译字生与通事，通事最初隶属于通政使司，负责翻译语言文字。四夷馆的翻译人员分为口译与笔译，译字官生专攻笔译，通事专攻口译。据《殊域周咨录》载："诸通事虽属鸿胪，而其职务多在会同。"①可知，通事虽然隶属于鸿胪寺，但其工作地点主要是在会同馆。

四夷馆的译字生经过考试，成绩优秀者可以晋升为译字官，成为朝廷的后备官员，继续留在四夷馆内办事。据《大明会典》卷二百二十一载：

> 凡四夷馆习译监生、子弟，旧例月支米一石，会官考试。一年通习者，与冠带；全不通者，黜退。正统元年奏定，考中一等者，冠带为译字官；又一年再考中，授职。弘治三年奏准，子弟不许别图出身。三年后考中，食粮，月给米一石；又三年考中，冠带为译字官；又三年考中，授序班职事。初试不中者，许再试；三试不中者，黜退为民。②

四夷馆设立之后，挑选监生及官民子弟为译字生，每月给予公粮一石。学习一年后，精通翻译者升为译字官，完全不精通者黜退。正统元年(1436)规定，学生进入四夷馆学习一年后，考试成绩优秀者晋升为译字官；再学习一年后，考试成绩合格者授予官职。弘治三年(1490)规定，学生入馆学习，不能别谋出路。学习三年后，考试成绩合格者每月给予公粮一石；再学习三年后，考试成绩合格者晋升为译字官；再学习三年后，考试成绩合格者授予序班。初试不合格者可以再试，再试不合格者黜退。可见，起初为了鼓励学生学习翻译，迅速培养翻译人员，朝廷对选授译字官的周期较短，要求不高，学生入馆学习一年后，考试成绩优秀者便可晋升为译字官。后来朝廷对译字官的选授越来越严格，到弘治(1488～1505)年间译字官的选授期限由一年变为六年。

译字官的选授途径除了由本馆译字生晋升之外，还可以通过边防选送人员充任。据《礼部志稿》卷九十二"译职·始设暹罗译字官"条载：

> 弘治十年，时暹罗国进金叶表文，而四夷馆未有专设暹罗国译字官，表文无能译办，大学士徐溥等以为请。上曰："既无晓译通事，礼部其行文广东布政司，访取谙通本国言语文字者

① 严从简：《殊域周咨录》，北京，中华书局，1993，第397页。
② 申时行：《大明会典》卷二百二十一，明万历刻本，第14页。

一二人，起送听用。"①

弘治十年(1497)，暹罗国携带金叶表文前来进贡，由于当时四夷馆内没有暹罗国译字官，因此无人能够辨识表文。于是，朝廷下令由礼部发文至广东布政司，要求选送通晓暹罗国语言文字的人员赴京备用。

二、译字官的职责

译字官主要负责朝廷往来文书的翻译，还参与译字生的考核工作，这是译字官的基本职责。据《明英宗实录》卷三百五十二"天顺七年五月"条载："本部会同各部并都察院堂上官及谙晓译字官，考试翰林院四夷馆习学番字子弟。"②四夷馆内精通翻译的译字官需要与其他部门的官员一起负责对译字生进行考试。译字官与其他属官一样也需要承担朝廷临时委派的翻译任务。据《增定馆则》卷三"重臣奏讨"条载："国家敕命重臣有事外国，奏讨通译人员，准院手本，于各馆职官内，选其谙晓番文、熟知夷情者，送院拣选。"③当国家重臣奉命出使外番时，朝廷则在四夷馆内挑选谙晓番文，熟知对象国情况的官员陪同前往。

明朝廷培养译字官不仅是对外交流的需要也是稳固边防的需要。成化四年(1468)大学士彭时曾说："翰林院所属四夷馆教习译写番字，事虽轻而干系重。凡朝廷须下抚谕四夷诰敕及各处番文，若译写不精或名物不对，非惟于夷情有失，且于国体有损。"④可见，译字官虽然身份卑微，但其职责关系到国家大事。如果对朝廷的敕谕或者各地的表文翻译不精或者事物的名称翻译不对，不但不利于了解夷情，而且有失朝廷颜面。嘉靖六年(1527)大学士杨一清也曾上奏说："通事、译字官在王朝官职虽微，然以使于外境，则国体甚重。往还万里，出入于沙漠之地，事变所不能无，恐非所以全中国之体也。"⑤可见，朝廷在派遣通事、译字官出使偏远地区时，也非常慎重。据《明世宗实录》卷三百十三"嘉靖二十五年(1546)七月戊辰"条载："总督宣大侍郎翁万达奏：'虏酋俺答阿不孩递至有印番文一纸……但前项番文，非边人所解，请令四夷馆译字官生速为

---

① 林尧俞等纂修，俞汝楫等编撰：《礼部志稿》，《景印文渊阁四库全书》第598册，台北，台湾"商务印书馆"，1986，第684页。
② 《明英宗实录》卷三百五十二，梁鸿志1941年影印江苏国学图书馆传抄本，第5页。
③ 吕维祺等：《四译馆增定馆则》，《续修四库全书》第749册，上海，上海古籍出版社，2002，第538页。
④ 《明宪宗实录》卷五十六，梁鸿志1941年影印江苏国学图书馆传抄本，第16页。
⑤ 《明世宗实录》卷八十三，梁鸿志1941年影印江苏国学图书馆传抄本，第19页。

辨验。如词意卑顺，似当亟为处分，不容少缓。'"①当边境官员无法辨识异族首领的信函时，通过四夷馆译字官进行翻译就成为其处理边务的重要依据。

为了稳固边防，译字官经常会被派往边防要塞"验放进贡夷人"，或赴边境军队翻译往来文书。据《增定馆则》卷三"差官喜峰"条载：

> 大喜峰口差官一员，验放进贡夷人，三年一更。每遇期满，彼中巡抚官据呈申请兵部移咨，由礼部本院转行本馆，拣选行止端慎、年深老成、谙晓番字官一员，请知内阁转开本院起送接管。万历三十六年二月，以林洲不愿往，选译字生王子龙前去。题准作实授冠带，给与应得柴薪。②

明朝廷从四夷馆内挑选办事谨慎、年深老成、谙晓番文的译字官一名，派往喜峰口负责审验放行进贡使者，任期为三年。万历三十六年(1608)由于译字官林洲不愿前往，便选中译字生王子龙前往。又如，弘治十四年(1501)，"提督军务都御史史琳等请遣译字官赴军，作番文晓谕虏酋火筛等"③。隆庆四年(1570)督王崇古上奏说："今俺答与老把都、吉能、永邵卜诸部各遣使十八人，持番文来言……且发译字生一人赴臣所，俟其表至，译之，无触忌讳，乃敢奏。"④可见，译字官生对于表文的翻译，在朝廷处理边境事务的过程中充起着举足轻重的作用。

三、译字官的考核与升迁

译字官在四夷馆内办事的同时要继续留在馆内学习，并定期接受业务考试。万历三十九年(1611)由于四夷馆纪律松散，时任提督官的洪文衡奏请朝廷整饬馆规。据《增定馆则》卷十五载：

> 查得本馆各生一授冠带便傲然，耻与诸生为伍。每遇升堂，不过作揖画卯了事，漫无课程可考。即季终馆课呈送内阁，又于临期片刻送阅。教师官互相容隐，全不督率。长傲旷业，莫

① 《明世宗实录》卷三百十三，梁鸿志 1941 年影印江苏国学图书馆传抄本，第 6 页。
② 吕维祺等：《四译馆增定馆则》，《续修四库全书》第 749 册，上海，上海古籍出版社，2002，第 539 页。
③ 《明孝宗实录》卷一百七十六，梁鸿志 1941 年影印江苏国学图书馆传抄本，第 4 页。
④ 《明穆宗实录》卷五十二，梁鸿志 1941 年影印江苏国学图书馆传抄本，第 8 页。

此为甚。岂但各官虚糜廪食，即教师亦为虚设矣。今后译字官俱同诸生一体日试，再照各馆官生，日有饩，月有廪。国家养士，最厚冀其勤习本业。乃迩来玩日愒月，托病请假，纷纷不已，甚至一季不到馆者有之。虚糜素餐，恬不知耻，殊为可厌。除已往不究外，嗣后倘有仍前傲慢、久不到馆者，重则黜革，轻则责治，并将饭食月粮扣除，发厅收贮，以充季考加赏。岂云夺彼与此，无非奖励戒惰。各官生宜相规桓勉，毋负本寺督诲至意，庶译业益精，他日可备任使。特示。①

可知，译字生一旦晋升为译字官，便骄傲自满，不愿与其他译字生为伍。每到入馆之日，只是点到而已，并不上课，甚至有假托生病一个季度不到馆者。每季度末提督官将官生成绩报送内阁时，教师属官互相包庇，不加监管。这滋长了不良学风，形势严重，不仅属官白领俸禄，教师也形同虚设。因此，提督官洪文衡建议朝廷下令，要求译字官生一起参加考试，如有久不到馆者，重则黜退，轻则责罚并扣除月粮，作为季考的加赏。除了参加每日的学习与考试之外，译字官每月还要由提督官出题考试。如前所述，提督官每月要出三道题目对新任译字官进行考试，每季度末将考试结果报送翰林院，并报送内阁备案。

译字官可以通过考试晋升高一级官职。据《增定馆则》卷二"会考授职"条载："弘治三年五月内题奉钦依，译字官又过三年会考，中优等者，授以序班职事。"②弘治三年（1490）朝廷规定，译字官办事三年后参加会考，成绩优秀者授予序班，即从九品的官衔。当译字官的人数不足以单独举行会考时，可以编入岁贡考试一起进行，遵循"十人以上会考，十人以下搭考"③的原则。据《增定馆则》卷十四"搭考授职"条载：

> 翰林院四夷馆为习学九年将满，恳恩比例预期起送，以便搭考授职事。据西番馆教师署正等官唐璋、林洲、陆惟康、李溥明、刘佐、樊于陛等呈称：查勘过西番等馆译字官唐尚忠等三十一员，俱于万历三十二年六月二十四日，蒙礼部考中译字

---

① 吕维祺等：《四译馆增定馆则》，《续修四库全书》第749册，上海，上海古籍出版社，2002，第638页。
② 吕维祺等：《四译馆增定馆则》，《续修四库全书》第749册，上海，上海古籍出版社，2002，第536页。
③ 吕维祺等：《四译馆增定馆则》，《续修四库全书》第749册，上海，上海古籍出版社，2002，第621页。

生，题奉钦依，二十七日送馆作养。至三十五年五月二十七日，连闰并恩免共习学三年，起送到部，候考食粮。候至八月内会考中食粮办事，考前多习学过月日，题准作食粮实历。至三十七年十二月二十七日又食粮办事三年，通前共六年，起送到部，候考冠带。候至三十八年六月内会考中译字官，考前多习学过月日，亦题准作冠带实历，咨送吏部。蒙吏部于八月内复题，译字官照旧送馆办事，扣至四十年十一月二十七日，通前共历九年，期满例应送考授职。查得吏部职掌内一款，译字官有将近九年，先期告搭岁贡考试者，一体收考。考中者候满日，送部具题授职。题奉钦依，以后俱照此例搭考。钦此。①

西番馆译字官唐尚忠等人于万历三十二年（1604）考中译字生后进入四夷馆，学习满三年后，经会考成绩合格，给予公粮，留在馆内办事。又经过三年后，参加会考成绩合格，升为译字官。按照惯例，应该三年后再次参加会考，成绩合格者授予序班。由于其任职期满时间与会考时间不一致，为了不增加朝廷的负担，也不延误译字官晋升，朝廷规定，译字官任职未满三年者，可以先期编入岁贡考试参加考试，成绩合格者等任职期满后可以直接升任序班。

译字官晋升高一级官职，一般需要任职期满且考试合格，不合格者需要再试，成绩优秀者可以破格晋升。据《明英宗实录》卷一百四十四"正统十一年八月己酉"条载："吏部尚书王直等奏：'四夷馆译字官一十四人，照例会官考试，次为三等。'上命：'一等授鸿胪寺序班，仍习夷字；二等、三等，过二年再试。'"②正统十一年（1446）礼部尚书王直等奏称，译字官照例参加会考，成绩分为三等。朝廷下令一等者授予鸿胪寺序班，留在四夷馆内学习；二等、三等者两年后再试。又据《增定馆则》卷十二"嘉靖元年礼部题复严规制稿"条载：

> 照得女直等馆译字官杨武、刘璋、庄文思三员各六年已满，考中冠带，在馆习学。臣等看得杨武等赋性明敏，制行纯谨，堂考叠次俱优，译规着实遵守，就八馆官生重视之，实贤能者也。如蒙乞敕该部查与臣等所举相同，不待九年习满，量授一

①　吕维祺等：《四译馆增定馆则》，《续修四库全书》第 749 册，上海，上海古籍出版社，2002，第 620 页。

②　《明英宗实录》卷一百四十四，梁鸿志 1941 年影印江苏国学图书馆传抄本，第 4 页。

官，以为众劝。盖贤愚同滞，则人不知勉，故假此以待能者。①

女直等馆译字官杨武等三人习满六年后晋升为译字官，留在四夷馆内学习。三人天性聪敏，德行谨慎，成绩优秀，遵守馆规，是四夷馆官生的榜样。提督官奏请朝廷破例允许三人不待考核期满便授予官职，以此鼓励其他译字官生。

译字官在任职期内有机会被调任到其他部门。据《增定馆则》卷十四"本馆选择"条载：

> 提督少卿王为公务事，准内阁典籍厅手本开称：奉中堂传谕，诰敕房缺写敕官员，合将四夷馆译字官内取一员，在于诰敕房常用办事。合用手本前去，烦为查题后，开官一员，遂用施行等因到馆。准此，遵将译字官马尚礼呈送诰敕房办事，伏乞裁夺施行。计呈送译字官一员马尚礼，万历四十一年九月二十三日。

> 翰林院四夷馆厅为公务事，奉内开典籍厅手本开称：奉中堂谕，诰敕房缺官誊写文官诰敕，合于四夷馆译字官内取用一员，常用在房办事。奉此，合用手本前去四夷馆厅，查照后开姓名送用施行等因到厅。奉此，即遵来文内开译字官马键，呈送诰敕房办事。理合具呈，伏乞查照施行。计呈送译字官一员马键，万历四十二年三月十九日。②

万历四十一年(1613)因诰敕房缺少写敕官员，朝廷便挑选四夷馆译字官马尚礼充任。次年由于诰敕房缺少人手，又从四夷馆挑选译字官马键到诰敕房办事。可见，译字官在晋升、调任等方面与四夷馆其他属官具有相同之处，也体现了明朝廷在选拔人才过程中任人唯贤的态度。

第三节　通事

四夷馆内的笔译人员主要有译字官及各级属官，口译人员则为各类

① 吕维祺等：《四译馆增定馆则》，《续修四库全书》第749册，上海，上海古籍出版社，2002，第599页。
② 吕维祺等：《四译馆增定馆则》，《续修四库全书》第749册，上海，上海古籍出版社，2002，第623页。

通事。通事的待遇与地位虽然比译字官低，但在四夷馆的翻译教学过程中也担任着重要角色。其职责主要是参与日常的翻译教学，协助译字官翻译朝廷的往来文书。

一、通事的考选

通事在明朝廷的对外关系中扮演着重要角色。据《大明会典》卷一百九"宾客·各国通事"条载：

> 洪武、永乐以来，设立御前答应大通事，有都督、都指挥、指挥等官，统属一十八处小通事，总理来贡四夷并来降夷人及走回人口。凡有一应夷情，译审奏闻。嘉靖初，革去大通事，其小通事悉属提督官，凡在馆钤束夷人，入朝引领，回还伴送，皆通事专职。①

洪武(1368～1398)、永乐(1403～1424)朝以来，朝廷设置了御前近侍大通事，由都督、都指挥、指挥等官统领各国小通事，负责接待四方贡使，前来投降以及陷于外邦后返回本朝的人员。所有涉外信息都由通事翻译、审查并进行汇报。嘉靖(1522～1566)初期，朝廷裁革大通事，小通事由提督官管理，负责馆内外来人员的日常监管，朝贡使节的上朝引见以及回程伴送。

成化五年(1469)明政府规定，通事的人数不超过60人。"遇有病故，及为事等项革去职役者，照缺选补。若事繁去处，丁忧有过三名者，量补一名。"②通事的来源有世业子弟、土官子弟以及边镇巡官推荐的人员。据《大明会典》卷一百九"宾客·各国通事"条载：

> 凡收充候缺。弘治八年奏准，各国世业并土官土人子孙，情愿告充候缺通事，或边方访保生、儒人等，该本部考得夷语精通、勘无诈冒者，札送鸿胪寺，收充候缺通事。……凡访保。成化十八年奏准，各国通事止一名者，访保一名，不支米办事。嘉靖元年奏准，通事丁忧，缘事未结，俱不作缺。其有见缺十人以上及一国全缺者，照旧行各边镇巡官，访保精通夷语、身

① 申时行：《大明会典》卷一百九，明万历刻本，第2页。
② 申时行：《大明会典》卷一百九，明万历刻本，第3页。

家无过、人物齐整、字画端楷、语音洪亮者，每缺起送一人，前来补考。①

又据《明世宗实录》卷十"嘉靖元年正月甲戌"条载：

更定选补各国通事之法。除丁忧缘事，俱不作缺，其见缺十人以上及一国全缺者，在外行各边镇巡官，每缺精选一人送部。在京不必行通事访保，如四夷馆译字生事例，礼部札鸿胪寺，召选真正籍贯俊秀子弟，取具印信保结，粘连送部，复审相同，再行考试。每缺精选一人奏送该寺，分派各国年深老成通事教习。如本国无人，许其自行从师受业，或令邻邦通晓者教之。一年之后，同边方访保到部之人通行试以夷语，上者收补，次者候缺，下者黜退。不得妄称守候年久，奏告滥收。考选之时，勘结人员亦不得妄以过犯顶冒之人窜入取罪，著为令。初，通事缺人，见任通事假访保名，横行求索，视利重轻为出入。至是，鸿胪寺卿魏璋疏其弊，礼部复议，诏从之。②

成化十八年(1482)朝廷规定，各国通事只剩一名的，由边镇官推荐一名候补，在馆内办事但不发给公粮。弘治八年(1495)规定，各国世业子弟及土官子弟愿意候补通事者，或者边镇巡官推荐人员经过考试，精通番语并经核查非冒名顶替者，可以报送鸿胪寺收为候补通事。嘉靖元年(1522)规定，通事守丧期间仍占有编制，不需要补缺。有一国通事缺额达到10名以上及完全缺额的，则由各边镇巡官推荐精通番语、历史清白、相貌端正、书法工整、声音洪亮的人员赴京候补；或由礼部发文鸿胪寺挑选在京世业子弟，跟随资深通事学习。一年后全部进行考试，成绩上等者补通事缺额，中等者候补待用，下等者黜退为民。可见，朝廷考选通事的标准较高，不仅对其语言水平进行考查，而且对其相貌、书法、声音等各方面都有要求。这大概是因为通事经常伴送使者往来，代表朝廷形象。在京世业子弟不用通事推荐，而由鸿胪寺直接考选，一年后再根据番语水平选拔任用。这种做法既打击了现任通事在推荐候补通事的过程中营私舞弊、唯利是图的现象，又保证了朝廷能够真正挑选到实用之才，也体现了朝廷在考选通事时一视同仁的公平态度。各边镇选送的通事成为四夷馆属官的来源之一。据《全辽志》卷三"选举"条载："按辽东例，有朝鲜、女直通事，送四夷馆，以次铨补鸿胪官。"①

通事还可由译字官转任。据《明宪宗实录》卷二百九十"成化二十三年（1487）五月丙辰"条载："升大理寺带俸左寺正丁原为太仆寺少卿。原起译字官，后充通事，先后办事五十余年。至是，九年秩满，吏部奏：'原年几七十，以例不得入选，可令致仕②。'诏：'特升之，令仍旧通事。'"③可知，大理寺左寺正丁原起初为四夷馆译字官，后来充任通事，任职五十多年。后因年近七十，按例本应辞官回乡，明宪宗为表彰其充任通事多年，破例晋升其为太仆寺卿，仍旧担任通事。

二、通事的隶属与类别

明代中央机构中的通事，除了鸿胪寺司宾署负责引奏贡使的通事之外，还有在四夷馆内负责教习、翻译的通事以及在会同馆内负责译审外来人员的通事。有学者认为后者隶属于会同馆④，其实不然。据《明史·志第五十·职官三》"提督四夷馆"条载："通事初隶通政使司，通译语言文字。"⑤又据《明史·志第四十九·职官二》"通政使司"条载："初，洪武三年置察言司，设司令二人，掌受四方章奏，寻罢。十年置通政使司。……十二年，拨承敕监给事中、殿廷仪礼司、九关通事使隶焉。……万历九年革。"⑥明朝廷洪武三年（1370）年置察言司，掌管四方奏章。后来裁革，于洪武十年（1377）置通政使司，万历九年（1581）裁革。通事初隶通政使司，后改隶鸿胪寺。据《殊域周咨录》卷十一载："诸通事虽属鸿胪，而其职务多在会同。"⑦据《明武宗实录》卷四十三"正德三年冬十月丙子"条载："鸿胪寺奏：'本寺职掌朝贡礼仪，故有司宾署十八国通事之设，欲其闲习朝仪，兼通夷语，而便于行礼也。'"⑧又据《明武宗实录》卷一百七十六"正德十四年秋七月辛丑"条载："命选各国通事译业精者，常令在馆习

① 金毓黻：《辽海丛书·全辽志》卷三，沈阳，辽海书社，1934，第60页。
② 交还官职，即辞官称为"致仕"。
③ 《明宪宗实录》卷二百九十，梁鸿志1941年影印江苏国学书馆传抄本，第6页。
④ 李云泉：《明代中央外事机构论考》，载《东岳论丛》，2006年第5期。
⑤ 张廷玉等：《明史》，北京，中华书局，1974，第1797页。
⑥ 张廷玉等：《明史》，北京，中华书局，1974，第1781页。
⑦ 严从简：《殊域周咨录》，北京，中华书局，1993，第397页。
⑧ 《明武宗实录》卷四十三，梁鸿志1941年影印江苏国学书馆传抄本，第4页。

学，以通夷情，永为定规。"①可知，通事虽然隶属于鸿胪寺，但主要在会同馆办事，平时也要留在馆内学习。正德三年(1508)鸿胪寺奏称司宾署设置通事的本意是让其在闲暇时学习朝廷礼仪，借通晓番语之便，教习贡使来朝时的礼仪。正德十四年(1519)朝廷规定，让各国通事平时留在馆内学习，这既是让通事经过再培训提高翻译业务水平，也是为了让朝廷及时了解涉外信息。

四夷馆设立之后，除了译字官生之外，还设有通事。据《明史·志第五十·职官三》"提督四夷馆"条载："少卿一人，正四品掌译书之事。自永乐五年，外国朝贡，特设蒙古、女直、西番、西天、回回、百夷、高昌、缅甸八馆，置译字生、通事。"②据明代郑晓所著《今言》卷四载，四夷馆"所设通事六十人。大通事有都督、都指挥等官，统诸小通事，总理贡夷、降夷及归正人夷情番字文书，译审奏闻"③。类似记载也见于明代查继佐所著《罪惟录》卷二十七"职官志·定制文衔"条的记载："四彝④馆提调教师下，以国子生为之，听稽考。凡分十所：鞑靼、女直、西番、西天、回回、百彝、高昌、缅甸、八百、暹逻。设通事六十人。大通事有都督、都指挥等官，统诸小通事，总理贡夷、降夷及归正人。夷情、翻字、文书译审以闻。"⑤又据《殊域周咨录》卷八"暹罗"条载："且今四夷馆中有译字生、有平头巾通事、有食粮通事、有冠带通事、有借职通事。"⑥可知，四夷馆设立之初，置有译字生与通事。与译字生从零开始学习番文不同，通事具有一定的语言基础，主要负责管理朝贡使者，投降以及陷于外邦后返回本朝的人员，所有情报信息都由其协助翻译审查汇报。通事的类别有平头巾通事(等同秀才)、食粮通事(等同监生)、冠带通事(等同进士)、借职通事(等同散官)等。可见，四夷馆内通事的类别较多，但很少是具有官衔的朝廷正式官员，这也说明四夷馆内通事的地位没有译字官高。

三、通事的职责及考核

四夷馆设立之后，逐渐形成了较为系统的通事晋升及考核制度。四

① 《明武宗实录》卷一百七十六，梁鸿志 1941 年影印江苏国学图书馆传抄本，第 5 页。
② 张廷玉等：《明史》，北京，中华书局，1974，第 1797 页。
③ 郑晓：《今言》，《元明史料笔记丛刊》，北京，中华书局，1984，第 197 页。
④ 此处应为"夷"的别字。纵观明代史料，《明实录》《明会典》《礼部志稿》等都记为"四夷馆""百夷"，只有《崇祯长编》及成书于崇祯年间的《罪惟录》记为"四彝馆""百彝"。
⑤ 查继佐：《罪惟录》，杭州，浙江古籍出版社，1986，第 959 页。
⑥ 严从简：《殊域周咨录》，北京，中华书局，1993，第 283 页。

夷馆通事的晋升转任都由鸿胪寺负责，"其在馆者，升转皆在鸿胪寺。"①
据《明宪宗实录》卷一百十七"成化六年九月庚申"条载：

> 礼部言："鸿胪寺四夷各国通事，额设不过六十人。今滥进
> 者数溢额外，且国子监监生坐班、历事、听选至十四五年者，
> 方得授职。今各项通事自办事至冠带、授职，通计止是七年，
> 所以启奔竞之风。是后通事有缺，俱从鸿胪寺查勘。如果于例
> 应补，具呈本部，然后行通事都指挥佥事詹升等从公访保。必
> 须精晓夷语、籍贯明白、行止端方、身无役占者，具奏送部，
> 审考相同，方奏送鸿胪寺戴头巾。办事六年，送部考中，然后
> 支米；办事三年，考核身无过犯误事，方送吏部冠带；再办事
> 三年，比与监生出身年月略等，始令实授序班职事。否则径发
> 原籍为民。②

可知，鸿胪寺各国通事定额不超过 60 人。成化六年（1470）礼部上奏
说，由于通事从入馆办事到被授予官职只需要七年时间，远比国子监生
要容易，因此趋名逐利之风盛行。建议今后如果通事有缺额，经鸿胪寺
核查属实，由通事都指挥佥事詹升等秉公寻访推荐，候选者必须精通番
语、历史清白、品行端正、身无徭役。通事进入鸿胪寺办事，六年后考
核合格者发给公粮，再三年后考核合格者授予冠带，再三年后考核合格
者授予序班职务。通事从办事到授职的年限参照监生施行，考核不合格
者则黜退为民。

四夷馆通事的职责之一是参与翻译朝贡使者的表文。据《四夷馆考》
卷下"暹罗馆"条载：

> 正德十年，遣使贡方物，进金叶表，下回回馆译写。该大
> 学士梁疏："据提督少卿沈冬魁呈准回回馆主簿王祥等呈，窃照
> 本馆专一译写回回字。凡暹海中诸国，如占城、暹罗等处，进
> 贡来文亦附本馆带译。但各国言语文字与回回不同，审译之际，
> 全凭通事讲说，及至降敕回赐等项，俱用回回字。"③

---

① 张廷玉等：《明史》，北京，中华书局，1974，第 1798 页。
② 《明宪宗实录》卷一百十七，梁鸿志 1941 年影印江苏国学图书馆传抄本，第 1 页。
③ 王宗载：《四夷馆考》，民国十三年（1924）东方学会印本，第 25 页。

正德十年(1515)暹罗国派使者前来朝贡,所进金叶表文由四夷馆"回回馆"代译。当时"回回馆"还负责代译占城、暹罗等国的表文,在翻译时全凭通事讲说,朝廷颁布诏书以及回赐事项也都使用"回回文"撰写。迫于天子的威仪,通事在翻译表文时不仅要力求准确,还要特别注意措辞,遇到言辞不恭的地方则省略不译。这从郑晓所著《今言》卷四的记载中可见一斑:"北虏凡求贡,必纠诸部落在塞上挟我。我边臣幸其缓入,许奏闻入贡。转展二三月,虏必深入,往岁雁门、太原之祸皆然。总督、抚镇所奏番字文书,往往夸述也先之事,中间又多不逊语,通事人不敢译闻,止云:'内多番字,不能尽译。'岂四夷馆分地专业,而不解番文乎!"①

此外,通事还负责协助四夷馆属官进行翻译教学工作。据《春明梦余录》卷五十二"四译馆"条载:"初以举人、监生年少者入翰林院习裔字,以通事为教师。"②据《国朝典汇》卷六十"吏部二十七·四夷馆"条载:

> (嘉靖)二十八年题准,各馆③中抡选年深通事晓夷语者一人,立为教师。不分有无夷人,每日黎明时进馆,督率各该通事人等,演说夷语。中有未能尽晓者,遇有该边原来伴送通事,许令教师询访,务求精晓音字。如三年之中,教习有效,候类考之时,具名奏请擢用。④

嘉靖二十八年(1549),朝廷从四夷馆各译馆中挑选谙晓番语的资深通事,任命为教师。要求每日黎明进馆,督率其他通事练习讲说番语。三年之内,如果教师教习有效,等期满考核时,由提督官将其姓名上报朝廷选拔任用。

通事与译字官不同,考选之后便戴儒巾办事,身份相当于秀才。据《大明会典》卷一百九"宾客·各国通事"条载:

> 凡食粮资格,成化七年奏准,通事戴头巾三年,满日送部考中,预补正缺者,准支米;添设者,虽经考中,仍作不支米

① 郑晓:《今言》,《元明史料笔记丛刊》,北京,中华书局,1984,第177页。
② 孙承泽:《春明梦余录》,北京,北京古籍出版社,1992,第1085页。
③ 一说此处指会同馆,见李云泉:《明代中央外事机构论考》,载《东岳论丛》,2006年第5期。
④ 徐学聚:《国朝典汇》,《四库全书存目丛书》史部第265册,济南,齐鲁书社,1996,第372页。

办事。待有正缺，方许支米。十八年定，通事办事三年，满日
本部考中，支米；又办事三年，满日考中，送吏部冠带；又三
年，满日考中，实授序班。欠通者，许习学半年再考。弘治六
年申明，额外添设待缺通事，虽满三年、六年，考中，不许支
米；其满九年未得食粮者，准其食粮，协同办事。九年奏准，
通事食粮办事三年，满日考送吏部冠带。如夷语欠通及有过名
误事者，径发原籍为民。①

　　成化七年（1471）朝廷规定，通事戴儒巾办事，三年期满考试合格者，
候补正式通事，发给公粮。添设者即使考试合格，仍不发给公粮，待通
事出现缺额时，才能替补。成化十八年（1482）朝廷规定，通事进馆办事
三年后，考试合格者发给公粮；再办事三年后，考试合格者送吏部授予
冠带，等同进士出身；再办事三年后，考试合格者授予序班，不合格者
准许其学习半年后再试。弘治六年（1493）朝廷规定，额外添设候补通事
者，即使办事满三年、六年，考试合格也不发给公粮；办事满九年可以
发给公粮，令其协助正式通事办事。弘治九年（1496）朝廷规定，通事领
取公粮后办事满三年，考试合格者送吏部授予冠带，如果番语不过关或
者曾有过失者，直接发配原籍，贬为庶民。
　　可见，与译字官生相比，通事的地位与待遇相对较低，考核却更为
严格。这主要是由于自古以来口译人员的地位不高，加之通事负责口译
事务，只要通晓两种以上的语言即可胜任，而译字生从事笔译工作，需
要具备一定的文化素养。为了加强对通事的管理，朝廷规定通事不能改
任他职。据《明孝宗实录》卷三十三"弘治二年（1489）十二月己丑"条载：
"礼部奏：'四夷馆通事序班自有专职，近或夤缘改任鸣赞，似非设置译
官初意，自今请勿改任。'从之。"②对于通事利用职务之便，勾结夷人骗
取赏赐，朝廷则给以严厉打击。成化（1465~1487）年间兵部尚书余子俊
上奏说：

　　　　访得近年以来，有等小通事，自恃能专其事，诱取夷人货
　　财。中间有不与者，动辄交通来路通事，并伴送官舍，巧为词
　　说，务动其心，与其捏写番文，连篇奏进。及查所奏事理，率

---

① 申时行：《大明会典》卷一百九，明万历刻本，第4页。
② 《明孝宗实录》卷三十三，梁鸿志1941年影印江苏国学图书馆传抄本，第1页。

皆谬妄之言，只得勉为抚谕，略其罪责。甚非增重国体，抑且
贻笑外方。案呈到部，照得通事之设，本为传译四夷言语，以
通其情。有一句传译一句，有十句传译十句，不妄为加增，不
曲为减少。正统土木之变，止以通事诸人诱引也先非分求请，
至生嫌隙。此边务安危所系，庶尽本等责任。今小通事怀奸至
此，法律不原。①

余子俊认为通事诱使夷人捏造番文，骗取赏赐，不仅有伤国体，而
且让外人耻笑。甚至认为土木堡之变的罪魁祸首就是通事，因此建议朝
廷对通事严加管束，对其不法行为严厉打击。据《明世宗实录》卷九"正德
十六年十二月丁亥"条载：

> 礼部尚书毛澄等奏请，考选精通夷语、熟谙夷情者二员为
> 大通事，隶本部并兵部；其译审夷人，属之提督主事并本等通
> 事；访保通事，属之镇巡官并鸿胪寺掌印官。遇奉旨宣谕夷人，
> 该部各差属官公同宣谕，事毕即回，以防贿漏。②

正德十六年(1521)礼部尚书毛澄等上奏，进一步明确了通事的职责。
建议挑选精通番语、熟知夷情的人员为大通事，隶属于礼部及兵部。提
督主事及大通事负责审查夷人，镇巡官及鸿胪寺掌印官负责推荐通事人
选。毛澄建议为了防止夷人贿赂通事共同舞弊，遇到敕谕夷人时，相关
部门需要差官共同宣谕，事后立即返回。

与译字官相比，通事伴送使臣出差的任务较为频繁。为了加强对通
事的管理，弘治九年(1496)朝廷对通事的出差期限进行了规定。据《大明
会典》卷一百九"宾客·各国通事"条载：

> 弘治九年奏准，通事出差，违限半年，照例送问，虽有公
> 文，不与准理；违限一年，及养病服阕二年之上，作缺。待其
> 到京，俱令守缺，不许作协同办事名色。十一年奏准，南方海
> 外诸国，不必差官送还。如果原来通事别有事故，番人奏讨不
> 已者，礼部奏请定夺。嘉靖……四十三年题准，通事故纵夷人，

---

① 余子俊：《余肃敏公文集》，陈子龙等辑：《皇明经世文编》卷六十一，《续修四库全书》
第 1655 册，上海，上海古籍出版社，2002，第 584 页。
② 《明世宗实录》卷九，梁鸿志 1941 年影印江苏国学图书馆传抄本，第 4 页。

诈害驿递，改行兵部差指挥等官伴送。万历四年题准，兵部差官，不谙番语，致各番沿途生事益甚，仍差通事序班押送，但有不自检饬，不能钤束夷人，许所在官司申呈参革。①

　　明朝廷规定，通事出差超过期限半年者，送交官府审问。出差超过期限一年者以及养病服丧超出期限两年者，按照缺额处理，不予恢复原职。弘治十一年(1498)规定，除非使者申请，否则不派通事伴送。在夷人返程途中，由于伴送通事教唆其欺诈侵害沿途驿站，嘉靖四十三年(1564)朝廷下令让兵部派遣指挥等官员代替通事伴送使者返回。但是由于兵部所差官员大多不通番语，致使贡使回程途中多生事端，万历四年(1576)朝廷不得不再次启用通事，但规定通事如果不能自我约束以及管束夷人，则由当地官府申报查处。

　　可见，与译字官相比，通事与使者接触的机会更多，而且时有教唆使者进行不法行为的现象发生，因此明朝廷对其必须严加监管。此外，由于通事多由通晓外番语言的少数民族人员担任，对外接触与交流的范围远比译字官广泛，成为朝廷重点防范的对象。因此，朝廷不可能让其担任要职，以防泄露军事机密。不仅如此，为了加强对通事的管理，朝廷还着力培养通晓番语的汉族人取代少数民族人员担任通事。嘉靖(1522～1566)年间，内阁大学士严嵩上奏说：

　　　　今通事序班人等，俱系色目人，往往视彼为亲，视我为疏，甚至多方教唆。在京师则教其分外求讨，伴回则教其贩卖茶斤、违禁货物，肆无忌惮。且使外夷轻中国无人，非其同类不能译其语也。合无于四夷馆内选令汉人习学番语，前项序班俱以汉人充之，不惟不肯漏泄中国事机，亦示彼夷谓中国之人无所不能，是亦防慑外夷之一端也。②

　　严嵩认为朝廷负责接待外番使者的通事序班等人员都由"回回人"担任，他们往往与朝贡使者比较亲近，不仅教唆使者向朝廷索取赏赐，还帮助使者贩卖朝廷违禁货物。因此，建议从四夷馆内挑选聪颖的汉族人学习番语，由汉族人担任通事序班，接待朝贡使者。这样既不会泄露朝

---

① 申时行：《大明会典》卷一百九，明万历刻本，第 7 页。
② 严嵩：《严嵩南宫奏议》，陈子龙等辑：《皇明经世文编》卷二百十九，《续修四库全书》第 1658 册，上海，上海古籍出版社，2002，第 271 页。

廷机密，也向外番证明了国人的聪颖，是防卫震慑外夷的一个重要举措。

四夷馆通事进馆后，考核以三、六、九年为期。据《明世宗实录》卷六十三"嘉靖五年（1526）四月丁巳"条载："如四夷馆通事事例，本馆历役三年，给与冠带；又三年，给与食粮一石；又三年，升授吏目，仍于本馆办事。"①嘉靖二十五年（1546）朝廷对通事的考核进行了更为详细的规定。据《大明会典》卷一百九"宾客·各国通事"条载：

> 嘉靖二十五年题准，礼部会同吏部，将在馆通事、序班人员通行考试，分为三等。题请一等照旧在馆供事；二等量加罚治，姑容习学；三等黜退为民。其未经授职通事人等，本部仍各选委年深通事、序班，题请照旧教习。每日书写番汉字语一张，每月朔望责令该馆序班考校，月终提督主事考校，季终本部通将各馆官员、通事人等，参错出题，严加考核。如一年三次考居三等，通事人等本部即时量责，序班等官年终类题罚治。以后通事食粮、冠带、授职等项，仍各案候，俱以三、六、九年为期，通将各馆官员人等一并严加隔别考试。其番语通晓者，许照例迁转留用；不通者，径自黜退为民，不许照常扣日，挨资求进。②

朝廷规定，通事考试成绩分为三等，一等留在馆内办事，二等酌情处罚，继续学习，三等黜退为民。未被授予官职的通事留在馆内，跟随资深通事学习。每日练习书写番文，每月初一、十五由教师出题考试，月末由提督官考试，季度末由礼部随机出题进行考试。一年内三次考试均为三等者，礼部要进行处罚。通事的考核晋升也都以三、六、九年为期，严加考试。精通番语者照例晋升，留在馆内办事；不精通者黜退，不允许以在馆年限长短作为晋升的标准。

嘉靖二十六年（1547），朝廷对考核不过关的通事给以补考机会，规定"若译语欠熟，发回习学，候三个月再考，又不称者，径自黜退为民。"③

礼部准许四夷馆通事的考核参照译字生的考核标准进行。据《国朝典汇》卷六十"吏部二十七·四夷馆"条载：

---

① 《明世宗实录》卷六十三，梁鸿志1941年影印江苏国学图书馆传抄本，第1页。
② 申时行：《大明会典》卷一百九，明万历刻本，第5页。
③ 申时行：《大明会典》卷一百九，明万历刻本，第7页。

准将译字、通事官生会同大臣从公考校，甄别去留。照得前项官生在馆人数甚少，若复重加查革，未免一时乏人。况翻译欠通系该馆教师，宜听内阁裁酌去留，精选得人。其各官生俱要严立期限，勤督课业，月有试，季有考，译业精晓者方准留用，不通者黜。其通事、序班人员收取太滥，宜严加精选，分别去留。俱照译字生事例，每日进馆习熟夷语。以后通事食粮、冠带、授职等项，俱以三、六、九年为期，通将在馆官员人等一并考试，不通者黜为民。①

明朝廷要求四夷馆的译字、通事官生都要由相关部门官员秉公考试，甄别去留。由于馆内的译字、通事官生本来人数就少，如果再严格考核，会造成人手不足。朝廷认为官生不精通翻译，责任主要在教师，应该由内阁对教师裁酌去留，挑选优秀人员留在馆内任教。因此，朝廷要求各馆官生必须严格遵守考核期限，勤勉学习，每月小考，每季度大考，精通翻译者留用，不精通者黜退。由于之前通事序班收取太滥，应该严加挑选，裁酌去留。通事也要参照译字生事例，每日进馆练习讲说番语。通事晋升以三、六、九年为期限，所有在馆人员一起参加考试，成绩不合格者黜退为民。

小　结

本章对四夷馆内部管理人员的职责与考核、翻译人员的选授与职责等问题进行了考察。作为翻译学校与翻译机构的四夷馆，其内部人员构成较为复杂，除了教师与学生之外，还有管理人员与翻译人员。管理人员有提督官与其他属官，翻译人员除了属官、教师之外，还有译字官与通事。提督官的主要职责是考查学生、考核属官，一般由明朝廷委派官员担任，也可以由其他部门的官员迁任或者从四夷馆的属官中挑选人员担任，任职期满后由史部考功司进行考核。

四夷馆的属官职衔有尚宾司卿、光禄寺署丞、鸿胪寺主簿、鸿胪寺序班等。属官除了负责文书翻译之外，还兼任四夷馆教师，负责日常的

① 徐学聚：《国朝典汇》，《四库全书存目丛书》史部第 265 册，济南，齐鲁书社，1996，第 372 页。

翻译教学工作。属官的考核由提督官进行，考核结果将呈报翰林院，转行吏部考功司复核。属官任职期满后，经考核成绩合格者可以晋升高一级官职。属官在任期内需要定期参加翻译业务考试，当其他文职部门缺少人手时，也会从四夷馆的属官中挑选人员充任。

四夷馆内具体从事翻译工作的人员还有译字官与通事。译字官主要由馆内成绩优秀的译字生晋升而来，也有通过边防官员选送的人员，是朝廷的后备官员。译字官在四夷馆内办事的同时要继续学习翻译并接受业务考试，考试合格者可以晋升高一级官职，成绩优秀者可以破格晋升。四夷馆中通事的类别较多，其职责一是参与翻译朝贡使者的表文，二是协助进行翻译教学工作。

第三章　四夷馆的教师

四夷馆的教师大部分既是四夷馆的属官，也负责四夷馆的翻译教学。据《增定馆则》卷二十"十馆师生校阅姓氏"所载四夷馆的教师名录可知，各译馆教师的官衔与人数分别为：鞑靼馆教师主簿 1 人，"回回馆"教师主簿 3 人，西番馆教师主簿 4 人，高昌馆教师主簿 1 人，暹罗馆教师主簿 2 人，女直馆教师署丞 1 人，教师主簿 4 人，教师序班 1 人，百夷馆教师主簿 1 人，缅甸馆教师主簿 2 人，西天馆教师尚宾司卿 1 人，八百馆教师署丞 1 人。不同时期四夷馆教师的人数也不相同，他们构成了四夷馆翻译教学的主导力量。

第一节　教师的选用

四夷馆作为明朝廷的翻译教学机构，需要有一支德才兼备的师资队伍。四夷馆教师的选用途径经历了从临时兼职到常任专职，从引进外援到自主培养的过程。

一、临时教师

四夷馆设立之初，没有固定的教师队伍。朝廷一般委任少数民族官员担任四夷馆教师，进行翻译教学，这些官员大多为临时教师。据《明宣宗实录》卷一百十二"宣德九年八月戊辰"条载：

> 选习四夷译书学生。初，上以四夷朝贡日蕃，翻译表奏者多老，命尚书胡濙同少傅杨士奇、杨荣于北京国子监选年少监生及选京师官民子弟有可教者，并于翰林院习学。至是，选监生王瑄等及官民子弟马麟等各三十人以闻，命指挥李诚、丁全等教之，翰林学士程督之。人月支米一石，光禄寺日给饭食。习一年，能书者与冠带，惰者罚之，全不通者黜之。①

---

① 《明宣宗实录》卷一百十二，梁鸿志 1941 年影印江苏国学图书馆传抄本，第 8 页。

由于四方朝贡频繁，而四夷馆内翻译表文的官员又多年老体迈，因此宣德九年(1434)朝廷下令，从监生及官民子弟中挑选生源进入四夷馆学习，由指挥李诚、丁全等负责教授。李诚、丁全等应为临时受命担任翻译教师，而非四夷馆的常任教师。据《明宣宗实录》卷三十三"宣德二年十一月甲午"条载："赐都督把台姓名曰蒋信，锦衣卫指挥哈只曰李诚。把台，忠勇王金忠之甥。哈只，始以翻译得官。至是，皆有旨给诰。兵部奏未赐姓名，故有是命。"①又据《明太宗实录》卷四十一"永乐四年三月庚子"条载："升鸿胪寺序班哈只为本寺右寺丞。哈只，回鹘②氏，谙通西域言语文字，故进用之。"③可知，李诚原是"回回人"，因为通晓西域语言文字，担任翻译而获得官职。据《明宣宗实录》卷一百十二"宣德九年八月丙辰"条载："行在锦衣等卫指挥佥事丁全等五十八人，奉使泰宁等卫还，赐钞及彩币表里有差。"④宣德九年(1434)指挥佥事丁全等人奉命出使泰宁卫归来，得到了明朝廷的赏赐。泰宁卫是兀良哈三卫之一，兀良哈三卫是明朝洪武(1368～1398)时期设立的以蒙古部落为主体的三个羁縻卫⑤。从明朝廷任命丁全出使泰宁等卫，可以推知丁全很可能是蒙古人。

正统(1436～1449)、景泰(1450～1457)年间，朝廷依然选用少数民族官员兼任四夷馆的教师。据《明英宗实录》卷一百六十一"正统十二年十二月壬午"条载："四夷馆教译书达官都指挥瓦剌歹卒。赐祭，命有司给棺。"⑥瓦剌歹为鞑靼人，永乐十年(1412)"漠北来归"⑦，后"奏：'愿居北京。'从之，赐予如例。"⑧据《明英宗实录》卷二百六十六"景泰七年五月己巳"条载：

军都督佥事昌英卒。英，回鹘人，百户松忽儿之子。永乐

① 《明宣宗实录》卷三十三，梁鸿志 1941 年影印江苏国学图书馆传抄本，第 5 页。
② "回鹘"即"回纥"，"回回"。关于"回回"名称的演变参见杨军：《"回回"名源辨》，载《回族研究》，2005 年第 1 期。
③ 《明太宗实录》卷四十一，梁鸿志 1941 年影印江苏国学图书馆传抄本，第 5 页。
④ 《明宣宗实录》卷一百十二，梁鸿志 1941 年影印江苏国学图书馆传抄本，第 3 页。
⑤ 李艳洁：《明代泰宁卫的经济生活及与明朝的关系》，载《内蒙古师范大学学报》，2007 年第 2 期。明代为控制东北、西北边区少数民族而设置的卫所，以少数民族首领为长官，而不进行直接统治，称羁縻卫。参见黎国志：《行政法词典》，济南，山东大学出版社，1989，第 216 页。
⑥ 《明英宗实录》卷一百六十一，梁鸿志 1941 年影印江苏国学图书馆传抄本，第 7 页。
⑦ 《明太宗实录》卷八十二，梁鸿志 1941 年影印江苏国学图书馆传抄本，第 4 页。
⑧ 《明太宗实录》卷八十二，梁鸿志 1941 年影印江苏国学图书馆传抄本，第 6 页。

二年，袭父职。寻以父阵亡，功升羽林前卫正千户，送翰林院习译书。十一年，赐姓。累使迤北和宁王阿鲁台、忠勇王也先土干及亦力把里、哈密诸处，历升都指挥同知。宣德十年，随太监王贵等甘肃备边，冒三岔河功，升都指挥使，为兵部侍郎柴车奏革之。正统三年，又以鱼海子等处擒贼功，仍升都指挥使。六年，还京调锦衣卫，带俸充通事，及四夷馆教译书。十四年，升今职，至是卒。①

军都督佥事昌英②本是"回回人"，永乐（1403～1424）年间进入翰林院学习翻译，永乐十一年（1413）被赐予昌姓。宣德十年（1435）跟随太监王贵等戍边，冒取蒙古遗留之老弱为三岔河战功，升为都指挥使。此事被兵部侍郎柴车等人参革。正统三年（1438）又以擒获蒙古人战功升为都指挥使。正统六年（1441）供职于锦衣卫，充任通事，并在四夷馆教习翻译。

昌英的门徒当中，以许彬最为出色。据《明宪宗实录》卷四十九"成化三年十二月丁未"条载：

> 礼部左侍郎兼翰林院学士致仕许彬卒。彬，字道中，山东宁阳县人。以举人选入翰林译字，中永乐乙未进士，改翰林院庶吉士，历任检讨、编修、修撰。正统丁卯，礼部因福建请乡试考官，奏命彬往。明年，丁父忧，夺情起复。岁己巳之变，升大理寺少卿。寻以四夷馆译书乏人提督，转太常寺少卿，兼翰林院待诏，提督译书。景泰初，英宗自房地将还，奉使迎驾。归，升本寺卿。英宗复位，彬以尝迎驾，且素与石亨善，得入内阁，进礼部左侍郎兼翰林院学士。③

又据《明英宗实录》卷一百六十九"正统十三年八月乙巳"条载："锦衣卫带俸都指挥使昌英言：'译写夷字翰林院修撰许彬，闻父丧，例应守制。缘今外夷朝贡往来不绝，番文填委，乞令彬暂归奔丧，即夺情复

---

① 《明英宗实录》卷二百六十六，梁鸿志 1941 年影印江苏国学图书馆传抄本，第 1 页。
② 此处为"回回人"昌英，此外还有蒙古人昌英。明朝武职官员中少数民族同名现象并不少见。参见周松：《明代达官民族身份的保持与变异——以武职回回人昌英与武职蒙古人昌英两家族为例》，载《西北民族大学学报》，2012 年第 3 期。
③ 《明宪宗实录》卷四十九，梁鸿志 1941 年影印江苏国学图书馆传抄本，第 7 页。

任。'从之。"①可知，许彬被选为四夷馆译字生，永乐十三年（1415）中进士，改为庶吉士。正统十三年（1448）许彬回乡为父亲守丧，由于外夷朝贡频繁，番文堆积，亟须翻译。于是昌英奏请朝廷让许彬守丧期未满便提前复职。土木堡之变后，许彬升为大理寺少卿，后转为太常寺少卿，提督四夷馆。景泰（1450～1457）年间，许彬奉命迎接被掳归来的明英宗，升为太常寺卿。英宗复位后，许彬因迎驾有功，加上与夺门之变中立下战功的石亨交好，得以进入内阁，官至礼部左侍郎兼翰林院学士。

明朝建立之后，为了加强对少数民族地区的监管，朝廷除了在少数民族地区设立行政机构，任命当地人管理之外，还招募少数民族人员赴京担任官职，使之逐渐纳入明朝的官僚体系。从在京的少数民族官员中挑选人员担任四夷馆教师虽然便捷，但是由于这些官员本身另有他职，经常奔赴边境处理民族事务，这势必会影响四夷馆的正常教学秩序。因此明朝廷需要招募一支较为稳定的常任教师留在四夷馆内从事翻译教学。

二、常任教师

至迟到景泰（1450～1457）年间，四夷馆已经拥有常任教师。据《明英宗实录》卷二百十四"景泰三年三月丙申"条载："升中书舍人黄采、董玙、刘文为吏部郎中，检校何英为中书舍人。采、玙仍隶内阁书办，文、英仍四夷馆教习译字，从大学士陈循奏保也。"②景泰三年（1452），中书舍人刘文晋升为吏部郎中，检校何英晋升为中书舍人后，仍然留在四夷馆内教习翻译。这二人可以视为四夷馆的常任教师。此外，朝廷还从通事中挑选人员担任四夷馆教师。据《春明梦余录》卷五十二"四译馆"条载："初以举人、监生年少者入翰林院习裔字，以通事为教师。"③可知，四夷馆设立之初，由通事担任教师。又据《明孝宗实录》卷三十八"弘治三年五月戊午"条载：

> 定四夷馆翻译考选之法。先是，英国公张懋奏，乞选四夷馆翻译子弟、监生。礼部议行翰林院查处。于是，内阁大学士刘吉等言："推补教师，宜听礼部及臣等访举。其子弟、监生，宜因八馆文书繁简为名数多寡，……"④

①　《明英宗实录》卷一百六十九，梁鸿志 1941 年影印江苏国学图书馆传抄本，第 4 页。
②　《明英宗实录》卷二百十四，梁鸿志 1941 年影印江苏国学图书馆传抄本，第 1 页。
③　孙承泽：《春明梦余录》，北京，北京古籍出版社，1992，第 1085 页。
④　《明孝宗实录》卷三十八，梁鸿志 1941 年影印江苏国学图书馆传抄本，第 1 页。

弘治三年(1490)，朝廷规定了四夷馆翻译的考选规则。英国公张懋上奏说，希望挑选习译的官民子弟与监生进入四夷馆学习。内阁大学士刘吉指出，四夷馆推选教师应该由礼部及内阁大学士共同推荐，考选习译子弟、监生人数的多少需要根据各译馆翻译事务的繁简而定。通事是四夷馆教师的主要选拔途径之一，四夷馆设立之后的很长一段时间教师都是从通事中挑选的。嘉靖(1522～1566)年间，内阁大学士徐阶上奏说：

> 但夷种有东西南北之异，而夷语有喉舌齿唇之分，非可强解而骤通者，必立师以教之，而又积以岁月，庶几可以渐入。合无于各馆中视人数多寡，抡选年深通事了晓夷语者一二人，立为教师。①

徐阶认为番语发音方式各异，学习语言不能一蹴而就，必须选定教师，通过数年教习，学生才能掌握。因此建议朝廷根据各译馆学生人数的多少，挑选精通番语的资深通事为教师，在四夷馆内教习翻译。又据《国朝典汇》卷六十"吏部二十七·四夷馆"条载，嘉靖二十八年(1549)，"题准各馆中抡选年深通事晓夷语者一人，立为教师"②。可见，直到嘉靖(1522～1566)年间，从通事中挑选教师依然是四夷馆选用教师的途径之一。

据《明武宗实录》卷四十七"正德四年二月己巳"条载：

> 大学士李东阳等言："四夷馆教师必番字番语与汉字文义俱通，方能称职。故事，于本馆推选或于各边访保，务在得人。顷来教师多缺，宜令本馆提督官从公考试，优等送内阁复试，照缺委用。仍乞敕陕西、云南镇抚等官，访取精晓鞑靼、西番、高昌、西天、百夷言语文字，兼通汉字文义之人，照例起送赴部，奏请量授官职，与本馆教师相兼教习，务使译学有传，不致临期误事。"诏可。③

---

① 徐阶：《徐文贞公集》，陈子龙等辑：《皇明经世文编》卷二百四十五，《续修四库全书》第 1658 册，上海，上海古籍出版社，2002，第 527 页。

② 徐学聚：《国朝典汇》，《四库全书存目丛书》史部第 265 册，济南，齐鲁书社，1996，第 372 页。

③ 《明武宗实录》卷四十七，梁鸿志 1941 年影印江苏国学图书馆传抄本，第 3 页。

正德四年(1509)大学士李东阳奏称，四夷馆教师必须同时精通番语与汉语才能胜任，可以从本馆官员中推选或者由边镇巡官推荐优秀人才。近年来四夷馆师资不足，建议由提督官秉公考试，将成绩优秀者送到内阁复试，根据各译馆教师的缺额情况从优录用。此外，还建议让陕西、云南等地的边镇巡官访取精通鞑靼、西番、高昌、西天、百夷等地区语言文字并精通汉语的人员，按照惯例推荐赴京，授予官职，与四夷馆教师一起教授学生。可见，四夷馆教师的另一个招募途径是经由边镇巡官推荐。

四夷馆教师的任职条件之所以要求既通晓番语又精通汉文，一是为了教习翻译的方便，二是为了保证翻译教学质量。据《春明梦余录》卷五十二"四译馆·大学士高拱议补译字生疏"条载：

> 缅甸馆师生俱已故绝，诚为阙典。盖先年缺人，俱令各边镇巡官保举起送充用。又查得当时缅甸教师不识中国文字，使人口传汉字题目，令其写作番字。先因本馆教师不曾传有本国字样，本馆人员止将百夷字样习学，故考时欲要依本对看而无本可对，以致难定等第，封卷进呈。今据教师既缺，相应取补。合候命下本部行令该镇巡等官，多方览求通晓番、汉字样者，充缅甸教师，并求本国字迹，或就责令教师寻获，凑译成书，以便教授。庶各馆皆有全书，不致如往时含糊考校，漫无凭据。[①]

嘉靖(1522～1566)年间，大学士高拱上奏说，缅甸馆已经空无一人。之前各馆缺少教师时，都由边镇巡官推荐人员赴京备用。当时缅甸教师因为不识汉字，只能在通事的协助下进行教学。由于没有缅甸文字样本，师生只能根据百夷文字学习，考试批阅时也无本可依，很难评定成绩等级。因此，建议朝廷下令让边镇巡官推荐既懂缅甸文又懂汉文的人员赴京担任缅甸馆教师，收集缅甸文字样本，由教师编辑翻译成书，以便教授。这样一来，各译馆便都有教材，不至于像以往那样敷衍考校，漫无凭据。可见，当馆内缺少教师而不得不依靠不通汉文的番籍教师进行教授时，通事是师生进行沟通的主要桥梁。这大概是因为从边境选送来的教师汉文水平欠佳，需要借助通事的翻译才能完成翻译教学。不过，这

---

① 孙承泽：《春明梦余录》，北京，北京古籍出版社，1992，第1089页。

种教学方式难免会出现讹误，影响教学效果。因此，朝廷意识到只有既懂番语又识汉字的人员才能胜任四夷馆教师。

明朝廷除了从通事中挑选人员担任四夷馆教师之外，还从四夷馆的属官中挑选人员担任教师。据《增定馆则》卷五"选补教师"条载："凡遇各馆缺官教习，于本馆年深职官内选其译学优长、行止端慎者，具呈内阁考试，题请点用，或只据呈批准署掌。"①当遇到各译馆缺少教师时，朝廷便从馆内资深属官中挑选擅长翻译、行为谨慎的官员，经考试成绩合格者任命为教师。此外，也可以由四夷馆提督官推荐人员担任教师。

三、番人教师

为了保证翻译教学效果，四夷馆还聘请番人担任教师参与教学。据《明英宗实录》卷一百九十一"景泰元年四月丙子"条载："升译写西番字番僧坚参列、都纲善师俱为右觉义，番僧参竹札失、答儿麻失里俱为都纲，仍于翰林院办事。"②景泰元年(1450)，朝廷对西番馆从事翻译工作的番僧进行了升职嘉奖，让其继续留在翰林院办事。可以推知，这些番僧很可能也都参与了四夷馆的翻译教学。据《古今图书集成·方舆汇编·边裔典》第十卷，"边裔总部·总论一·图书编·外四夷馆考总叙"条载："此四夷馆之设，猷虑甚弘远也。当是时，为馆傅者多征自外国，简吾子弟之幼颖者而受学焉。"③可知，四夷馆设立之初，教师多从其他地区与国家招募。这些番人教师如果未婚，可与在京的军民之家联姻，其亡故后，可以安葬在宛平、大兴二县，子孙可根据情况入馆学习④。据《四夷馆考》卷下"缅甸馆"条载：

> 先是，缅甸人当丙、云清、班思杰、康剌改、潘达速、己扎盼六名，以进贡至京，俱留本馆教授。景泰二年，缅甸宣慰差其酋雷古进贡，并乞还当丙等。本院学士陈以译字生王暕等习学未成，请勿遣还。天顺二年，复差雷古进贡，并取当丙等，仍不许。后俱卒于官。弘治十七年，因本馆译学失传，行云南镇巡官取人教习。缅甸宣慰卜剌浪差酋陶孟思完、通事李瓒等

① 吕维祺等：《四译馆增定馆则》，《续修四库全书》第749册，上海，上海古籍出版社，2002，第544页。
② 《明英宗实录》卷一百九十一，梁鸿志1941年影印江苏国学图书馆传抄本，第2页
③ 陈梦雷：《古今图书集成》，民国二十三年(1934)中华书局影印本，第209册第44页。
④ 缪咏禾：《中国出版通史·明代卷》，北京，中国书籍出版社，2008，第376页。

进贡，并送人孟香、的洒、香中三名，留本馆教授，俱授序班职事。①

又据《明孝宗实录》卷二百十"弘治十七年四月丁巳"条载："云南缅甸军民宣慰使司奉旨，遣头目恩完等，伴送精通缅字人孟香等三名来京，赐宣慰使纻丝彩段二表里，并赐头目人等钞锭等物如例。"②大约在正统(1436～1449)年间，朝廷让前来朝贡的缅甸使者当丙、云清等人留在缅甸馆任教，授予序班职务。这是有史可考的明朝廷聘请缅甸籍教师在四夷馆教授缅甸文的最早记录③。弘治十七年(1504)(《四夷馆考》误记为景泰二年)，因译学失传，朝廷下令让云南土官选送精通缅甸文的人员赴京任教。于是，缅甸奉旨选送孟香等三人前来缅甸馆任教，均被授予序班职务。

据明代张萱《西园闻见录》记载：

> 当丙等同从人七名，先系款留四夷馆办事人数。近该缅甸宣慰卜剌浪奏，要讨各人回还。本部为照系外夷求请，未敢擅便定夺，奏本钦准"概留四馆办事罢，钦此钦遵"外，今奏前因，又审得荅加速等说称："见留当丙等，比先都是缅甸管事头目，为因擒住思任发，着他每先到军前来报，被总兵等官拿来后蒙朝廷恩赐，将他每一般来的使臣莽剌札等都放回了，留住当丙等。如今九个年头，都有父母妻子，终日在家啼哭，思想可怜，可放回来。"等因据说，参照当丙等系节奉钦依内事理四夷馆办事人数，今又奏要令各回还，词颇恳切，亦有可矜。④

当丙等人原是缅甸宣慰使司的管事头目，在明朝平定麓川宣慰使思任发的过程中，通传军情，被留在京城。当丙等人在四夷馆内任职九年，后来缅甸宣慰使卜剌浪上奏，希望朝廷让其返乡与父母妻子团聚。可见，当丙等人并非自愿留在四夷馆教书，在任职期间也不能擅自返乡。从某种意义上说，明朝廷扣留贡使在四夷馆内教书，一是为了教习翻译的需

① 王宗载：《四夷馆考》，民国十三年(1924)东方学会印本，第15页。
② 《明孝宗实录》卷二百十，梁鸿志1941年影印江苏国学图书馆传抄本，第15页。
③ 周一良：《中外文化交流史》，郑州，河南人民出版社，1987，第22页。
④ 张萱：《西园闻见录》，《续修四库全书》第1169册，上海，上海古籍出版社，2002，第519页。

要，二是将其作为挟制边境各族的人质。

四夷馆内的八百馆、暹罗馆设立之初，也是聘请番人入馆担任教师。据《殊域周咨录》卷八"暹罗"条载，正德十年（1515），内阁大学士梁储上疏"暂留远人教习以便审译事"①，内容如下：

> 据提督四夷馆太常寺卿沈冬魁等呈，该回回馆教习主簿王祥等呈……今次有暹罗国王差人来京进贡金叶表文，无人认识，节次译审不便。及查得近年八百、大甸等处夷字失传，该内阁具题，暂留差来头目蓝者哥在馆教习成效，合无比照蓝者哥事例，于暹罗国来夷人内选一二名在馆，并选各馆官下世业子弟数名送馆，令其教习，待有成之日，将本夷照例送回本王等因，实为便益。据此，臣等看得习译夷字以通朝贡系是重事。今暹罗夷字委的缺人教习，相应处置，合无着礼部行令大通事并主簿王祥等，将本国差来通晓夷字人再加审译，暂留一二在馆教习，待教有成效，奏请照例送回。庶日后审译不致差误。②

正德（1506～1521）年间，由于四夷馆内八百、大甸等处的番文失传，朝廷便聘请当地使者兰者哥留在馆内教习翻译。正德十年（1515），暹罗国王派使者前来朝贡，携带的金叶表文无人能识，无法翻译。大学士梁储上奏疏说，建议参照旧例，从暹罗国使者中挑选精通暹罗文的人员留在四夷馆内任教，再从各馆属官名下的世业子弟中挑选天资聪敏的人员入馆学习。等到学有成效后，再将暹罗国使者送回本国。但是，《明实录》中并没有相关记载。查阅其他史料，也未发现有关暹罗国使者进入四夷馆教习的记录，因此可以推知梁储此次关于挑选暹罗使者进入馆任教的建议可能并未施行。

正德十年（1515）以后，暹罗国一直没有前来朝贡。直到嘉靖（1522～1566）朝后期，暹罗国与明朝廷的关系才又开始密切起来③。也许正因为如此，挑选暹罗国使者入馆任教一事一直被搁浅，直到万历三年（1575）才再次被提上议事日程。据《明神宗实录》卷三十九"万历三年六月甲午"条载："暹罗国奏：'向为东蛮所侵，印信勘合业被烧毁，求乞更给，以

---

① 梁储：《郁洲遗稿》，《四库明人文集丛刊》，上海，上海古籍出版社，1991，第535页。

② 严从简：《殊域周咨录》，北京，中华书局，1993，第282～283页。

③ 张文德：《从暹罗馆的设立看明朝后期与暹罗的文化交流》，载《东南亚纵横》，2009年第11期。

便修贡。'许之。"①又据《四夷馆考》卷下"暹罗馆"条载：

> 其次子昭华宋颂嗣为王，以钦赐印信被兵焚无存，因奏请另给。礼部议称："印文颁赐年久，无凭查给，且表字译学失传，难以辨验。"复题行彼国查取印篆字样，并取精通番字人员赴京教习。五年八月，差通字握文源同夷使握闷辣、握文铁、握文帖赉原奉本朝勘合赴京请印，并留教习番字，各赐冠带、衣服有差。②

万历三年（1575），暹罗国新王即位，派使者前来求讨勘合。礼部以"印文颁赐年久，无凭查给"为由，要求暹罗国提供旧勘合的样本，并选派通晓暹罗文的人员赴京教习。万历五年（1577），暹罗国派通事握文源与使者握闷辣、握文铁、握文帖等人携带旧勘合样本赴京请印，并留在四夷馆内教习暹罗文。"握闷"、"握文"等并非暹罗使者的姓氏，而是官阶称谓。据明代张燮《东西洋考》卷二"西洋列国考·暹罗"条载："官制凡九等：一曰：握哑往；二曰：握步剌；三曰：握啐；四曰：握闷；六曰：握文；七曰：握板；八曰：握郎；九曰：握救。坤文则使臣在馆教习译字生者。"③可见，留在四夷馆内教习暹罗文的使者官阶不低，应该是暹罗国的重臣。明朝廷之所以招募各地使者进入四夷馆，一是为了协助馆内教师教习翻译，提高教学效果；二是便于朝廷了解周边各族情况，加强相互联系。

如前所述，据《增定馆则》所载四夷馆的教师名录，可知四夷馆各译馆的教师人数并不平均，多则六人，少则一人。不同时期各译馆的教师人数也不相同，据《明宪宗实录》卷五十六"成化四年秋七月丙戌"条载：

> 太子少保兵部尚书兼文渊阁大学士彭时等言……先时，每馆有三四员或五六员，即今事故数多，惟回回馆见有教师四员，其余多缺。今宜于鞑靼、女直、西番三馆，文书繁冗，各设教师三员；百夷等三馆，各设教师二员。④

①　《明神宗实录》卷三十九，梁鸿志 1941 年影印江苏国学图书馆传抄本，第 9 页。
②　王宗载：《四夷馆考》，民国十三年（1924），东方学会印本，第 22 页。
③　张燮：《东西洋考》，丛书集成初编本，上海，商务印书馆，1936，第 22 页。
④　《明宪宗实录》卷五十六，梁鸿志 1941 年影印江苏国学图书馆传抄本，第 16 页。

　　成化四年(1468)大学士彭时上奏说，以前四夷馆各译馆教师少则三四名，多则五六名，现在只有"回回馆"有教师四名，其余各馆大多缺少教师。鞑靼、女直、西番三馆由于文书翻译事务繁多，建议各设三名教师，百夷等三馆，各设两名教师。以缅甸馆为例，正德四年(1509)留任的教师人数最多，共有 10 人，从弘治三年(1490)到万历三十二年(1604)先后在缅甸馆任教的教师共有 28 人①。根据各馆翻译事务的繁简有差额的招募教师，既避免了机构人员繁冗，也保证了翻译教学与翻译事务的顺利开展。

第二节　教师的职责

　　教书育人是教师的基本职责。四夷馆教师的主要职责是负责日常翻译教学，翻译朝廷往来文书，负责学生的日常管理与考核工作，并根据需要为四夷馆选送优秀生源。

一、日常教学

　　四夷馆教师最主要的职责是教习翻译。据《国朝典汇》卷六十"吏部二十七·四夷馆"条载：

　　　　(嘉靖)二十八年题准，各馆中抡选年深通事晓夷语者一人，立为教师。不分有无夷人，每日黎明时进馆，督率各该通事人等，演说夷语。中有未能尽晓者，遇有该边原来伴送通事，许令教师询访，务求精晓音字。②

　　嘉靖二十八年(1549)朝廷规定，从各译馆中挑选一名精通番语的资深通事作为教师。每日黎明进馆，督促本馆通事等人员练习讲说番语，如有不解之处，遇到有该地区或国家陪同前来的通事，允许教师咨询问题，务必要做到精通番语的语音文字。可见，朝廷非常重视四夷馆的教学质量，要求教师在翻译教学中要穷原竟委，精益求精。

　　除了日常翻译教学之外，四夷馆教师还负责拟定试题，对学生进行定期考试。据《增定馆则》卷十二"嘉靖四十五年正月题选译字生稿"条载：

---

① 周一良：《中外文化交流史》，郑州，河南人民出版社，1987，第 22 页。
② 徐学聚：《国朝典汇》，《四库全书存目丛书》史部第 265 册，济南，齐鲁书社，1996，第 372 页。

查得先年试法甚疏，致通关节，且止考以七言绝句诗一首，既系成语，则或有预拟而暗合者。合于考试之日，严加搜检，封锁防范，前后不得相通。其试字不用旧句，临时杂出汉文三十字，令译番文。仍设弥封官一员，卷完时先行弥封，然后送看。预行各馆教师先将番文底本送部，以凭验封。其考试之日，各教师俱于部中别所封锁，待取定进呈之时放出，令其参验，庶免差讹。①

嘉靖四十五年(1566)大学士徐阶等上奏说，以前四夷馆的考试制度比较粗疏，有学生暗中行贿买通考官的情况。学生入学时只考七言绝句诗一首，而且试题长期沿用旧题，结构定型，有时会被学生押中。为了严格考试制度，建议今后在考试当天，仔细检查学生的随身物品。严格监考，不准学生交头接耳。考试不用往年试卷，随机抽选30个汉字，让学生翻译。设弥封官一名，考试结束后负责密封送审试卷。考试前先让各馆教师将试题参考答案送交礼部，作为阅卷参考。考试当天，将教师集中在其他地方，待考试结束之后让教师参与阅卷。可见，为了保证招生考试的有效进行，朝廷严格考试制度，改革考试内容。但是作为语言能力的检测，只让学生翻译汉字，而不涉及句子及文章的翻译，这显然是不够的。

据《增定馆则》卷四"训规"载："各馆教师遵照旧例，每月将所教译字生考试，分别等第。托病不到者，记旷革食，并将所考试卷等第及不到姓名呈堂存案，以备岁参。"②四夷馆教师每月要对译字生进行考试并给出成绩，将托病不到者记录在案，并将试卷、成绩以及缺考人员名单上报提督官备案，作为年终考核的依据。可见，教师是课堂教学的第一责任人，四夷馆教师作为翻译教学活动的组织者与引导者，其称职与否直接影响到四夷馆翻译教学质量的好坏。

四夷馆教师还要协助提督官监督学生的日常行为。据《增定馆则》"敕谕"条载：

---

① 吕维祺等：《四译馆增定馆则》，《续修四库全书》第749册，上海，上海古籍出版社，2002，第589页。

② 吕维祺等：《四译馆增定馆则》，《续修四库全书》第749册，上海，上海古籍出版社，2002，第541页。

近闻有等不遵礼法之徒，全不用心习学，惟务出外游荡，甚至抗拒师长，不服教训。历年已久，学无进益，好生怠慢废驰。今著寺副姚本主事、于礼提督同教师，每专心训诲。敢有仍蹈前非的，提督官同教师责罚记过；屡犯不悛的，具奏处治。翰林院堂上官时常点闸考校，务求成效，以资任使。提督官、教师不许纵容怠慢，习字官子弟人等，果有愚顽不知改悔、不堪教训的，来说黜退；他已除官的，待考满时还着实考他，以凭黜陟。①

由于四夷馆学生不遵守馆规，不用心学习，于是明朝廷下令，各馆教师必须与提督官一起专心教育学生。如果学生不服管教，教师要协同提督官对学生进行责罚并记过处理，对于屡教不改的学生，要奏明处罚。教师不可以纵容怠慢，如果学生天性顽劣，不知悔改，不堪教训，教师要如实禀报，奏明朝廷进行黜退。可见，四夷馆教师在教书的同时也负责育人，对学生的日常行为进行监督。教书和育人是紧密联系在一起的，这是人类社会教育过程中的共有特征，也是教育规律的客观要求。

二、翻译文书

除了日常的教书育人工作之外，四夷馆教师的另一个重要职责是翻译朝廷的往来文书。据《增定馆则》卷十二"嘉靖四十五年正月题选译字生稿"条载：

少师兼太子太师、吏部尚书、建极殿大学士臣徐阶等谨题……见今各馆，惟鞑靼、女直等馆，共止有译字官四员；"回回"、西番、高昌、八百等馆，虽有教师一二员，并无一名子弟习学；至于百夷、西天等馆，教师久已物故；缅甸馆，师生俱各故绝。其见在教师，又皆正德初年选入者，年深齿迈，精力衰颓。每年各夷进到番文及敕谕夷使，事务颇为繁剧，乃责成于一二教师，使之办译书写，未免苦难迟滞。②

---

① 吕维祺等：《四译馆增定馆则》，《续修四库全书》第 749 册，上海，上海古籍出版社，2002，第 515 页。
② 吕维祺等：《四译馆增定馆则》，《续修四库全书》第 749 册，上海，上海古籍出版社，2002，第 586 页。

嘉靖四十五年(1566)大学士徐阶上奏说，四夷馆内各译馆教师人数不足：鞑靼、女直等译馆只有译字官四名；"回回"、西番、高昌、八百等译馆只有教师一二名，没有学生；百夷、西天等译馆的教师早已亡故；缅甸馆既无教师也无学生。四夷馆教师基本都是正德(1506~1521)初年入馆，大都已经年老体迈，精力衰颓。每年各地朝贡时，翻译文书的任务非常繁重，朝廷则令在馆教师翻译实在勉为其难。这说明嘉靖(1522~1566)朝以后四夷馆逐渐衰落萧条，为了保证朝廷往来公文翻译工作的正常进行，需要定期增补四夷馆教师。

三、选送生源

四夷馆教师除了负责翻译教学、学生考核以及公文翻译之外，还要向朝廷上报在馆学生人数，并选送优秀生源入馆学习。据《增定馆则》卷十"初选入馆"条载："十馆缺译字生习学，教师具呈本堂收选，本堂具呈内阁。"[①]可知，当各馆学生人数不足时，教师要上报提督官，由提督官提请内阁招募学生。又据《增定馆则》卷十二"万历三十一年五月题选译字生稿"条载：

> 大学士沈一贯等谨题：为译学缺人，恳乞照例题请收取，以永传习事。……查照嘉靖四十五年事例题请，恭候命下。容令本馆教师各具重甘结状，保举各官名下的亲世业子弟，听从礼部会官考试，选其年青质敏、通晓本业者，分拨各馆肄业。庶传继不废，办译有人矣。[②]

万历三十一年(1603)，大学士沈一贯上奏说，建议按照嘉靖四十五年(1566)的事例，让四夷馆内教师推荐自己名下的世业子弟，由礼部会考，挑选年轻聪敏、通晓番语的人员，分派到各馆学习。

对于选送生源过程中营私舞弊的教师，朝廷将严厉处罚。据《春明梦余录》卷五十二"四译馆·大学士高拱议补译字生疏"条载：

> 照得世业子弟，必用本馆教师保送。然有等夤缘之徒，冒

---

① 吕维祺等：《四译馆增定馆则》，《续修四库全书》第749册，上海，上海古籍出版社，2002，第582页。
② 吕维祺等：《四译馆增定馆则》，《续修四库全书》第749册，上海，上海古籍出版社，2002，第590页。

认宗族，假托姓名，买嘱教师，朦胧保送，深为可恶。今该内阁奏令各馆教师，结送世业子弟赴考。如朦胧冒选者，日后事发，即行黜退，并将原保教师参问。①

由于世业子弟必须由本馆教师保送才能入馆学习，于是钻营之徒冒认宗族，假托姓名，买通教师，蒙混过关。为了严格推荐学生的程序，朝廷规定由各馆教师担保选送世业子弟参加考试，如有冒名顶替者，日后一经发现立刻黜退，原推荐教师一并受罚。

据《增定馆则》卷二"继习译业"条载："本馆年深教师在任病故，子孙通译无过者，为世业子弟，比例陈情，送馆继业。"②四夷馆教师如在任期间病故，其子弟精通翻译，历史清白者，有机会入馆学习，子承父业。例如，西域人武平伯陈友一门因为通晓番文，得以世袭翻译之业。成化（1465～1487）年间，"武平伯陈能卒。能，直隶全椒人，武平伯友之庶长子，初译夷字，为鸿胪寺序班，供事四夷馆。友嫡子先阵亡，故能得袭父爵。至是卒，赐葬祭如例，子纲嗣。"③又如，嘉靖十六年（1537）高昌馆教师署正刘干之子刘鹿，嘉靖二十年（1541）鞑靼馆教师署正马廷祯之子马钥，万历十二年（1584）缅甸馆教师序班夏凤朝之子夏继思，天启二年（1622）鞑靼馆教师监丞马应乾之子马尔骞，天启四年（1624）西天馆教师主簿杨开泰之子杨四端，鞑靼馆教师知事刘尚宝之子刘启泽，女直馆教师寺副周廷臣之子周奉汤等都是子承父业。④仅缅甸馆内，据记载有姓名可考的继业生先后就有十余人⑤。由教师选送世业子弟入馆学习，既为四夷馆输送了优秀生源，又储备了教师人才，还能让教师门荫子孙，可谓是一举多得。

第三节 教师的管理

知识的传授，人才的培养，关键要看教师的素养。提高教师素养除

① 孙承泽：《春明梦余录》，北京，北京古籍出版社，1992，第1088页。
② 吕维祺等：《四译馆增定馆则》，《续修四库全书》第749册，上海，上海古籍出版社，2002，第534页。
③ 《明宪宗实录》卷二百四十二，梁鸿志1941年影印江苏国学图书馆传抄本，第5页。
④ 吕维祺等：《四译馆增定馆则》，《续修四库全书》第749册，上海，上海古籍出版社，2002，第534页。
⑤ 陈炎：《海上丝绸之路与中外文化交流（增订本）》，北京，北京大学出版社，1996，第284页。

了需要教师的主观努力外，还必须有严格的管理制度，使教师的言行规范化，教学秩序正常化。四夷馆对教师的管理比较严格，要求为人师表，禁止私收学员，必须服从差遣。

一、为人师表

四夷馆要求教师为人师表，以身立教。孔子说过："其身正，不令而行；其身不正，虽令不从。"从古至今"为人师表"是对教师最基本的要求。据《增定馆则》卷四"训规"载："各馆师亦当以师道自重，严肃训规，毋徒素餐，自失模范。"[①]四夷馆要求教师要自敬自重，严格遵守教训规诫，不能无功受禄。为了保证翻译教学质量，四夷馆制定了一系列教师考核细则。据《增定馆则》卷十五载："该馆以后各属教师并已授职译字官考满，须要先呈提督官，考其勤惰，开具有无称职缘由到院，以凭考复。"[②]教师以及已经被授予官职的译字官考核期满时，需要由提督官对其品行进行考评，并将结果送至翰林院复核。据《增定馆则》卷十五载：

> 该馆官属，今后凡遇季考满之期，除钦定教师免考外，其自帖委署教而下，俱听候与各官生一体考试。本寺亲阅，次其等第，行赏罚焉。面教师贤否则视各官生术业生熟为差，其有托病推故不与者，轻则罚扣稍食，重则参呈究治。[③]

明朝廷规定四夷馆教师考核期满后，除钦定教师外，其他教师必须与译字官生一起参加考试，由提督官根据考试成绩进行赏罚。教师是否称职依据各馆学生翻译水平的高低来评定，有托病不参加考试者，轻则扣除俸禄，重则参奏朝廷。

对于教学效果不好的教师，内阁将上报朝廷进行处罚。据《增定馆则》卷十二"嘉靖元年礼部题复严规制稿"条载：

> 前件查得弘治三年五月，内该少傅兼太子太师、吏部尚书、谨身殿大学士刘等题为公务事，内称四夷馆教师既承钦定之命，

---

① 吕维祺等：《四译馆增定馆则》，《续修四库全书》第 749 册，上海，上海古籍出版社，2002，第 542 页。
② 吕维祺等：《四译馆增定馆则》，《续修四库全书》第 749 册，上海，上海古籍出版社，2002，第 633 页。
③ 吕维祺等：《四译馆增定馆则》，《续修四库全书》第 749 册，上海，上海古籍出版社，2002，第 637 页。

务要用心教译，使各生徒习有成效，不负朝廷作养，斯为称职。如或因循怠懒，教译不精，以致监生子弟轻视，懒于进学，有误任使，听臣等参奏治罪等因。奉孝宗皇帝圣旨：是。钦此。①

弘治三年(1490)，朝廷规定四夷馆教师必须用心教习，使学生学有成效，才能算作称职。如果有因循怠惰，教授不精，以至于学生轻视或者怠惰学习，耽误工作，教师将被治罪。

据《增定馆则》卷十五载，万历三十九年(1611)时任四夷馆提督官的洪文衡上奏说：

> 再照教师官有表率之责，尤宜勤谨为诸生先。查得先年内阁题准，四夷馆教师务要用心教译，使各生从习有成效，斯为称职。如或因循怠惰，教译不精，以致诸生轻视、懒于进学、有误任使者，参奏治罪。业奉钦依，载在馆则。合行一并申饬，其不堪师表者，定以劣考议处。本堂素性拘执，决不虚示，各宜遵守毋忽。②

洪文衡认为四夷馆教师应该为人师表，尤其要勤勉谨慎。建议朝廷按照旧规，要求教师专心教习，使学生学有所成，才能称为称职。如果教师不能胜任，没有做出表率，则一律评为不称职。这种用教学效果评价教师优劣的评价体系，较为客观公正，具有激励作用，能够调动教师的积极性。但是将其作为衡量教师称职与否的唯一标准，则具有一定的局限性。因为教师的教学效果涉及多层次、多方面的因素，应该综合分析与评价。

二、禁止私收学员

如前章所述，为了扩大四夷馆的办学规模，保证有充足的译字生生源，从宣德元年(1426)开始，四夷馆兼选官民子弟入馆学习，这给民间子弟习译入仕提供了机会。为了能够进入四夷馆学习，民间子弟私自习译的风气日盛。据《明英宗实录》卷二百三十二"景泰四年八月己酉"条载：

---

① 吕维祺等：《四译馆增定馆则》，《续修四库全书》第 749 册，上海，上海古籍出版社，2002，第 598 页。
② 吕维祺等：《四译馆增定馆则》，《续修四库全书》第 749 册，上海，上海古籍出版社，2002，第 637 页。

礼部奏："近年官员、军民、匠役之家子弟，往往私自投师习学番字，希入翰林院四夷馆。及至考试，不惟字画粗拙，而且文理不通，岂堪为用。今后乞依永乐年间例，于国子监拣选年幼聪俊监生，送馆习学。三年依例考试，中式者授以译字官，不中者仍令习学，以待再试。庶革奔竞之风，而得实才之用。"从之。①

景泰四年(1453)礼部上奏说，近来民间子弟私自拜师学习翻译，希望进入四夷馆学习。考试时，其所译文字往往书写粗拙，条理不通。建议按照永乐(1403～1424)年间惯例，挑选年幼聪颖的监生入馆学习，三年后考试合格者授予译字官，留在馆内办事，不合格者继续学习。这样既能削弱民间竞相习译之风，也能确保朝廷选到实用之才。

由于翻译活动的涉外性较强，"多关边务"，为避免"透漏夷情"，也为保证生源质量，朝廷规定四夷馆教师不能私自招收学生进行教授。据《明英宗实录》卷三百"天顺三年二月辛巳"条载：

礼部左侍郎邹干等奏："永乐年间，翰林院译写番字，俱于国子监选取监生习用。近年以来，官员、军民、匠作、厨役子弟，投托教师，私自习学，滥求进用。况番字文书多关边务，教习既滥，不免透漏夷情。乞敕翰林院，今后各馆有缺，仍照永乐间例，选取年幼俊秀监生送馆习学。其教师不许擅留各家子弟私习及循私举保。"上命："今后敢有私自教习、走漏夷情者，皆重罪不宥。"②

天顺三年(1459)礼部上奏说，由于番文多涉及边关要务，如果民间私自教授，不免会泄露军机。建议今后如果四夷馆生源不足，则按照永乐(1403～1424)年间惯例，选取年幼俊秀监生入馆学习。教师不许私自招收民间子弟进行教授，更不能徇私推荐子弟入学。明英宗下令，今后四夷馆教师如果有私自教授翻译以致走漏边防消息者，将治以重罪。

尽管明朝廷三令五申不允许教师私自教习翻译，但由于利益驱使，

① 《明英宗实录》卷二百三十二，梁鸿志1941年影印江苏国学图书馆传抄本，第10页。
② 《明英宗实录》卷三百，梁鸿志1941年影印江苏国学图书馆传抄本，第10页。

这一现象仍然屡禁不止。据《明宪宗实录》卷三十九"成化三年二月癸丑"条载：

> 礼部奏："四夷馆译字官并子弟见有一百五十四员名，今教师马铭又违例私收子弟张睿等一百三十六名，教习番书，以希进用。欲尽逮问干系人众，请行翰林院下四夷馆，不许私收教习，漏泄夷情。"上曰："四夷馆官员、子弟见在既多，礼部即会官考选，精通者量留，余送吏部改外任，子弟俱遣宁家。今后敢有私自教习者，必罪不宥。"①

成化三年(1467)礼部上奏说，四夷馆教师马铭违例私自招收子弟136人教习翻译，并推荐子弟入馆学习，建议朝廷惩处。明宪宗下令，要求礼部对四夷馆官生进行会考，属官中精通翻译者留在馆内办事，其余送吏部改派地方，民间子弟全部遣送回家。并再次重申今后教师如果有私自招生教习翻译者，一定重罚。明朝廷禁止教师私招学员，一是为了确保涉外信息的安全，二是为了打击招生过程中营私舞弊的现象。这一举措在客观上也防止教师分散精力，保证四夷馆教学效果的稳步提升以及教学秩序的正常进行。

三、服从朝廷差遣

四夷馆教师在任期间，如果遇到其他部门缺人，会被临时借调或者迁任他职。据《增定馆则》卷三"史馆拣用"条载："史馆纂修，本院奉内阁题请手本，取官誊录，于十馆职官内，选其精通楷书者，手本送院，转送拣用。系教师者，不妨原务，录毕复馆办事。"②由于史馆有编修任务，需要增加誊录人员，便从四夷馆的属官中挑选精通楷书者充任。兼任教师的属官在借调期满后需要回到四夷馆内继续任职。临时借调四夷馆教师充任他职，既缓解了其他部门人手不足的状况，也不会导致馆内教师的外流。打破行业、部门间的用人壁垒，实现人才在部门间的短期流动，这对我们今天的人才配置机制同样具有启发意义。

据《增定馆则》卷十三"内阁题补誊录玉牒稿"条载：

① 《明宪宗实录》卷三十九，梁鸿志1941年影印江苏国学图书馆传抄本，第12页。
② 吕维祺等：《四译馆增定馆则》，《续修四库全书》第749册，上海，上海古籍出版社，2002，第538页。

　　东阁大学士礼部尚书方等谨题为公务事，照得诰敕房专管
文官诰敕，自大理寺寺副周廷臣、鲍佑、马应坤各题补诰敕房
办事去讫。其诰敕房一向缺员，查得起居注馆詹事府主簿成九
皋，资深堪补诰敕房办事。遗下起居注馆事务亦属缺员，查得
翰林院四夷馆教师鸿胪寺序班邵前勋、田佳璧，写字端楷，勘
补起居注馆誊录玉牒。合候命下行令各钦遵供事，臣等未敢擅
便，谨题请旨。①

　　万历四十三年（1615）大学士方从哲上奏说，诰敕房向来人手不足，
建议让起居注馆詹事府主簿成九皋补任，再由四夷馆内精通楷书的教师
鸿胪寺序班邵前勋、田佳璧补任起居注馆文职，誊录文书。

第四节　教师的待遇

　　教师待遇的高低直接关系到教师队伍的生存状态、教师主动性的发
挥以及教师队伍整体素质的高低。为了确保四夷馆翻译教学的可持续性
发展，稳定教师队伍，正常开展教学工作，明朝廷根据四夷馆教师的官
衔品级给予相应待遇，考核成绩优秀者允许晋升高一级官职。

一、官衔与俸禄

　　如前所述，四夷馆教师大多由馆内属官兼任，官衔有序班、主簿、
署丞、尚宾司卿等，根据官衔品级领取相应俸禄。据《增定馆则》卷八"俸
廪"载：

　　正五品尚宾司卿，春季该俸银七两四钱二分，该俸钱二千
五百二十二文，该柴薪银十二两四季俱同；夏季四月、五月该
绢银三两七钱一分，六月该俸银二两四钱六分七厘，该俸钱八
百四十文；秋冬二季俸银与春季皆同。从七品光禄寺署丞，春
季该俸钱一千五百七十文，该柴薪银六两四季俱同；夏季四月、
五月该绢银二两三钱一分，六月该俸银一两五钱四分，该俸钱
五百二十三文；秋冬季俸银与春季皆同。从八品鸿胪寺主簿，

---

①　吕维祺等：《四译馆增定馆则》，《续修四库全书》第 749 册，上海，上海古籍出版社，
2002，第 612 页。

春季该俸银四两零六分，俸钱一千三百八十文，柴薪银六两四季俱同；夏季四月、五月该绢银二两零三分，六月该俸银一两三钱五分三厘三毫，该俸钱四百六十文；秋冬二季俸银与春季皆同。从九品鸿胪寺序班，春季该俸银三两五钱，俸钱一千一百九十文，柴薪银六两四季俱同；夏季四月、五月该绢银一两七钱五分，六月该俸银一两一钱六分六厘六毫，该俸钱三百九十六文，秋冬二季与春季俸银皆同。以上俱在翰林院造册支领外，每月支本色米一石。①

四夷馆教师尚宾司卿为正五品官阶，光禄寺署丞为从七品官阶，鸿胪寺主簿为从八品官阶，鸿胪寺序班为从九品官阶。教师每季度除了领取俸银、俸钱、柴薪银之外，每月还可以领取公粮一石。

此外，"十馆教师每月柴二百斤折银二钱五分"，"每日肉一斤折价银二分四厘七毫五丝，每月折银七钱四分二厘五毫，天启六年(1626)十二月内裁减三分之一，见今每月支银四钱九分五厘，今连花椒、香油在内每月支银五钱"，"每日白米八合每月二斗四升，天启六年十二月内裁减三分之一，见今每月该米一斗六升"，"十馆教师旧规每日酒半瓶，正月至四月该米一石二斗，九月至十二月该米一石二斗，今裁三分之一，正月至四月支米八斗，九月至十二月支米八斗"②。可见，朝廷对四夷馆教师的生活补贴比较全面，有柴、肉、花椒、香油、白米、酒水等。

二、晋升与公假

四夷馆教师如果同时为馆内属官，其晋升与考核年限则参照属官进行。考核结果优秀者有机会被推荐到内阁办事。据《增定馆则》卷十四载：

翰林院提督四夷馆为循例荐举人材事，照得本馆旧例，有季考有岁参，每年终，考验官生贤否、勤惰及译学高下，分为等第。其上者，荐送内阁，以备取用；其下者，酌量罚治，相沿已久。迩来不无废阁，人无劝惩，惰废日滋。本馆兢兢修举旧制，除旷废惩治另行题参外，今于本年二月内考试，得西天

① 吕维祺等：《四译馆增定馆则》，《续修四库全书》第 749 册，上海，上海古籍出版社，2002，第 570 页。

② 吕维祺等：《四译馆增定馆则》，《续修四库全书》第 749 册，上海，上海古籍出版社，2002，第 571 页。

馆教师尚宾司卿官龚灿等，译字真楷，学行素优，且督理修馆
效有，勤劳而素谊，为众推服，相应荐送。……以备内阁不时
取用之需。①

崇祯三年(1630)四夷馆提督官上奏说，按照四夷馆惯例，年终时要
对四夷馆官生的品行态度及业务能力进行考查，成绩优秀者可以推荐到
内阁办事，成为朝廷的后备官员，不合格者酌情处罚。经过考试，西天
馆教师尚宾司卿龚灿等人，精通楷书，品学兼优，监修馆舍勤勉得力，
为众人钦佩，建议推荐到内阁任用。

此外，四夷馆教师还享有探亲假期。据《增定馆则》卷五"各官给假"
条载：

> 给假省亲祭扫，查照各部见行事例，两京文职有离家六年
> 之上者，比例奏请给假，送顺天府给引回籍，依限赴部供职。
> 正德七年，告省亲缅甸馆教师署丞陶春，九年，告祭扫鞑靼馆
> 署丞杨迪，崇祯三年，告祭扫西天馆尚宾司卿巩灿。②

四夷馆教师回家省亲的规定与文职官员相同，有离家六年以上者，
按照惯例给予探亲假，回乡省亲祭祖。例如，正德七年(1512)缅甸馆教
师署丞陶春、九年(1514)鞑靼馆署丞杨迪、崇祯三年(1630)西天馆尚宾
司卿巩灿等人都曾获准回乡祭扫。

小　结

本章对四夷馆教师的选用、职责、管理、待遇等问题进行了论述。
四夷馆设立之初，师资队伍尚不完备，没有常任专职教师，一般由其他
部门的官员临时兼任。在很长一段时间教师大多选自资深通事，也可以
经由边镇巡官推荐人员赴京备用。正德(1506～1521)年间以后，朝廷规
定，四夷馆教师的选用条件不仅要通晓番语还要精通汉文，这既是为了
教习翻译的方便，也是为了保证翻译教学的质量。为了确保翻译教学效

---

① 吕维祺等：《四译馆增定馆则》，《续修四库全书》第749册，上海，上海古籍出版社，
2002，第625页。
② 吕维祺等：《四译馆增定馆则》，《续修四库全书》第749册，上海，上海古籍出版社，
2002，第545页。

果，四夷馆还聘请番人担任教师参与教学。番人教师起初由番僧兼任，后来主要由边境选送或者由前来朝贡的通事留任。四夷馆内各译馆教师的人数不均，不同时期人数也不相同。

四夷馆教师的职责有教授学生，翻译朝廷往来文书，推荐世业子弟入学等。四夷馆对教师的管理比较严格，除了钦定教师外，其他教师必须与官生定期参加翻译业务考试，由提督官根据成绩进行赏罚。教学效果不好的教师将被处罚，教师不可以私自招生教习翻译。教师在任期间如果遇到其他部门缺少人手，则有可能被临时借调他处或者迁任他职。四夷馆教师大多由馆内属官兼任，根据官衔品级领取相应俸禄，其晋升与考核年限也都参照属官进行。

第四章　四夷馆的学生①

四夷馆的学生主要指进入馆内学习的译字生。不同时期，译字生的主体构成不同，招募与遴选的条件也不一样。译字生学习期间需要接受严格的管理与考核，成绩优秀者从此步入仕途，晋升官阶，成绩不合格者则可能被黜退为民。据《明史·志第五十·职官三》"提督四夷馆"条载："译字生，明初甚重。与考者，与乡、会试额科甲一体出身。后止为杂流。其在馆者，升转皆在鸿胪寺。"②可知，与前朝相比，明朝翻译人员的地位大为提高。考试合格的译字生等同科考出身，升职与调遣都由鸿胪寺负责。

第一节　招募与遴选

招生情况直接关系到生源质量，影响学校的可持续发展。学生数量的稳定和扩张是实现学校发展的重要前提。四夷馆在不同时期，生源的主体构成以及入学要求也不同。招生数量、办学规模与四夷馆各发展阶段紧密相关。

一、生源类型与招收方式

四夷馆设立之初，为了保证翻译教学效果，主要从国子监中挑选年幼聪颖的监生进入四夷馆学习。后来扩大招生规模，广开招生途径，不仅兼选官民子弟入馆学习，教师还可以保送世业子弟进入四夷馆。

（一）拣选监生

据《明史·志第五十·职官三》载："自永乐五年，外国朝贡，特设蒙古、女直、西番、西天、回回、百夷、高昌、缅甸八馆，置译字生、通事，通译语言文字。"③四夷馆设立于永乐五年（1407）二月，设立之初有蒙古、女直、西番等八个译馆，隶属于翰林院。这一时期从监生中挑选

---

① 本章主要内容曾以《明代四夷馆的学生管理模式考证》为题发表于《浙江树人大学学报》2014年第1期。
② 张廷玉等：《明史》，北京，中华书局，1974，第1798页。
③ 张廷玉等：《明史》，北京，中华书局，1974，第1797页。

译字生入馆学习。据《明太宗实录》卷四十八"永乐五年三月癸酉"条载："命礼部选国子监生蒋礼等三十八人，隶翰林院，习译书，人月给米一石。遇开科，令就试，仍译所作文字，合格准出身。置馆于长安右门之外处之。"①永乐五年(1407)朝廷下令由礼部从监生中挑选蒋礼等38人，进入四夷馆学习，每月发给公粮一石，准许参加科举考试，考试时还需要翻译所学文字，成绩合格者等同进士出身。

由于自古以来翻译人员的地位较低，监生大多不愿前往四夷馆学习翻译。据《南雍志》卷二载："永乐七年春二月庚辰，上巡狩北京，车驾发京师，命皇太子监国留守，择吏部历事监生四十人译写四夷文字，监生十三人以从。"②永乐七年(1409)明成祖巡狩，由皇太子监管国事，下令从吏部历事监生中挑选40人进入四夷馆学习，当时只有13人愿意前往。

为了鼓励监生习译，朝廷一方面提高译字生的地位，一方面处罚不愿意入馆学习的监生。据《明史·志第四十五·选举一》载："九年辛卯，钟英等五人成进士，俱改庶吉士。壬辰、乙未以后，译书中会试者甚多，皆改庶吉士，以为常。历事生成名，其蒙恩遇如此。"③永乐九年(1411)(王世贞《科试考》记为"永乐七年")译字生钟英等由进士改为庶吉士。永乐十年(1412)、十三年(1415)以后，译字生中参加会试合格者全部改为庶吉士。庶吉士为明洪武(1368~1398)初期设置，分设于六科。洪武十八年(1385)任职于翰林院、承敕监的进士均称为庶吉士。永乐二年(1404)定为翰林院庶吉士，挑选进士中文学书法优秀者入馆深造。三年后进行考试，二甲授予编修，三甲授予检讨，其余授予六科给事中、都察院御史、六部主事等职务，或者让其到地方担任州、县官。④ 据《南雍志》卷二"壬辰永乐十年五月戊子"条载："驾帖取举人监生梁弘等一百二十人习译夷字，弘独告免。礼部以闻，上怒，编伍交阯。"⑤又据《国朝典汇》卷六十"四夷馆"条载：

十九年八月，上谓："诸番字，中国宜解其义。"因选太学生聪明者习之。诸生多不悦，辄生谤议。上怒，将罪之。学士杨荣救免，遂命掌之。荣训迪得宜，自是帖服，率皆有成，有官

① 《明太宗实录》卷四十八(台北"中央研究院历史语言研究所"1962年校印本为卷六十五)，梁鸿志1941年影印江苏国学图书馆传抄本，第11页。
② 黄佐：《南雍志》，《续修四库全书》第749册，上海，上海古籍出版社，2002，第110页。
③ 张廷玉等：《明史》，北京，中华书局，1974，第1683页。
④ 邱树森：《中国历代职官辞典》，南昌，江西教育出版社，1991，第605页。
⑤ 黄佐：《南雍志》，《续修四库全书》第749册，上海，上海古籍出版社，2002，第114页。

至五六品者。①

永乐十年（1412），朝廷挑选监生梁弘等 120 人进入四夷馆学习，但梁弘不肯前往。明成祖大怒，将其谪放边境。永乐十九年（1421），明成祖对大臣说道，中国应该了解各族文字的意义。于是挑选聪慧机敏的监生进入四夷馆学习翻译，但监生大多不愿前往。明成祖大怒，要降罪于监生。大学士杨荣请求赦免，于是朝廷命杨荣管理四夷馆。杨荣对四夷馆师生管理有方，习译监生从此认真学习翻译，有官衔升至五六品者。

四夷馆设立之初挑选监生入馆学习，暂时缓解了生源不足的问题，而且监生具有较好的儒学素养，也有利于翻译学习。但是由于明朝廷并没有禁止译字生兼习举业，因此监生虽然进入四夷馆，但大多并不愿意学习翻译，而是致力于科举考试。因此要从根本上解决四夷馆的生源问题，保证翻译教学效果，必须通过其他途径广泛招收译字生。

（二）兼选官民子弟

为了保证有充足的译字生生源，朝廷对四夷馆的招生条件进行了改革。从宣德九年（1434）②开始，四夷馆除了招收监生之外，还兼选官民子弟入馆学习。据《明宣宗实录》卷一百十二"宣德九年八月戊辰"条载：

> 选习四夷译书学生。初，上以四夷朝贡日蕃，翻译表奏者多老，命尚书胡濙同、少傅杨士奇、杨荣于北京国子监选年少监生及选京师官民子弟有可教者，并于翰林院习学。至是，选监生王瑄等及官民子弟马麟等各三十人以闻，命指挥李诚、丁全等教之，翰林学士程督之。人月支米一石，光禄寺日给饭食。习一年，能书者与冠带，惰者罚之，全不通者黜之。③

由于各国朝贡频繁，馆内翻译大多年老体迈，于是明宣宗下令让尚书胡濙与少傅杨士奇、杨荣挑选年少监生及在京的官民子弟入馆学习。宣德九年（1434），朝廷挑选监生王瑄等及官民子弟马麟等各 30 人入馆，让指挥李诚、丁全负责教授，翰林学士负责教习。译字生每月领取公粮

---

① 徐学聚：《国朝典汇》，《四库全书存目丛书》史部第 265 册，济南，齐鲁书社，1996，第 371 页。

② 《明史·职官志三》与《增定馆则》卷一载："宣德元年，兼选官民子弟，委官为教师，命翰林学士稽考课程。""宣德元年"应为"宣德九年"之误。

③ 《明宣宗实录》卷一百十二，梁鸿志 1941 年影印江苏国学图书馆传抄本，第 8 页。

一石，光禄寺提供饭食。学习一年后，精通翻译者授予冠带，学习怠惰者进行处罚，完全不通者黜退为民。

进入四夷馆学习的官民子弟中有不少是品学兼优的乡贡士，例如官至通政使司右通政的刘文。据《明宪宗实录》卷一百六十九"成化十三年八月壬子"条载：

> 致仕通政使司右通政刘文卒。文，字宗华，山西大同县人。以乡贡士选习夷字，举正统元年进士，授中书舍人，仍译字。十四年，扈从北征。还，陈边务数事。景皇帝召入便殿，面问之，寻命提督四夷馆。……文在夷馆最久，熟知夷情，屡有建请，多所采云。①

刘文是山西大同人，以乡贡士的身份进入四夷馆学习。正统元年（1436）考中进士，升中书舍人，留在馆内译字。正统十四年（1449）跟从明英宗北征，回朝后得到明景帝召见，后被任命提督四夷馆。刘文在四夷馆任职的年份最长，熟知夷情，屡次向朝廷建言，多被采纳。

明朝廷兼选官民子弟入馆学习的措施虽然充实了四夷馆的生源，解决了监生不愿习译的问题，但也带来了一些弊端，使生源质量下降，徇私舞弊成风。景泰（1450～1457）年间，朝廷下令仍然挑选监生入馆学习。据《明英宗实录》卷二百三十二"景泰四年八月己酉"条载：

> 礼部奏："近年官员、军民、匠役之家子弟，往往私自投师习学番字，希入翰林院四夷馆。及至考试，不惟字画粗拙，而且文理不通，岂堪为用。今后乞依永乐年间例，于国子监拣选年幼聪俊监生，送馆习学。三年依例考试，中式者授以译字官，不中者仍令习学，以待再试。庶革奔竞之风，而得实才之用。"从之。②

景泰四年（1453）③礼部上奏说，近年来民间子弟私自习译，希望进入四夷馆。考试时，这些学生书写粗拙，文理不通。建议按照永乐（1403～1424）年间惯例，挑选监生入馆学习，考试合格者授予译字官，留在馆内

① 《明宪宗实录》卷一百六十九，梁鸿志1941年影印江苏国学图书馆传抄本，第6页。
② 《明英宗实录》卷二百三十二，梁鸿志1941年影印江苏国学图书馆传抄本，第10页。
③ 《礼部志稿》卷九十二"译职·以监生入四夷馆"条记为"景泰二年"，应为"景泰四年"之误。

办事，不合格者继续学习。这样既可以打击民间竞相习译之风，又可以挑选实用人才。可见，入馆学习的监生与官民子弟的待遇有明显差别，监生考试不合格者可以继续留在馆内学习，官民子弟考试不合格者则被黜退为民。

为了保证四夷馆的生源质量，从明英宗天顺（1457～1464）年间到明宪宗成化（1465～1487）年间，朝廷三令五申禁止民间子弟私自习译，并且规定教师不得私自招生教习，违者重罚。[①] 有学者认为明朝廷之所以限制民间子弟入馆学习，是对出身下层的子弟从事关系到国家边防要务的翻译工作不够放心[②]。

进入四夷馆学习的子弟多出身于官宦富室之家。例如，正德（1506～1521）至嘉靖（1522～1566）年间，江南富户张翁之子张君被选入四夷馆学习，官至鸿胪寺司宾署丞。据《归先生文集》卷二十一"鸿胪寺司宾署丞张君墓志铭"载：

> 嘉定之南有地曰南翔，张氏世雄其土，迫适耕翁力田积居，家至不赀。翁长子早卒，次生君，少学进士业，入大学，一试秋闱不利。然翁家既饶，以赀奉其子游京师。君又才隽，诸公贵人皆乐与之交。以选为四夷馆译字生，除鸿胪寺序班。鸿胪所选用，其属多绮纨子弟。君于其间，侃侃自将，寺中号为阁老序班。每朝会，胪句传，多举不如仪者，辄引去治罪。久之，乃升为司宾署丞。[③]

张氏一族为江南富户，张翁之子张君才能出众，被选为四夷馆译字

---

① 《明英宗实录》卷三百"天顺三年二月辛巳"条载："礼部左侍郎邹干等奏：'永乐年间，翰林院译写番字，俱于国子监选取监生习用。近年以来，官员、军民、匠作、厨役子弟，投托教师，私自习学，滥求进用。况番字文书多关边务，教习既滥，不免透漏夷情。乞敕翰林院，今后各馆有缺，仍照永乐间例，选取年幼俊秀监生送馆习学。其教师不许擅留各家子弟私习及循私举保。'上命：'今后敢有私自教习、走漏夷情者，皆重罪不宥。'"《明宪宗实录》卷三十九"成化三年二月（《增定馆则》序记为'天顺三年四月'，《礼部志稿》卷九十二'译职·限译字官生'条记为'成化二年'，应均为'成化三年二月'之误。）癸丑"条载："礼部奏：'四夷馆译字官并子见有一百五十四员名，今教师马铭又违例私收子弟张睿等一百三十六名，教习番书，以希进用。欲尽逮问干系人众，请行翰林院下四夷馆，不许私收教习，漏泄夷情。'上曰：'四夷馆官员、子弟见在既多，礼部即会官考选，精通者量留，余送吏部改外任，子弟俱遣宁家。今后敢有私自教习者，必罪不宥。'"
② 王雄：《明朝的四夷馆及其对译字生的培养》，载《民族研究》，1987 年第 2 期。
③ 归有光：《归先生文集》卷二十一，明万历四年（1576）翁良瑜雨金堂刻本，第 9 页。

生，升为鸿胪寺序班。由于鸿胪寺中多为纨绔子弟，张君为人和善，被称为"阁老序班"，后来升为司宾署丞。

兼选官民子弟入馆学习的措施扩大了四夷馆的招生范围，弥补了监生不愿意学习翻译的问题。但是与监生相比，民间子弟的素质良莠不齐，为了进入四夷馆，往往私自拜师习译，这不仅影响了教师的正常教学秩序，而且很容易泄露边防信息，因此明朝廷不得不另谋途径招收译字生。

（三）保送世业子弟

明宪宗的措施与规定虽然遏制了民间子弟私自习译的风气，在一定程度上提高了四夷馆的生源质量，但是也使四夷馆的招生规模锐减，出现生源不足的情况。据《明孝宗实录》卷三十五"弘治三年二月己亥"条载，太傅兼太子太师英国公张懋上奏说道："比来各馆缺官，既无教师训诲，又无子弟学习。提督官曾以为言，未得处分，乞敕礼部查例举行。"[1]弘治三年（1490）英国公张懋上奏说，近来四夷馆内师生人数不足，建议礼部按照惯例招收译字生。

于是，朝廷在保证生源质量的前提下增开招生途径，挑选世业子弟入馆学习。至此，译字生的选取基本定为监生、官民、世业三途并举。据《明孝宗实录》卷三十八"弘治三年五月戊午"条载：

> 定四夷馆翻译考选之法。先是，英国公张懋奏，乞选四夷馆翻译子弟、监生。礼部议行翰林院查处。于是，内阁大学士刘吉等言："推补教师，宜听礼部及臣等访举。其子弟、监生，宜因八馆文书繁简为名数多寡，令本部选监生年二十五以下二十名，官民家子弟年二十以下及有世业子弟翻译习熟者，不限年数，通考选一百名，俱送本院，分拨习学，仍定为事例。"[2]

弘治三年（1490）五月，朝廷制定了四夷馆翻译考选的制度，规定教师人选需要由礼部以及大学士推荐，译字生需要根据各馆往来文书的繁简确定招收人数。朝廷挑选25岁以下的监生20名，20岁以下的官民子弟与不限年龄的谙熟翻译的世业子弟100名，共计120名，分派到各馆学习，并定为惯例。入馆学习的世业子弟既不会像监生那样分心于科举，与民间子弟相比又具有一定的翻译基础，可以说是四夷馆最为理想的

---

① 《明孝宗实录》卷三十五，梁鸿志1941年影印江苏国学图书馆传抄本，第5页。

② 《明孝宗实录》卷三十八，梁鸿志1941年影印江苏国学图书馆传抄本，第1页。

生源。

由于世业子弟的数量有限，因此民间子弟仍然是四夷馆的生源主体，如此请托之风便很难杜绝。据《增定馆则》卷十二"万历三十一年五月题选译字生稿"条载："嘉靖十六年(1537)收补太滥，请托盛行，及嘉靖四十五年(1566)专取世业子弟，其风寝息。"①

二、不同生源的入学要求

不同时期，朝廷对不同生源的入学要求也不相同。"国初译字缺人，选太学年幼俊秀监生充之。"②宣德(1426~1435)年间以后，兼选官民子弟入学。弘治(1488~1505)年间，对监生以及官民子弟的招生年龄进行了限制，"监生年二十五以下"，"官民家子弟年二十以下"③，但对世业子弟的年龄没有限制，只要"翻译习熟"便可。正德(1506~1521)年间至嘉靖(1522~1566)初期，朝廷招收译字生的要求非常宽松，据《增定馆则》卷十二载："皆不问世家，不论本业，止泛考汉文、数字，待收馆之后，方习番文。"④

嘉靖四十五年(1566)大学士徐阶⑤等上奏，希望朝廷议定考选译字生的方法，招收译字生时综合考虑年龄、番文水平等因素。据《春明梦余录》卷五十二"四译馆·大学士高拱议补译字生疏"条载：

> 议得世业子弟虽即试以番文，然未经作养，难便责其全晓。但取其稍通门路，易于习学而已。若不限年，则有年既长而止通数字者，收之岂能有进？若皆限年，则有年虽长而业已成熟者，弃之岂不可惜？合令各生先自报已通、未通二项。其未通者，限年二十五岁以下，审验得实，方准收考，以分数多者取中；其已

---

① 吕维祺等：《四译馆增定馆则》，《续修四库全书》第 749 册，上海，上海古籍出版社，2002，第 590 页。

② 吕维祺等：《四译馆增定馆则》，《续修四库全书》第 749 册，上海，上海古籍出版社，2002，第 533 页。

③ 《明孝宗实录》卷三十八，梁鸿志 1941 年影印江苏国学图书馆传抄本，第 1 页。

④ 吕维祺等：《四译馆增定馆则》，《续修四库全书》第 749 册，上海，上海古籍出版社，2002，第 588 页。

⑤ 《增定馆则》卷十二"文史·题奏类一·嘉靖四十五年正月题选译字生稿"记为"少师兼太子太师吏部尚书建极殿大学士臣徐阶等谨题"，而《春明梦余录》卷五十二"四译馆"记为"大学士高拱议补译字生疏"。据《明史》"列传第一百一"载，高拱"(嘉靖)四十五年，拜文渊阁大学士，与郭朴同入阁。拱与朴皆阶所荐也。"可以推知关于考选译字生的奏疏应该为二者共同议定。

通者，不限年数，考必全晓而后取。仍于本卷首行明书已通、未通，以便分别。庶年富者可望其进，而业成者可得其用。①

可知，之前明朝廷招收世业子弟进入四夷馆学习时，对其番文基础的考查主要是为了便于翻译教学。若不限制年龄，则有些生源可能番文基础薄弱，虽然入馆学习，但因年龄较大而很难学有所成；若限制年龄，则有些生源可能译业精通，但因年龄超限而被拒之门外。于是大臣建议，在招收世业子弟进入四夷馆学习时，要求对学生的番文水平进行考查。学生需要事先申明是否精通番文，不精通者年龄在 25 岁以下，根据考试成绩高低依次录取，精通者不限年龄，必须谙熟翻译，才能录取。由于译字生学成后主要从事笔译工作，需要有一定的文化基础，因此年纪不能太小；但随着年龄的增长记忆力也会减退，不利于语言学习，因此年纪也不能太大。当然对于已经精通翻译的人员，朝廷则不限年龄录取，这体现了朝廷在翻译培养方面"不拘一格降人才"的积极态度。

万历(1573～1620)年间，朝廷曾一度取消了招收世业子弟的年龄限制。据《增定馆则》卷十二"万历三十一年五月题选译字生稿"条载："合候命下本部行移翰林院，转行四夷馆，考收各官名下世业子弟资质清秀者，开送本部，考以番文，收馆习学"②。后来仍旧恢复了对世业子弟的年龄限制。据《增定馆则》卷十二"天启五年八月题选译字生稿"条载：

> 收考各官名下世业子弟，年十五岁以上二十岁以下，资质通敏者，开送前来。仍令各官互相保结，本部选择年资相应者，当堂杂出汉字单双各十五字，令其翻译番文，公同验封，分列三等收取。其各馆候考人多，照依阁臣题请，量增名数，如番文未能通晓，臣等必不敢滥收，以求足额，伏乞圣裁。③

天启五年(1625)八月，朝廷规定，选收四夷馆属官名下的世业子弟入馆学习，要求年龄 15 至 20 岁，资质聪明，由属官担保推荐，由礼部挑选年龄资质相符的人员，抽选汉字及双字词各 15 个，要求考生翻译，

---

① 孙承泽：《春明梦余录》，北京，北京古籍出版社，1992，第 1087 页。
② 吕维祺等：《四译馆增定馆则》，《续修四库全书》第 749 册，上海，上海古籍出版社，2002，第 591 页。
③ 吕维祺等：《四译馆增定馆则》，《续修四库全书》第 749 册，上海，上海古籍出版社，2002，第 595 页。

成绩分为三等录取。明朝廷不同时期对招生年龄的要求也不同，这大概与可选生源的人数多少及年龄大小有关。生源充足时对年龄的要求较为严格，生源不足时则相对宽松。

世业子弟入馆学习的途径除了参加招生考试之外，还可以子承父业。据《增定馆则》卷二"选授"条载："本馆年深教师在任病故，子孙通译无过者，为世业子弟，比例陈情，送馆继业。"[①]四夷馆年迈教师在任期间病故者，如果子孙精通翻译，则可以推荐到四夷馆继承父业。这样既充实了四夷馆的生源，又解除了教师的后顾之忧。

三、招生次数与时间

关于四夷馆的招生次数，学者们意见不一。马祖毅认为共有 8 次[②]，乌云高娃认为自永乐五年(1407)四夷馆设立之初，到崇祯三年(1630)吕维祺编完《增定馆则》为止，期间共选生徒 10 次[③]。根据招募生源的不同，乌云高娃将四夷馆的招生情况分为三个阶段：自永乐五年(1407)到弘治三年(1490)为第一阶段，生源主要是监生或官民子弟；自弘治四年(1491)到嘉靖四十五年(1566)为第二阶段，招生不论是否为世业子弟，不限出身；自嘉靖四十六年(1567)到崇祯三年(1630)为第三阶段，生源以世业子弟为主[④]。

查阅史料可知，四夷馆的招生规模与四夷馆的发展阶段紧密相关，各阶段的生源主体也不相同。四夷馆的招生情况大致可以分为三个阶段：第一阶段是四夷馆的初创期，从永乐五年(1407)到宣德(1426～1435)年间。这一阶段的生源主体是监生及官民子弟，见诸史料记载的招生共有 6 次，分别是永乐五年(1407)、永乐七年(1409)、永乐十年(1412)、十九年(1421)、宣德元年(1426)、宣德九年(1434)。史料记载如下：永乐五年三月"命礼部选国子监蒋礼等三十八人，隶翰林院，习译书"[⑤]。永乐七年"二月庚辰，上巡狩北京，车驾发京师，命皇太子监国留守，择吏

---

① 吕维祺等：《四译馆增定馆则》，《续修四库全书》第 749 册，上海，上海古籍出版社，2002，第 534 页。

② 马祖毅：《中国翻译简史〈五四以前部分〉》，北京，中国对外翻译出版公司，2004，第 236 页。

③ 乌云高娃、刘迎胜：《明四夷馆"鞑靼馆"研究》，载《中央民族大学学报》，2002 年第 4 期。

④ 乌云高娃、刘迎胜：《明四夷馆"鞑靼馆"研究》，载《中央民族大学学报》，2002 年第 4 期。

⑤ 《明太宗实录》卷四十八（台北"中央研究院历史语言研究所"1962 年校印本为卷六十五），梁鸿志 1941 年影印江苏国学图书馆传抄本，第 11 页。

部历事监生四十人译写四夷文字，监生十三人以从"。永乐十年"五月戊子，驾帖取举人监生梁弘等一百二十人习译夷字，弘独告免。礼部以闻，上怒，编伍交阯"①。永乐"十九年八月，上谓：'诸番字，中国宜解其义。'因选太学生聪明者习之"②。"宣德元年，兼选官民子弟，委官为教师，命翰林学士稽考课程"③。宣德九年(1434)"选习四夷译书学生……选监生王瑄等及官民子弟马麟等各三十人以闻"④。

四夷馆招生的第二阶段是四夷馆的发展期，从正统(1436～1449)到弘治(1488～1505)年间。这一阶段生源的规模有所扩大，不仅有监生、官民子弟，还有世业子弟，见诸史料记载的招生只有1次，即弘治三年(1490)。乌云高娃认为天顺三年(1459)四夷馆也招收了学生⑤，估计是参照《增定馆则》卷一的记载，"天顺三年四月，礼部奏：'四夷馆译字官生见有一百五十四员名，而教师马铭又违例私收子弟一百三十六名，以希进用。'"⑥据《明宪宗实录》卷三十九"成化三年二月癸丑"条载：

> 礼部奏："四夷馆译字官并子弟见有一百五十四员名，今教师马铭又违例私收子弟张睿等一百三十六名，教习番书，以希进用。欲尽逮问干系人众，请行翰林院下四夷馆，不许私收教习，漏泄夷情。"上曰："四夷馆官员、子弟见在既多，礼部即会官考选，精通者量留，余送吏部改外任，子弟俱遣宁家。今后敢有私自教习者，必罪不宥。"⑦

可见，此次四夷馆不仅没有招生，而且还对馆内译字官生进行了清理。

这一时期官民子弟(包括世业子弟)是四夷馆生源的主力军。据《明孝宗实录》卷三十八"弘治三年五月戊午"条载：

① 黄佐：《南雍志》，《续修四库全书》第749册，上海，上海古籍出版社，2002，第110页。
② 徐学聚：《国朝典汇》，《四库全书存目丛书》史部第265册，济南，齐鲁书社，1996，第371页。
③ 张廷玉等：《明史》，北京，中华书局，1974，第1797页。
④ 《明宣宗实录》卷一百十二，梁鸿志1941年影印江苏国学图书馆传抄本，第8页。
⑤ 乌云高娃，刘迎胜：《明四夷馆"鞑靼馆"研究》，载《中央民族大学学报》，2002年第4期。
⑥ 吕维祺等：《四译馆增定馆则》，《续修四库全书》第749册，上海，上海古籍出版社，2002，第531页。
⑦ 《明宪宗实录》卷三十九，梁鸿志1941年影印江苏国学图书馆传抄本，第12页。

定四夷馆翻译考选之法。先是，英国公张懋奏乞选四夷馆翻译子弟、监生。礼部议行翰林院查处。于是，内阁大学士刘吉等言："推补教师，宜听礼部及臣等访举。其子弟、监生，宜因八馆文书繁简为名数多寡，令本部选监生年二十五以下二十名，官民家子弟年二十以下及有世业子弟翻译习熟者，不限年数，通考选一百名，俱送本院，分拨习学，仍定为事例。……其八馆名数：鞑靼馆，监生五名，子弟二十五名；女直馆，监生四名，子弟十八名；西番馆，监生二名，子弟十五名；西天馆，监生一名，子弟二名；回回馆，监生二名，子弟十名；百夷馆，监生二名，子弟十四名；高昌、缅甸馆，各监生二名，子弟八名。"议上，从之。①

弘治三年(1490)五月，四夷馆选收监生20名，官民子弟及世业子弟100名，共计120名。各馆招收的学生人数分别为：鞑靼馆，监生5名，子弟25名，共30名；女直馆，监生4名，子弟18名，共22名；西番馆，监生2名，子弟15名，共17名；西天馆，监生1名，子弟2名，共3名；"回回馆"，监生2名，子弟10名，共12名；百夷馆，监生2名，子弟14名，共16名；高昌、缅甸馆，各监生2名，子弟8名，共20名。从招生人数来看，鞑靼馆最多，西天馆最少。这主要是因为鞑靼馆除了翻译明朝廷与蒙古的往来文书之外，还要代译女直馆文书。因此，翻译任务非常繁忙。据《增定馆则》卷十二"万历三十一年五月题选译字生稿条"载："鞑靼馆除本馆职业外，又兼译女直来人进贡、袭替来文，并回赐勅书及译写顺义王表文，喜峰口验放来人，比之别馆繁剧数倍。"②

四夷馆招生的第三阶段是四夷馆的衰落期，从正德(1506～1521)到崇祯(1628～1644)年间，这一阶段四夷馆的译馆规模虽然有所扩大，增设了八百馆与暹罗馆，但实际招生的年限间隔较长，在馆译字生的人数也相对减少。见诸史料记载的招生共有6次，即正德三年(1508)、嘉靖十六年(1537)、嘉靖四十五年(1566)、万历六年(1578)、万历三十二年(1604)、天启五年(1625)。据《明会典》载，正德六年(1511)朝廷增设了八百馆，但史料中并没有关于此次招生的记载。据《增定馆则》卷十三"内阁题□议暹罗馆□"条载：

---

① 《明孝宗实录》卷三十八，梁鸿志1941年影印江苏国学图书馆传抄本，第1页。
② 吕维祺等：《四译馆增定馆则》，《续修四库全书》第749册，上海，上海古籍出版社，2002，第591页。

审得正德八年，因八百、老挝等处译语失传，给内阁题请，暂留差来头目开馆教习，将各馆官下世业子弟并见在人□□子弟分拨传习。今审九馆见在官生通止五十余员名，比之旧额仅及其半，其年少者亦既三十之上，难复责令改业。如蒙题行礼部查酌先年节行事例，收选各馆官下世业子弟，十五六岁以上二十岁以下，资质通敏者十数名，送馆教习。庶人有奋心，教为易入，学非过时，业亦易成。①

又据《殊域周咨录》卷八"暹罗"条载："及查得近年八百、大甸等处夷字失传，该内阁具题，暂留差来头目蓝者哥在馆教习成效。"②万历（1573～1620）年间大学士张居正建议增设暹罗馆。正德八年（1513）由于八百、老挝等处译语失传，内阁上奏暂留贡使兰者哥开设译馆教习，挑选各馆属官名下的世业子弟以及馆内学生进入八百馆学习。张居正认为九馆内见在官生人数只有原来的一半，且年岁较大，很难再让其改换专业。因此建议参照旧例，选收各馆属官名下 15 至 20 岁的世业子弟进入暹罗馆学习。

据《增定馆则》卷一载："嘉靖元年，礼部尚书毛题复提督卿杨一溇题博收取以求真才，严岁参以治顽懒，陟贤能以励后学，处不才以杜幸位四事。因本馆缺人，题准本部会官考收。"③又据《增定馆则》卷十二"嘉靖元年礼部题复严规制稿"载：

照得各馆缺人习译，该礼部选取民间俊秀及世业子弟送馆教习。一经选用，贤否并留，以次听考授官，此译学所由以不精也。今莫如广收少留，如缺一人，则收二人。教习一年，贤否既分，则留其贤者；如二人俱可，则留其一，送其一于别馆，以补不足之数；俱不可，则俱退，而另取补于他馆。俱容臣等具呈内阁行。④

① 吕维祺等：《四译馆增定馆则》，《续修四库全书》第 749 册，上海，上海古籍出版社，2002，第 610 页。
② 严从简：《殊域周咨录》，北京，中华书局，1993，第 282 页。
③ 吕维祺等：《四译馆增定馆则》，《续修四库全书》第 749 册，上海，上海古籍出版社，2002，第 531 页。
④ 吕维祺等：《四译馆增定馆则》，《续修四库全书》第 749 册，上海，上海古籍出版社，2002，第 597 页。

嘉靖元年(1522)，由于四夷馆缺人，提督官杨一漠建议礼部招考译字生。礼部认为，以往各译馆缺人，由礼部挑选民间子弟及世业子弟入馆学习，一经选用，无论贤否都留在馆内办事，根据考核名次授予官职，因此造成译学不精。今后要广招收、少留用。学生入馆一年后考试成绩优秀者留用；如果所招人员考试成绩均合格，则留一人在该译馆办事，另外一人送到其他译馆，补足缺额；如果考试成绩均不合格，则都黜退为民，再从其他译馆中挑选学生候补。由于史料中并未查到关于嘉靖元年(1522)四夷馆招收译字生的明确记载，因此不能确定此次是否招生。

据《增定馆则》卷十二"嘉靖四十五年正月题选译字生稿"载：

> 查得正德三年，选收译字生一百七名，嘉靖十六年选收译字生一百二十名，皆不问世家，不论本业，止泛考汉文、数字，待收馆之后，方习番文。考非所用，用非所考，譬之责工于商，难便成熟。今该大学士徐阶等具奏："专取各馆世业子弟资禀年岁相应者，考选送院作养。"其议甚当，相应申请。合候命下本部行移翰林院，转行四夷馆，即将各官名下世业子弟资禀清秀者，开送本部，考以番文，收馆习学。伏乞圣裁。……嘉靖四十五年二月二十六日，该本部题考选过世业子弟田东作等七十五名。奉圣旨："是，这事业子弟，你每既考取停当，都着送馆作养。"①

从上述记载可知，朝廷继正德三年(1508)选收译字生107名后，嘉靖十六年(1537)选收译字生120名，嘉靖四十五年(1566)选收世业子弟75名，招生时间间隔近三十年。因此可以推知嘉靖元年(1522)四夷馆很可能并未招生。

据《春明梦余录》卷五十二"四译馆·大学士高拱议补译字生疏"条载：

> 查得收补译字生，自正德三年一行，嘉靖十六年一行，以至于今，旷日久远，人心绝望。所以不习其业，应考者鲜，而他人反得营求入选。取收之后，三年会考，例有黜陟，人渐减少。而各馆世业子弟艺随齿长，又自有俊秀者出，似当量为收

① 吕维祺等：《四译馆增定馆则》，《续修四库全书》第749册，上海，上海古籍出版社，2002，第588页。

补，以便习学。合无今后每六年一次收考，每考止取二三十人，
则进身有期，人既肯习其业，取人不泛，业自可精其能。况数
番方满一百二十人之数，得诸积累，似与一日滥收者尤为
有间。①

嘉靖四十五年(1566)大学士高拱上奏，为了保证四夷馆翻译教学秩
序的正常进行，建议每六年招生一次，每次招生二三十人，在馆学生人
数规模控制在120人。明世宗虽然依准执行，但为了防止选收过滥，后
来"非缺乏之甚，不准收考，有二十余年方准收考者"②。

万历(1573~1620)年间四夷馆共招生2次，分别是万历六年(1578)
与万历三十二年(1604)。据《增定馆则》卷一载"万历六年，因暹罗国王委
差进贡，所有金叶表文无从审译，礼部题奉钦依，令该国起送通晓番字
人员，据广东布政司查取夷使握闷辣等三员。该大学士张居正等题添设
暹罗国一馆，收世业子弟教习"③。据《四夷馆考》卷下"暹罗馆"条载：
"六年十月，该内阁大学士张等题据提督少卿萧禀呈，请于本馆添设暹罗
一馆，考选世业子弟马应坤等十名送馆教习。"④又据《万历起居注》"万历
八年五月三日辛未"条载："七年正月初四日，考选译字生马应坤等十名
到馆教译。"⑤可知，万历六年(1578)暹罗国进贡，所呈金叶表文无人能
识，无法翻译。朝廷下令让暹罗国派遣通晓暹罗文的使者前来，广东布
政司留用暹罗国使节握闷辣等人入馆教习。同年十月，大学士张居正建
议在四夷馆内增设暹罗馆，选收世业子弟马应坤等人入馆学习。万历七
年(1579)正月，马应坤等人正式进入暹罗馆习译。

据《增定馆则》卷十二"万历三十一年五月题选译字生稿"载：

自嘉靖四十五年考选得田东作等七十五人，至万历六年增
设暹罗一馆，续收得成九皋等二十一人。迄今历岁久远，率多
事故更迁，见在止有教师等官一十八员，散处十馆，并无一名
译字生习学。……三十二年六月二十四日，该礼部署部事左侍

---

① 孙承泽：《春明梦余录》，北京，北京古籍出版社，1992，第1087页。
② 吕维祺等：《四译馆增定馆则》，《续修四库全书》第749册，上海，上海古籍出版社，
2002，第534页
③ 吕维祺等：《四译馆增定馆则》，《续修四库全书》第749册，上海，上海古籍出版社，
2002，第532页。
④ 王宗载：《四夷馆考》，民国十三年(1924)东方学会印本，第22页。
⑤ 《万历起居注》第2册，北京，北京大学出版社，1988，第57页。

郎李考中译字生马尚礼等九十四名。二十七日，奉圣旨："是，
这世业子弟，你每既考取停当，都着送馆作养。"①

上文中"万历六年增设暹罗一馆"的说法不够确切，从上述《万历起居
注》的记载以及《大明会典》的相关记载②可知，暹罗馆实际开馆时间为万
历七年(1579)正月初四。而上文中"续收得成九皋等二十一人"与上述《四
夷馆考》及《万历起居注》中所述选收世业子弟"马应坤等十名"入馆学习的
记载也不符。鉴于《万历起居注》在记述同类资料的文献中是收录最齐全、
最准确的一种③，又有《四夷馆考》的记载佐证，笔者认为上文《增定馆
则》中所述"续收得成九皋等二十一人"并非是全部进入暹罗馆的译字生，
很可能是暹罗馆招收了马应坤等 10 人，其他译馆招收了成九皋④等 11
人，共计 21 人。直到万历三十二年(1604)四夷馆才再次招收世业子弟马尚
礼等 94 人入馆学习。

据《增定馆则》卷十二"天启五年八月题选译字生稿"载：

自万历三十二年考取得译字生马尚礼等九十四名，迄今二
十余年，升沉代谢，每馆见在教师止有二三员，而八百馆今已
故绝，传习无人。……本月二十三日考中译字生韩永祯等九十
四名。二十六日，奉圣旨："是，送馆作养。"⑤

四夷馆自万历三十二年(1604)招收译字生马尚礼等 94 人后，馆内人
员经过二十多年间的升迁与黜退，每馆见在教师只有二三人，八百馆内
已经空无一人。为了补充生源，天启五年(1625)八月四夷馆招收译字生
韩永祯等 94 人。

综上所述，四夷馆的招生次数，自永乐五年(1407)四夷馆设立之初，
到崇祯三年(1630)吕维祺编完《增定馆则》为止，两百多年间有文献可征
者共有 13 次，平均大约十七年招生一次。四夷馆内各译馆的学生人数并

---

① 吕维祺等：《四译馆增定馆则》，《续修四库全书》第 749 册，上海，上海古籍出版社，
2002，第 590 页。

② 据《大明会典》卷二百二十一记载："万历七年增设暹罗馆。"(明万历刻本，第 14 页)

③ 南炳文：《〈万历起居注〉的价值和版本》，载《江汉论坛》，2004 年第 8 期。

④ 乌云高娃、刘迎胜在《明四夷馆"鞑靼馆"研究》(载《中央民族大学学报》，2002 年第 4
期)中提到"成九皋、马尚礼等，均为鞑靼馆属官，应是当时分到鞑靼馆的译字生。"

⑤ 吕维祺等：《四译馆增定馆则》，《续修四库全书》第 749 册，上海，上海古籍出版社，
2002，第 593 页。

不统一，根据各译馆翻译业务的繁简以及各语种翻译人员需求量的多少，招收的学生被分配到各馆学习。据《增定馆则》卷十二"嘉靖四十五年正月题选译字生稿"载：

> 少师兼太子太师吏部尚书建极殿大学士臣徐阶等谨题，为久缺译字生，恳乞照例题请，选收作养，以备任使。……照依选收太医院医生事例，容令本馆教师各具重甘结状，保举各官名下的亲世业子弟，听礼部会官考试，选其资禀年岁相应、通晓本等艺业、堪以作养者数十名，量各馆文书繁简拟定名数，转送翰林院，分拨各馆肄业。[1]

嘉靖四十五年(1566)大学士徐阶等上奏说，建议四夷馆招收世业子弟比照招收太医院医生的方式，先由本馆教师担保推荐各属官名下的世业子弟，再由礼部进行会考，挑选条件相符、通晓翻译、有望成才的学生，根据各译馆翻译业务的繁简，将所需学生人数报送翰林院，然后将学生分拨到各译馆学习。

又据《增定馆则》卷十二"万历三十一年五月题选译字生稿"载："又各馆事务繁简不同，亦难一概均取。合于事繁者多取数名，事简者少取数名。如有一馆无人习学者，则于别馆当取有余之数补之，令入馆之后改习其业，仍于考卷首行明写某馆译字，以便稽查。"[2]可知，朝廷规定各译馆根据事务繁简不同确定招生人数，如果该译馆没有招到学生，则从其他译馆的备选学生中挑选，等进入四夷馆之后再分拨到该馆学习。可见，学生进入四夷馆之后，可以变更学习语种，但并不是根据个人的兴趣，而是基于各译馆的实际需要。明朝廷根据四夷馆各译馆的业务繁简调节招生人数，避免了人浮于事，使学生都能各得其所。

第二节 培养模式与考核制度

培养模式是人才培养的关键，培养模式的合理与否，直接关系到学生能力的强弱。为了保证学校的教学效果，评价学生的学习活动，需要

---

[1] 吕维祺等：《四译馆增定馆则》，《续修四库全书》第749册，上海，上海古籍出版社，2002，第586页。

[2] 吕维祺等：《四译馆增定馆则》，《续修四库全书》第749册，上海，上海古籍出版社，2002，第592页。

制定详细合理的学生考核制度。四夷馆译字生的培养模式经历了从辅修式学习到专业式学习的转变。为了提高教学质量，不同时期的四夷馆制定了相应的译字生考核制度。

一、培养模式

四夷馆设立之初，译字生主要来自国子监。为了鼓励监生学习翻译的积极性，朝廷规定监生在学习翻译的同时，可以参加儒学科举考试。这一时期四夷馆译字生的培养模式可以看作是辅修式学习。这种培养模式非但没有调动译字生的积极性，反而使其越来越背离翻译学习的主旨。由于译字生不能端正学习态度，往往潜心于科考，因此明朝廷需要将翻译学习专业化。

（一）辅修式学习

据《明太宗实录》卷四十八"永乐五年三月癸酉"条载："命礼部选国子生蒋礼等三十八人，隶翰林院，习译书，人月给米一石。遇开科，令就试，仍译所作文字，合格准出身。置馆于长安右门之外处之。"①明朝廷挑选监生进入四夷馆学习，在学习翻译的同时仍然可以参加科举考试。从学习模式来看，可以认为这一时期译字生是以辅修形式学习翻译的。又据《春明梦余录》卷五十二"四译馆·謇斋琐缀录"载："永乐间，尝选举人、监生习四方译书，悯其妨旷本业，乃命会试，卷尾识译书数十字。三场毕，送出翰林定去取，仍送入场填榜，盖优典也。然既登第，仍官馆中习译书，如许道中是也。"②永乐五年（1407），礼部挑选监生38人，进入四夷馆学习翻译。由于担心会妨碍监生的基本学业，允许其参加科举考试，并在卷末翻译文字。考试结束之后，成绩合格者承认学历，让其留在四夷馆任职并继续学习。可见，四夷馆设立之初既没有专门的生源，也没有采取专业化的学习。这体现出明朝廷虽然意识到培养翻译人才的重要性，但还没有将翻译学习提高到与儒学科举同等重要的位置，翻译教学专业化的推进也需要经历循序渐进的过程。

明朝廷允许进入四夷馆的监生兼习举业，本来是为了鼓励译字生习译，充实四夷馆生源，但却带来了一些弊端。入馆学习的监生大多致力于科考，只将四夷馆作为登科的跳板。据《春明梦余录》卷五十二"四译馆·謇斋琐缀录"载："至景泰初，吴祯以民人充译字，始援此例中乡试。

---

① 《明太宗实录》卷四十八（台北"中央研究院历史语言研究所"1962年校印本为卷六十五），梁鸿志1941年影印江苏国学图书馆传抄本，第11页。

② 孙承泽：《春明梦余录》，北京，北京古籍出版社，1992，第1085页。

及登第，又以与修《寰宇通志》成，从众庶吉士出授御史。成化间，余瓒又因此例授主事于户部。盖资稍可进，辄习举业，而译书不复精，徒藉为科第之捷径，故争趋者众。天顺八年，彭可斋始建白如制，去取于内，不复送出院。"①景泰（1450～1457）初，民间子弟吴祯被选为译字生，参加乡贡考试合格之后，又因为编修《寰宇通志》，与其他庶吉士一起被授予御史职务。成化（1465～1487）年间，余瓒以同样途径被授予户部主事职务。可见，译字生中天资聪颖者大都专攻科举，而不致力于翻译学习，进入四夷馆只不过是其参加科考及第的捷径，因此民间子弟才会趋之若鹜。天顺八年（1464）翰林学士彭时建议译字生不再送出翰林院。这也说明作为辅修式的翻译学习无法给译字生提供学习动力，势必会影响翻译教学效果。为了改变这种状况，必须将翻译学习专业化。

（二）专业式学习

为了使译字生能够专心学习，朝廷下令禁止译字生通过科举考试别谋出路。据《明宪宗实录》卷五十六"成化四年秋七月丙戌"条载：

> 太子少保兵部尚书兼文渊阁大学士彭时等言："……今在馆人员固多，新者志不专一，年深者业或荒疏，若不预为作兴，岂不临朝误事？……译字官升迁俱有常例。自景泰年来，因序班王琼等善楷书，取入内阁写诰敕、揭帖，九年考满，皆得越次升授。其同类不由此升者，反怨淹滞，怠于番译。今后不许取入内阁贴写，设或用人贴写，至考满升授，止循常例。庶使人无舍此慕彼之心，本业可精矣。……今后子弟入馆，俱令专习本业。如有志科举者，宜如科场例告试，不必仍写番字送内阁。如此，庶习译者不必习举而分其志，中举者不必兼译损其名，译书、科目两无所误。若系监生、举人选充者，仍如前例。"从之。②

成化四年（1468）文渊阁大学士彭时上奏说，四夷馆在馆译字生人数较多，新入学者不专心学习翻译，在馆时间较长者学业也已经荒疏，如果不能及时培养人才，则会耽误国家大事。景泰（1450～1457）年间，四夷馆属官序班王琼等擅长楷书，被选入内阁办事，考核期满后破格晋升。

---

① 孙承泽：《春明梦余录》，北京，北京古籍出版社，1992，第1085页。
② 《明宪宗实录》卷五十六，梁鸿志1941年影印江苏国学图书馆传抄本，第16页。

其他未能借此晋升者则抱怨怀才不遇，懈怠翻译学习。彭时建议今后不再挑选四夷馆译字官生进入内阁办事，即使选用，其考核升职也要按照惯例进行，这样就会使译字生专心学习翻译。如果有希望参加科举考试者，则只需要参加科考，不必再翻译文字送到内阁审核。这样一来，学习翻译者不必因为兼习举业而分心，科考合格者也不必因为兼习译业而有损声誉，使翻译、科考两不耽误。可见，这一时期译字生的地位仍然不高，监生学习翻译被认为是有损声誉。

据《增定馆则》卷一载："弘治三年，礼部题奏钦依，四夷馆子弟专习本等艺业，不许假以习举为由，别图出身。"①弘治三年（1490）朝廷规定，四夷馆学生必须专心学习翻译，不许借参加科考为由别谋出路。从此，四夷馆开始以专业培养模式展开翻译教学。

二、考核制度

四夷馆设立之初，尚未形成完善的译字生考核制度，学制与考核主要参照儒学科举制度进行。为了客观公正地评价译字生的学习成效，激发其学习热情，正统（1436～1449）年间朝廷对译字生的考核进行了规定，制定了奖惩细则。景泰（1450～1457）年间译字生的学制基本定型，弘治（1488～1505）年间朝廷进一步规定了译字生的考核制度。

（一）学制

一般认为，四夷馆译字生的学制为九年②。这应该是指从译字生进入四夷馆到被朝廷授予官职的时间。实际上在四夷馆的不同发展时期，学制也有所不同。据《明太宗实录》卷四十八"永乐五年三月癸酉"条载："遇开科，令就试，仍译所作文字，合格准出身。"③可知，四夷馆设立之初，学制与考核办法参照儒学科举进行，尚未形成专门的考核制度④。为了鼓励译字生学习翻译的积极性，明宣宗时期对译字生的学制进行了改革，规定译字生入馆学习满一年后进行考核。据《明宣宗实录》卷一百十二"宣德九年八月戊辰"条载：

①　吕维祺等：《四译馆增定馆则》，《续修四库全书》第 749 册，上海，上海古籍出版社，2002，第 531 页。

②　乌云高娃：《14—18 世纪东亚大陆的"译学机构"》，载《黑龙江民族丛刊》，2003 年第 3 期。

③　《明太宗实录》卷四十八（台北"中央研究院历史语言研究所"1962 年校印本为卷六十五），梁鸿志 1941 年影印江苏国学图书馆传抄本，第 11 页。

④　王雄：《明朝的四夷馆及其对译字生的培养》，载《民族研究》，1987 年第 2 期。

选习四夷译书学生。初，上以四夷朝贡日蕃，翻译表奏者多老，命尚书胡濙同少傅杨士奇、杨荣于北京国子监选年少监生及选京师官民子弟有可教者，并于翰林院习学。至是，选监生王瑄等及官民子弟马麟等各三十人以闻，命指挥李诚、丁全等教之，翰林学士程督之。人月支米一石，光禄寺日给饭食。习一年，能书者与冠带，惰者罚之，全不通者黜之。①

宣德九年（1434），朝廷挑选监生与官民子弟入馆学习，每月发给公粮一石，学习满一年后精通翻译者授予冠带，怠惰者处罚，完全不通者黜退。可见，四夷馆逐渐建立了自己的学制与考核要求。

正统（1436～1449）年间，朝廷对译字生的考核办法再次进行了规定。此时的学制虽然仍为一年，但从入学到授予官职至少需要两年，考核成绩未达到优秀的译字生，参照监生历事制度，允许一年后再试。据《明英宗实录》卷二十三"正统元年冬十月甲子"条载："行在礼部尚书胡濙等奏：'四夷馆旧习夷字及新习者六十四人，俱照例会官考试，出身次为三等。'上命：'一等者冠带为译字官，逾年再试，得中授职；其二等、三等及有新习者，亦逾年再试。'遂著为令。"②正统元年（1436），朝廷规定译字生参加会考，成绩分为三等，一等者冠带为译字官，次年再试，合格者授予官职；二等、三等及新入学者次年再试。众所周知，掌握一门新的语言不能一蹴而就，因此明朝廷适当延长学制以及译字生的考核期限，这是符合语言学习规律的。

正统（1436～1449）末期，朝廷延长了译字官生授职考核的年限。据《明英宗实录》卷一百四十四"正统十一年八月己酉"条载："吏部尚书王直等奏：'四夷馆译字官一十四人，照例会官考试，次为三等。'上命：'一等授鸿胪寺序班，仍习夷字；二等、三等，过二年再试。'"③正统十一年（1446）朝廷规定，译字官参加会考，一等者授予鸿胪寺序班职务，留在馆内学习；二等、三等者学习两年后再试。可见，朝廷对译字官生的要求有所提高，为了保证翻译教学效果，延长了译字官生授职的再试年限。

从景泰（1450～1457）年间开始，译字生的学制基本定型为三年。据《明英宗实录》卷二百三十二"景泰四年八月己酉"条载：

① 《明宣宗实录》卷一百十二，梁鸿志1941年影印江苏国学图书馆传抄本，第8页。
② 《明英宗实录》卷二十三，梁鸿志1941年影印江苏国学图书馆传抄本，第3页。
③ 《明英宗实录》卷一百四十四，梁鸿志1941年影印江苏国学图书馆传抄本，第4页。

> 礼部奏："……今后乞依永乐年间例，于国子监拣选年幼聪俊监生，送馆习学。三年依例考试，中式者授以译字官，不中者仍令习学，以待再试。庶革奔竞之风，而得实才之用。"从之。①

景泰四年(1453)朝廷规定，挑选监生入馆学习，三年后考试，合格者授予译字官，不合格者留在馆内学习，等待再试。三年的学习期限相当于我们今天外语学习的专科学制，明朝廷将译字生入馆到授予译字官的年限定为三年，基本能够使译字生掌握一门语言。

天顺(1457~1464)年间，朝廷明确规定了译字生初试后的再试年限。据《明英宗实录》卷三百五十二"天顺七年五月丙辰"条载：

> 礼部奏："本部会同各部并都察院堂上官及谙晓译字官，考试翰林院四夷馆习学番字子弟蔡蕙等十人为一等，应授以译字官；蔡振等六人为二等，仍习学二年再试；傅泰等二人为三等，仍习学三年再试，不支月米饭食；张昂等三人不中，应黜为民。"从之。②

天顺七年(1463)，礼部会同各相关部门对四夷馆学生进行考试，一等者授予译字官；二等者学习两年后再试；三等者学习三年后再试，不发给公粮；不合格者罢黜为民。初试后根据成绩等级不同，译字生参加再试的年限也不相同。这种规定体现了明朝廷在翻译教学中因材施教的积极方面，使译字生的学制及考核进一步合理化。

(二)考核

如前所述，正统(1436~1449)年间，朝廷对译字生的考核制度进行了规定，为"三级评分制"，并制定了赏罚办法。据《明英宗实录》卷四十六"正统三年九月壬辰"条载："行在礼部奏：'会官试得四夷馆谙晓回回等字官并监生子弟冀武等三十二人，第为三等，请定其赏罚。'上命：'一等有官者，月加折钞米二石；兼官者，与冠带；二等、三等，月减折钞米一石，使知自励。'"③正统三年(1438)，礼部对馆内精通"回回文字"的译字生进行了考试，成绩分为三等。明英宗下令成绩为一等且有官职者

---

① 《明英宗实录》卷二百三十二，梁鸿志1941年影印江苏国学图书馆传抄本，第10页。
② 《明英宗实录》卷三百五十二，梁鸿志1941年影印江苏国学图书馆传抄本，第5页。
③ 《明英宗实录》卷四十六，梁鸿志1941年影印江苏国学图书馆传抄本，第5页。

每月加薪折算俸粮两石；兼任官职者给予冠带；二等、三等者每月减薪折算俸粮一石。据《礼部志稿》卷九十二"译职·试译字生三等法"条载："正统五年，礼部尚书胡濙会官考翰林院四夷馆谙晓百夷等字监生并子弟，得十九人，为三等，以闻。上曰：'一等者为译字官，仍加俸钞；二等、三等者令再习译字，俟期年考之。'"①正统五年（1440）礼部尚书胡濙与相关部门对馆内精通百夷文字的译字生进行了考试，成绩分为三等，一等者授予译字官，增加俸禄；二等、三等者留在馆内学习，次年再试。可见，在对译字生进行考核时，明朝廷贯彻了赏罚分明的原则，这对我们今天的学生管理工作同样具有启发意义。

弘治三年（1490），朝廷规定了翻译考核制度，即"三六九年升职法"。这是基于明代官员考绩期限制定的。据《明史·志第四十七·选举三》载：

> 考满、考察，二者相辅而行。考满，论一身所历之俸，其目有三：曰称职，曰平常，曰不称职，为上、中、下三等。考察，通天下内外官计之，其目有八：曰贪，曰酷，曰浮躁，曰不及，曰老，曰病，曰罢，曰不谨。考满之法，三年给由，曰初考，六年曰再考，九年曰通考。②

可知，朝廷分别以三、六、九年为限对官吏进行任期考核，结果分为上、中、下三等，不同生源的考核方式也不相同，据《明孝宗实录》卷三十八"弘治三年五月戊午"条载：

> 定四夷馆翻译考选之法。……子弟务须专习本艺，精通译语，谙晓番文，以备应用。不许假以习举为由，别图出身。三年后，本院同本部会官考试，中者为食粮子弟，月给米一石。又历三年后，仍前会考，中优等者，与冠带，为译字官，月米如旧。又历三年会考，中优等者，授以序班之职。其初试不中者，许俟三年再试，再试不中者，许俟六年三试，三试不中者黜为民，中者食粮、冠带、除授如例。监生初入馆，准坐监食粮。习学三年后，考试中者，月给米一石，家小粮如旧。又三年，再考中者，与冠带。九年，考中优等者，授以从八品之职，

---

① 林尧俞等纂修，俞汝楫等编撰：《礼部志稿》，《景印文渊阁四库全书》第598册，台北，台湾"商务印书馆"，1986，第681页。

② 张廷玉等：《明史》，北京，中华书局，1974，第1721页。

习译备用。其初试、再试不中，准如子弟例。三试不中者，仍
送还本监拨别用。其兼习举业者，非精通本业，亦不许入试。
庶使人有定志，译学可精。①

明朝廷规定译字生不能以学习举业为由别谋出路。民间子弟入馆学
习三年后参加考试，成绩合格者每月发给公粮一石；三年后再次考试，
成绩优秀者冠带为译字官；三年后再次考试，成绩优秀者授予序班职务。
初试不合格者三年后再试，再试不合格者六年后三试，三试不合格者黜
退为民，合格者照例给予公粮、冠带与授职。监生入馆学习翻译的同时，
可以留在国子监内读书，发给公粮；三年后考试，成绩合格者每月发给
公粮一石；三年后再试，成绩合格者给予冠带；九年期满考核，成绩优
秀者授予八品职官，作为朝廷后备官员留在四夷馆内学习。初试、再试
不合格者可以三试，三试不合格者送回国子监另派他用。兼习举业者，
若不精通翻译，也不能参加考试。明朝廷对四夷馆不同生源的考核方式
体现了监生相对于民间子弟的优越性，容易滋生监生的懒惰习性，具有
时代局限性。

嘉靖(1522～1566)年间，朝廷对译字生的考核制度进行了改革。据
《增定馆则》卷十二"嘉靖元年礼部题复严规制稿"条载：

今奏前因，看得各馆官生凡送考食粮等项，不中俱有再试
之例，固朝廷宽大之恩也。但各生中间委有愚顽不学，屡考无
成者，若容再试，终知无用。合无今后习学三年，考不中者径
黜为民；六年冠带，不中者给以冠带荣身；九年授职，考不中
者授以应得职事，俱令回籍闲住，免其终身差役。其有资禀年
岁相应、量终有成者，听翰林院酌量，方许再试。②

嘉靖元年(1522)，礼部尚书毛澄上奏说，以往译字生参加考试，成
绩不合格者可以再试，这虽然体现了朝廷对译字生的鼓励，但却导致刁
顽者不思进取，屡试不中。建议今后译字生入馆学习三年后，考试不合
格者直接黜退为民；学习六年后考试合格者给予冠带，不合格者同冠带
荣身；学习九年后考试合格者授予官职，不合格者授予相应职衔，令其

---

① 《明孝宗实录》卷三十八，梁鸿志 1941 年影印江苏国学图书馆传抄本，第 1 页。

② 吕维祺等：《四译馆增定馆则》，《续修四库全书》第 749 册，上海，上海古籍出版社，2002，第 600 页。

回家闲住，免除终身差役。对于天资聪敏，年龄相当，前途有望者，由翰林院酌情给予再试机会。学习三年后初试不合格者黜退为民，这体现了明朝廷对译字生要求的提高，学习九年后考试不合格者也授予职衔，则体现了明朝廷对译字生的人性化管理。

为了确保有充足的人员学习翻译，嘉靖二十一年（1542），朝廷对译字生的考核要求有所放松。据《大明会典》卷二百二十一载：

> 二十一年题准，译字生初试，译业精通者，照例食粮，习学办事。译业粗通，资禀年岁尚堪策励者，姑送馆习学，不许食粮，候三年满日再试。其译字差谬，习学无成，畏避考试，临考不到，与未经起送及原系纳贿夤缘者，俱革黜为民。①

明朝廷规定，译字生初试，精通翻译者照例发给公粮，留在馆内学习；不精通者若天资聪慧，可望成材，则允许留在馆内边学习边办事，不发给公粮。三年后再试，不合格者黜退为民。据《明世宗实录》卷三百十六"嘉靖二十五年十月庚子"条载："礼部覆给事中厉汝进奏：'欲将译字、通事官生会同大臣从公考校，甄别去留。照得前项官生在馆人数甚少，若复重加查革，未免一时乏人。'"②嘉靖二十五年（1546）给事中厉汝进上奏说，希望礼部对译字官生会官考试，甄别去留。礼部认为，馆内官生人数较少，如果严加考校，则会造成翻译人手不足。针对不同时期的情况调整译字生的考核方式，体现了明朝廷在译字生管理过程中因地制宜的政策。

崇祯（1628～1644）初年，朝廷对译字生的季考制度进行了改革。据《增定馆则》卷四"训规"载：

> 旧例每季官生一考，分别等第，因赏资无办，遂致废。阁今议仍复旧制，每年春秋各季考一次，分别等第。一等者备优送内阁用，二等、三等者为平常，四等者量行责治，屡次四等者会考之日，酌量裁抑。③

按照惯例，每季度末明朝廷要对四夷馆官生进行考核，评定等级，

① 申时行：《大明会典》卷二百二十一，明万历刻本，第15页。
② 《明世宗实录》卷三百十六，梁鸿志1941年影印江苏国学图书馆传抄本，第5页。
③ 吕维祺等：《四译馆增定馆则》，《续修四库全书》第749册，上海，上海古籍出版社，2002，第542页。

但由于没有落实赏罚制度，后来逐渐废止。内阁商议恢复旧制，每年春秋两季对馆内官生进行季考，一等者送内阁备用，二等、三等者留在馆内学习，四等者酌情处罚，考核等级屡次为四等者裁革黜退。

为了提高考试效率，避免人力浪费，朝廷规定"十人以上会考，十人以下搭考"。① 译字官生可以在学习年限即将期满时，申请搭考。据《增定馆则》卷十四"搭考授职"条载："译字官有将近九年，先期告搭岁贡考试者，一体收考。考中者候满日，送部具题授职。"② 译字官学习、办事将满九年时，可以搭考岁贡考试，成绩合格者期满后授予官职。因故未能按时参加考试者，也可适当放宽搭考的人数限制。据《增定馆则》卷十三"搭考食粮题稿"条载：

> 今该前因通查案呈到部，看得翰林院开送四夷馆鞑靼等馆译字生马尚礼等二十名，习业未及三年，乞要比照先年事例搭考，满日方许食粮一节。为照译字生，例应三年满日方准收考，今各生俱因丁忧服阕，未遇正考。今若不准考试，诚恐廷试已过，难便题请。既经翰林院开送前来，又经该司查有薛基、丛文光等搭考事例，相应题请。合于廷试岁贡生员之日，将马尚礼等二十名俯容同考。③

万历三十七年（1609），译字生马尚礼等 20 人由于回乡守丧等原因，无法如期参加四夷馆的学习期满考试，因此请求朝廷同意其在学习时间未满三年时搭考廷试。

第三节　学生的待遇

待遇的保障是学生安心学习的前提，也直接关系到人才培养的成效。为了鼓励译字生习译的积极性，明朝廷不仅提高译字生的地位，而且还给译字生及其家属生活方面的保障。译字生享有相应的公粮与公假，在购置房产等方面也享受优惠政策。

---

① 吕维祺等：《四译馆增定馆则》，《续修四库全书》第 749 册，上海，上海古籍出版社，2002，第 621 页。
② 吕维祺等：《四译馆增定馆则》，《续修四库全书》第 749 册，上海，上海古籍出版社，2002，第 621 页。
③ 吕维祺等：《四译馆增定馆则》，《续修四库全书》第 749 册，上海，上海古籍出版社，2002，第 606 页。

一、身份地位

在我国历史上，很长一段时间内翻译人员的地位都不高，"前代客馆、典客诸令丞，皆以接待人使为重。而译官之职，则自西汉以后，概未之见，至明始重其事"①。可见，直到明朝开始，翻译人员才逐渐受到重视。四夷馆设立之初，朝廷挑选监生入馆学习，但监生大多不愿前往。为了改变这种局面，朝廷采取了一系列措施，不断提高译字生的地位与待遇。例如，永乐五年（1407），朝廷规定译字生可以参加会考，"合格准出身"②，承认其学历。永乐九年（1411），朝廷规定译字生等同进士出身，并"改庶吉士"③。除了提高译字生的地位，朝廷对译字生的待遇也非常优厚，甚至优于国子监监生。如前所述，明初非常重视教育，监生均有政府补贴廪膳衣服。但监生的食粮多时每月只有三斗④，而译字生的食粮每月为一石，是监生的三倍多。

二、生活保障

为了保证译字生专心学习，朝廷还为其家人提供食粮。据《南雍志》卷二载："永乐十二年春二月，令冠带举人监生林超等习百夷字，月支教谕⑤俸米二石，家属月支米一石；岁贡监生石庆等习回回字，月支米一石，家属月支米六斗。"⑥

除了公粮之外，朝廷每月为译字生提供柴、肉、酒、木炭、纸张等其他生活必需品的补贴。据《增定馆则》卷八"俸廪"载，译字生"每月柴一百斤，折银一钱二分五厘"。"每日肉半斤，折银一分二厘，每月折银三钱六分，今裁减三分之一，见今每月支银二钱四分"。"每日百米八，合每月二斗四升，天启六年十二月内裁减三分之一，见今每月该米一斗六升。""每日酒半瓶，正月至四月该米一石二斗，九月至十二月该米一石二斗，今裁三分之一，正月至四月支米八斗，九月至十二月支米八斗。"每季度"译字生每名纸七十五张，笔六枝，墨三锭"。"每生一名口盐一百三

---

① 纪昀等：《历代职官表》，上海，上海古籍出版社，1989，第211页。
② 《明太宗实录》卷四十八（台北"中央研究院历史语言研究所"1962年校印本为卷六十五），梁鸿志1941年影印江苏国学图书馆传抄本，第11页。
③ 黄佐：《南雍志》，《续修四库全书》第749册，上海，上海古籍出版社，2002，第112页。
④ 申时行：《大明会典》卷二百二十，明万历刻本，第13页。
⑤ "教谕"为学官名。宋代在京师设立的小学和武学中始置教谕。元、明、清县学亦置教谕，掌文庙祭祀，教育所属生员。
⑥ 黄佐：《南雍志》，《续修四库全书》第749册，上海，上海古籍出版社，2002，第116页。

十斛，闰月加十五斛"①。上述译字生所得柴薪、酒肉等物资都由光禄寺发放。

据《增定馆则》卷八"各官开支"条载："光禄寺饭食例该日给，自共馔之法废，而官生之家率赍牌赶领，但往往为包揽者侵冒，人无实惠。近日，本馆手本行光禄寺，置立印信票帖，给散各官生收执，自行开支。"②可知，起初由光禄寺负责四夷馆官生的伙食供应，在共同就餐制度取消以后，由官生家属凭名牌自行领取饭食。但往往会出现冒名认领的情况，因此官生并未获得实惠。于是光禄寺将餐券发给官生个人保管，由其自由支配。

三、公假

译字生在馆学习期间可以享受法定假期。据《增定馆则》卷三"诸生公假"条载：

> 诸生旧例逐日进馆，故有每年假期。近日，既改三、六、九日进馆，则假期似不必重开矣。但遇假日，例免仿课，特酌书于后，以示存羊之意。遇期，委官具公假帖批示可也。每月放粮假一日，圣旦假三日，清明、七月十五日、十月初一日假各一日，端阳、重阳各假一日，冬节前后假六日，岁暮自二十四日假至新正月上旬，择吉赴馆，上元灯节假至二十三日赴馆。③

旧例译字生每日进馆学习，每年都有固定假期。后来改为每月三、六、九日进馆，朝廷不再重复给假。如遇假期，译字生不用进馆学习。每月放公假一天，皇帝生日放假三天，清明、七月十五日、十月初一各放假一天，端午节、重阳节各放假一天，冬至前后放假六天，年末从腊月二十四日放假至新年正月上旬，选择吉日进馆，正月十五日放假至正月二十三日进馆。这样算来，译字生每年的公休假期有四十多天。

除了公假之外，译字生还可以请假回乡省亲祭祖。据《南雍志》卷二

---

① 吕维祺等：《四译馆增定馆则》，《续修四库全书》第749册，上海，上海古籍出版社，2002，第571~573页。
② 吕维祺等：《四译馆增定馆则》，《续修四库全书》第749册，上海，上海古籍出版社，2002，第573页。
③ 吕维祺等：《四译馆增定馆则》，《续修四库全书》第749册，上海，上海古籍出版社，2002，第539页。

载，永乐九年，"十二月庚寅，习西番字监生万思温援例还家祭祖，通政使司官引于文华殿，启有先年监生冯卞亦习西番字例，不许省亲。皇太子遂不从其请"①。永乐九年(1411)，西番馆习译监生万思温请假回乡祭祖，但未被批准。

四、晋升

据《明史·志第四十七·选举三》载：

> 任官之事，文归吏部，武归兵部，而吏部职掌尤重。吏部凡四司，而文选掌铨选，考功掌考察，其职尤重。选人自进士、举人、贡生外，有官生、恩生、功生、监生、儒士，又有吏员、承差、知印、书算、篆书、译字、通事诸杂流。进士为一途，举贡等为一途，吏员等为一途，所谓三途并用也。②

可知，明代选官主要有三种途径，一是进士，二是贡生，三是吏员。译字官生、通事等也在选官之列。译字生进入四夷馆之后，可以通过会考升职，优秀者有机会被推荐到内阁办事。例如，"景泰、天顺间译字官多有取进士者，甲申庶吉士刘淳、景泰庶吉士吴贞皆自译字官发身云"③。因此，当许多民间富庶子弟科考失利时，便希望进入四夷馆，从此步入仕途。据《渼陂集》卷十二"明故鸿胪寺序班赠奉直大夫刑部陕西清吏司署郎中事员外郎吕公合葬墓志铭"载：

> 公姓吕氏，讳洪，字克宽，其先泰州任氏也。任氏本民家，祖法真，洪武时始起从军，父清永乐时始入京师，而属役内局焉。居尝数千金为大贾，因赘吕氏，遂姓吕公。生吕氏，诸吕儿无能坶公者，长不喜贾，学举进士不成，去学译字，学成为鸿胪寺序班，译字四夷馆。又能诗歌，偶觥谈论，馆中人无不善吕公。④

京中吕氏一族是富甲一方的商人。吕公由于科考未及第，便进入四

---

① 黄佐：《南雍志》，《续修四库全书》第 749 册，上海，上海古籍出版社，2002，第 113 页。
② 张廷玉等：《明史》，北京，中华书局，1974，第 1715 页。
③ 黄佐：《翰林记》，丛书集成初编本，上海，商务印书馆，1936，第 188 页。
④ 王九思：《渼陂集》卷十二，明嘉靖刻本崇祯补修本，第 2 页。

夷馆学习译字，后来升为鸿胪寺序班，在四夷馆办事。因能歌健谈，得到馆中众人的喜欢。

如前所述，弘治三年(1490)，朝廷规定了翻译考核办法，即"三六九年升职法"。据《明孝宗实录》卷三十八"弘治三年五月戊午"条载：

> 定四夷馆翻译考选之法。……子弟务须专习本艺，精通译语，谙晓番文，以备应用。不许假以习举为由，别图出身。三年后，本院同本部会官考试，中者为食粮子弟，月给米一石。又历三年后，仍前会考，中优等者，与冠带，为译字官，月米如旧。又历三年会考，中优等者，授以序班之职。①

朝廷规定，译字生进入四夷馆学习三年后，考试合格者发给公粮；再过三年，考试优秀者授予译字官；再过三年，考试优秀者授予序班，成为朝廷正式官员。由译字生出身的官员中较为有名的是韩定，官至太仆寺卿。据《增定馆则》卷一载：

> 时诏求通夷字者，大学士李贤以太仆寺卿韩定应诏。入奏夷音译字之说，上悦，赐宝钞、锦绮，定家京师。正统初，以儒生送入翰林习学夷字，精于业，授鸿胪序班。景泰初，选入内阁办事，以精楷书升中书舍人。历吏部员外郎中，提督四夷馆事至太仆卿。定事亲孝，处兄弟友爱，天性俭约。居官四十余年，在内阁书制诰，朝入暮出，无或少息。处僚采以义，待生徒以礼，一时入馆习夷字者无不谙晓。②

可知，太仆寺卿韩定曾于正统(1436～1449)初年进入四夷馆学习，因为成绩优秀，被授予鸿胪寺序班，后来一直升至太仆寺卿。由于韩定孝敬父兄，为官清廉，四十多年勤恳敬业，他成为译字官生的楷模。

五、其他优待

明朝廷在提高译字生地位与待遇的同时，还给予其他优免政策。据《增定馆则》卷三"优免房号"条载："四夷馆官生，如系在京人氏，例得优

---

① 《明孝宗实录》卷三十八，梁鸿志1941年影印江苏国学图书馆传抄本，第1页。
② 吕维祺等：《四译馆增定馆则》，《续修四库全书》第749册，上海，上海古籍出版社，2002，第531页。

免房号。"①又据《增定馆则》卷十四"优免房号"条载：

> 翰林院四夷馆为比照优免房号事，据回回馆译字官龚敏学
> 呈称：于万历十三年闰九月十六日，用价买到永清右卫舍人王
> 镗房一所，门面四间，坐落中城明照坊五铺总甲王大用地方，
> 已经更名居住为业，不系重号，所有房号见行认纳。切思学见
> 在馆办事员数，相应照例优免。及查得本馆嘉靖十七年，女直
> 等馆译字生鲍谊等三十余人散住五城，先后俱蒙优免。今敏学
> 与谊等事体相同，伏乞俯赐移文，照例优免，实为恩便等因到
> 馆。据此卷查本官房号例应优免，拟合就行。为此合用手本转
> 达该城，优免施行。②

可知，译字生如果是京城出身，可以获得房号优免。嘉靖十七年
(1538)，女直馆译字生鲍谊等三十多人，万历十三年(1585)，"回回馆"
译字官龚敏学所购房产都获得了优免。

译字生还可以享受优免商役的待遇。据《增定馆则》卷三"优免报商"
条载："本馆译字官生，例应优免报商。"③又据《增定馆则》卷十四"优免
商役"条载：

> 翰林院四夷馆为仇口流毒冠裳，恳恩照例优免商役，以弘
> 作养事，据委官厅主簿田即心呈称："鞑靼等馆十馆译字生韩永
> 祯等称：'前事即批报商，既经上疏，则中堂查免，必须题请酌
> 之。'随据委官厅查有八百馆译字生张应乾，髫年未冠，妄报柴
> 炭商役。馆则内一款，译字生吴应登会报今役，业蒙中堂豁免。
> 今应乾委与例相合，伏乞俯赐转呈中堂，题请豁免施行等因到
> 馆。据此，看得译字生韩永祯等合词陈乞，诚欲以全诸生之体
> 例，亦所以明衙门之职业也。第事关奏请，迹涉商课，岂本寺

---

① 吕维祺等：《四译馆增定馆则》，《续修四库全书》第749册，上海，上海古籍出版社，
　2002，第539页。
② 吕维祺等：《四译馆增定馆则》，《续修四库全书》第749册，上海，上海古籍出版社，
　2002，第632页。
③ 吕维祺等：《四译馆增定馆则》，《续修四库全书》第749册，上海，上海古籍出版社，
　2002，第539页。

所敢任。具呈，伏惟中堂裁夺施行。"[1]

可知，为了体现对译字生的优待，朝廷规定译字生可以优免商役[2]。鞑靼馆译字生韩永祯、八百馆译字生吴应登、张应乾等都曾获得优免。

据《增定馆则》卷十二"嘉靖元年礼部题复严规制稿"载："今后考不中者，各量其年，以为处置。如习过三年者，给以冠带荣身；六年、九年者，授以应得职事，俱令回籍，免其终身差役。盖幸位者多，则人视官职为常，立此以励不能者。"[3]为了鼓励屡试不中的学生，嘉靖元年(1522)朝廷规定，译字生习满三年，考试不合格者给以冠带名誉，习满六年、九年，考试不合格者授予相应官职，令其还乡闲住，免其终身差役。

第四节　学生的出路

如前所述，明朝廷设立四夷馆是为了适应对外交往的需要，因此译字生在学有成效后主要从事朝廷的翻译事务。译字生经过一段时间的学习，考核成绩优秀者晋升为朝廷正式官员，在馆内办事的同时继续进修。译字生可以通过会考升职，成绩优秀者还有机会进入内阁办事，也有可能被调遣往其他文职部门及边境要塞任职。

一、会考升职

译字生经过一段时间的学习之后，可以晋升为译字官，在从事翻译的同时继续留在馆内进修，考试合格者晋升为朝廷正式官员。据《增定馆则》卷二"会考食粮"条载：

> 凡生徒入馆，肄业三年，例该起送赴部，会考食粮。据呈帖仰各馆官遵照先今事例，即查各生于某年月日及有无公私过犯等情，应否起送，取具结状一样二本，呈阁批院转行礼部题请。若候考日久，事故不一，该部再行查勘，仍行各馆，将查

---

① 吕维祺等：《四译馆增定馆则》，《续修四库全书》第 749 册，上海，上海古籍出版社，2002，第 631 页。

② 关于明代商役问题，参见高寿仙：《市场交易的徭役化：明代北京的"铺户买办"与"召商买办"》，载《史学月刊》，2011 年第 3 期。

③ 吕维祺等：《四译馆增定馆则》，《续修四库全书》第 749 册，上海，上海古籍出版社，2002，第 599 页。

过缘由并各生见在数目，备开花名手册回报送考。若三年内无
故旷三个月之上者，行令改过自新，补足前旷日期，方准另行
送考。①

译字生进入四夷馆学习满三年后，需要参加礼部举行的会考，成绩
合格者发给公粮。三年内无故旷课三个月以上者，需要补足旷课日期，
才能参加考试。

又据《增定馆则》卷二"会考冠带"条载："弘治三年题准事例，食粮子
弟又过三年，仍会考，中优等者，与冠带，作译字官，仍给米一石；不
中者，黜退为民。又嘉靖元年礼部题准事例，内阁六年冠带，不中者，
给冠带荣身。"②弘治三年(1490)朝廷规定，译字生学满三年参加考试，
成绩优秀者冠带为译字官。嘉靖元年(1522)规定，译字生学满六年参加
考试，成绩合格者给予冠带，不合格者等同冠带荣身。

译字官办事满三年后，考试成绩优秀者晋升为序班。据《明英宗实
录》卷一百四十四"正统十一年八月己酉"条载："吏部尚书王直等奏：'四
夷馆译字官一十四人照例会官考试，次为三等。'上命：'一等授鸿胪寺序
班，仍习夷字；二等、三等，过二年再试。'"③正统十一年(1446)，四夷
馆译字官14人照例参加考试，成绩分为三等。明英宗下令，一等者授予
鸿胪寺序班，留在馆内学习；二等、三等者学习两年后再试。

二、调任其他部门

如前所述，四夷馆不仅是为朝廷培养翻译人员的教育机构，也是为
朝廷输送文史人才的教育基地。译字生除了通过考试晋升官职，留在馆
内从事翻译、教学工作之外，还有机会被调往其他文职部门任职。据《增
定馆则》卷三"业儒入试"条载："习译诸生间，亦有傍通儒业者，每遇试
期，据呈考选，择其文理优长、行无过碍者，备由开呈内阁发本院，转
送顺天府入场，或曰旧规，只考送本院送试。"④译字生在学习翻译的同
时，精通举业者可以参加科举考试，文理兼长者有机会被送到内阁备用。

---

① 吕维祺等：《四译馆增定馆则》，《续修四库全书》第749册，上海，上海古籍出版社，
2002，第534页。
② 吕维祺等：《四译馆增定馆则》，《续修四库全书》第749册，上海，上海古籍出版社，
2002，第536页。
③ 《明英宗实录》卷一百四十四，梁鸿志1941年影印江苏国学图书馆传抄本，第4页。
④ 吕维祺等：《四译馆增定馆则》，《续修四库全书》第749册，上海，上海古籍出版社，
2002，第538页。

又据《增定馆则》卷三"文华拣选"条载："文华殿书办缺人，诸生有精于楷书、愿赴考者，据呈考择手本送院，转送礼部拣选。"①由于文华殿缺少人手，便从四夷馆内挑选精通楷书的译字生，送到礼部备用。

译字生除了有机会被调往其他部门之外，也有可能被派往边境要塞，负责出入境人员的审查。据《增定馆则》卷三"差官喜峰"条载：

> 大喜峰口差官一员，验放进贡夷人，三年一更。每遇期满，彼中巡抚官据呈申请兵部移咨，由礼部本院转行本馆，拣选行止端慎、年深老成、谙晓番字官一员，请知内阁转开本院起送接管。万历三十六年二月，以林洲不愿往，选译字生王子龙前去。题准作实授冠带，给与应得柴薪。②

明朝廷派遣官员到大喜峰口，负责审验进贡夷人，任期三年，期满后由当地巡抚官呈报兵部移送咨文到礼部，从四夷馆内挑选举止谨慎、年深老成、精通翻译的人员赴任。万历三十六年(1608)，由于四夷馆属官林洲不愿前往，便挑选译字生王子龙前往。

小　结

本章对明代四夷馆译字生的招募与遴选、学制与考核、待遇与出路等问题进行了考察。四夷馆的招生可分为三个阶段：第一阶段是四夷馆的初创期，生源主要是监生及官民子弟；第二阶段是四夷馆的发展期，生源规模有所扩大，除了监生、官民子弟之外，还招收世业子弟；第三阶段是四夷馆的衰落期，招生的年限间隔较长，在馆译字生人数相对减少。四夷馆根据各馆业务的繁简及各语种翻译人员需求量的多少，将招收的译字生分派到各馆学习。

四夷馆设立之初，入馆学习的监生在学习翻译的同时也可以参加科举考试，这种学习模式可以看作是辅修式学习。后来明朝廷为了确保译字生源的稳定以及翻译学习的效果，禁止译字生通过科举考试别谋出路，即将翻译学习专业化。四夷馆设立之初，译字生的学制与考核办法都参

---

① 吕维祺等：《四译馆增定馆则》，《续修四库全书》第 749 册，上海，上海古籍出版社，2002，第 538 页。

② 吕维祺等：《四译馆增定馆则》，《续修四库全书》第 749 册，上海，上海古籍出版社，2002，第 539 页。

照儒学科举制度进行，尚未形成专门的考核机制。景泰(1450～1457)年间译字生的学制基本定型为三年。正统(1436～1449)年间朝廷对译字生的考核办法进行了规定，为"三级评分制"。弘治(1488～1505)年间朝廷制定了翻译考核制度，为"三六九年升职法"。不同时期四夷馆对生源的考核方式也不相同。古代翻译人员的地位不高，为了鼓励译字生学习翻译的积极性，明朝廷不仅提高译字生的地位，而且对其及家属也给予生活方面的保障。译字生享有公粮与公假、在购置房产等方面也享受优惠政策。译字生学习期满后，可以通过会考升职，成绩优秀者还被推荐到内阁办事。

第五章　四夷馆的教学

　　教学目标是教学活动的出发点与归宿，对于提高教学效果具有不可忽视的作用。教学管理制度是教学活动正常有效开展的前提与保障，对教学过程与效果的监督与考核是教学的重要环节。学习目标具有导向、激励、调控、制约等作用，为学生制定明确的学习目标有利于学生有效学习、教师有效教学、学校有效管理，有利于教学目标的有效达成。明代四夷馆作为官办翻译教学机构，从设立之初就有明确的教学目标，并逐渐形成一套较为完善的教学管理制度。四夷馆为朝廷输送了大量的翻译人员，根据翻译人员工作内容的特点，在教学过程中因地制宜地设定教学内容，并且采取相应的教学方法。

第一节　教学目标

　　如前章所述，明朝廷设立四夷馆的主要目的是为朝廷培养翻译人员，适应日益频繁的对外交流活动。据《大学衍义补》卷一百四十五"译言宾待之礼"条载：

　　　　我文皇帝始设八馆，……盖此一事似缓而实急，似轻而实重。一旦外夷有事，上书来言其情，使人人皆不知其所谓，或知之而未尽，则我所以应之者，岂不至相矛盾哉？非惟失远情，而或至启边衅者亦有之矣。我文皇帝专设官以司之，其虑远哉！[1]

　　邱浚认为朝廷设立四夷馆，培养翻译人才，这看似不急之务，实际是当务之急，翻译人员看似微不足道，实际举足轻重。一旦周边地区与国家有事前来交涉，而众人不知其所云，或者对其所述内容一知半解，则无法正确应对。这不仅不利于朝廷准确了解外夷情况，甚至还会因为

---

　　① 邱浚：《大学衍义补》，《景印文渊阁四库全书》第 712 册，台北，台湾"商务印书馆"，1986，第 677 页。

应对不当而导致边境冲突。可见，明成祖设立四夷馆不仅是出于涉外关系的需要，更是出于国防安全的考虑。

明朝廷对四夷馆的教学目标提出了明确规定。据《增定馆则》卷十八"翰林院四夷馆题名记"载：

> 习字当兼其言，又当兼业儒。盖得其字而不得其言，则所译之字或离其真；得其字与言而不知儒者之文义，则所达之诏敕或失其指；三者通则所谓传王之言而谕说焉。以和亲之，与夫协其礼与其辞言传之者，始皆有余地矣。①

可知，译字生不仅要学习番语文字，还要兼习儒学汉文。如果只知番文不知发音，翻译表文可能不够准确；只知番文与发音，不知儒书的文辞，翻译诏敕可能词不达意。因此，只有三者皆通才能正确传达天子的旨意，实现睦邻友好。可见，四夷馆的教学目标是让译字生精通番语文字与传统儒学。这一目标非常符合翻译学习的特点。翻译是将一种语言文字用另一种语言文字表达出来的活动，因此在语言文字对译的过程中，不仅需要精通其他语种的语言文字，还需要具备良好的汉学素养。

弘治三年（1490），朝廷对译字生的学习目标再次提出了明确的要求。据《增定馆则》卷一载："四夷馆子弟务要专工习学本等艺业，精通夷语，谙晓番文，以备应用。不许假以写字习举为由别图出身，不务本等番译。"②朝廷要求译字生要专心学习，精通翻译，不允许借学习举业为由别谋出路。据《春明梦余录》卷五十二"四译馆·大学士高拱议补译字生疏"条载："查得译字官生一得进身，即便营求差遣，旷废本业。每有外夷朝贡之文及朝廷敕谕宣示诸番者，令一辨译，则瞠目支吾，莫可措手，不免为远人所笑。今后各馆官生俱要安心习业，较阅课仿，毋得钻刺谋差，以取罪遣。"③嘉靖四十五年（1566），大学士高拱上奏说，译字官生一旦入仕，便谋求差事，不愿继续留在馆内，致使译业荒疏。高拱建议朝廷下令，要求译字官生安心习译，不得钻营谋求差遣。

---

① 吕维祺等：《四译馆增定馆则》，《续修四库全书》第 749 册，上海，上海古籍出版社，2002，第 650 页。
② 吕维祺等：《四译馆增定馆则》，《续修四库全书》第 749 册，上海，上海古籍出版社，2002，第 531 页。
③ 孙承泽：《春明梦余录》，北京，北京古籍出版社，1992，第 1089 页。

第二节　教学管理制度

教学管理制度是学校借以约束、激励师生，规范其日常行为，使学校能够正常运转，保证正常教学秩序的基本制度。教学管理制度的建立，使管理有章可循、有制可遵，使考评有据可依、有度可评，为培养优秀人才提供了可靠的保证。四夷馆设立之后，在招生、教学、考试、学生日常行为等方面逐渐制定了一套较为完善的管理制度。

一、推荐担保制度

如前所述，四夷馆教师可以推荐世业子弟入馆学习。据《增定馆则》卷十二"万历三十一年五月题选译字生稿"条载：

> 行令各馆教师，各将本馆见在各官及曾任而物故、退闲者的亲世业子弟，取具重甘结状，亲赴本部投递。间有本馆教师故绝而子弟独存者，许邻馆保之。本部严加审复，果无诈冒，方准收考。仍于考试之日，许各生面讦。如有前弊，即将本生并保送者一并送问。脱或一时幸免，日后被人告发，或查访得出，不论入馆年月久近，仍行问革为民，原保教师一体连坐。①

为了杜绝教师在推荐世业子弟入馆学习的过程中弄虚作假、营私舞弊，朝廷规定各译字教师可以推荐本馆在职属官以及亡故或者退休属官的子弟入馆学习。如果本馆教师已经亡故，允许邻馆教师推荐其子弟入馆，由所属部门严加审核，然后参加考试。考试当天，由其他学生当面检举，如果有营私舞弊者，则将学生与推荐教师一并处罚；如果日后被揭发或者被查出曾经舞弊者，不论入馆年月长短，都将罢黜为民，原推荐教师也一并受罚。

为了严格四夷馆的招生制度，朝廷还严厉打击招生过程中的请托行为。据《增定馆则》卷十二"万历三十一年五月题选译字生稿"条载："本部先行禁约，敢有钻求窥伺及转为干请，系官员者，指名参奏，治以重罪；

---

① 吕维祺等：《四译馆增定馆则》，《续修四库全书》第749册，上海，上海古籍出版社，2002，第591页。

不系官员者，即于本部门首枷号一个月，满日送法司问罪。"①朝廷规定在招生过程中有请托关系者，官员则治以重罪；非官员则在本部门前上枷示众一个月，然后送交司法部门处理。如前所述，教师推荐世业子弟入学有利于四夷馆录用优秀人才，但也容易滋生招生过程中的营私舞弊行为，因此朝廷制定了严格的审核制度，有效打击并杜绝招生过程中的不当行为，保证招生环节的顺利进行。

二、考勤制度

严格规范的考勤制度，能使学生养成遵章守纪的学习习惯，推进教学管理向高效规范的目标不断进步，为管理者实施管理目标提供依据。四夷馆对译字生的日常管理非常严格，制定了详细的考勤制度。据《增定馆则》卷十五载："本馆旧规，每日辰初译字监生、子弟赴各馆受业，提督官擎签看课背书。每月本馆教师考一次，别等第，呈堂验看。提督官季考四次，量行赏罚，立案照验。"②四夷馆规定每天辰时（早晨七点至九点）译字生必须进馆学习，提督官到各译馆听课并抽查译字生的背诵情况。每月由教师对译字生考试，成绩报送提督官审核。提督官每季度末对译字生考试，根据成绩进行赏罚，并作为日后考评的依据。

如前所述，译字生学习期满可以参加晋升考试。明朝廷规定译字生因请假旷课未能修满年限者，日后必须补足日期才能参加考试。据《增定馆则》卷十五载：

　　本馆旧规，置旷业簿一扇，每月终稽查译字监生卯簿，除五卯不到者，将本生旷业月日当堂公同九馆教师，附簿内一面，具呈翰林院，及行文光禄寺，将月粮饭米计日扣除。案候三年考食粮之日查算，习业不满三年者不许送考，至六年考冠带，九年考授职，俱照前例查算。如有公私过犯及私自逃回原籍者，参呈内阁送法司，问拟应得罪名。完复馆肄业，仍照前例，附记旷业月日，扣除月粮饭食。案候三年、六年、九年考选之时查算，习学月日不满数者，不准考。职等谨议得该著实举行其

① 吕维祺等：《四译馆增定馆则》，《续修四库全书》第749册，上海，上海古籍出版社，2002，第591页。
② 吕维祺等：《四译馆增定馆则》，《续修四库全书》第749册，上海，上海古籍出版社，2002，第635页。

旷业簿，合呈翰林院请印钤记，发本馆执掌以防诈伪。①

四夷馆备有点名册，译字生每月有 5 次以上不到者，由提督官与教师将旷课日期附在点名册内报送翰林院，发文光禄寺，扣除旷课当天的公粮伙食并记录在案，三年后一并核算。译字生学习不满三年者不能参加考试，学满六年考试合格者授予冠带，学满九年考试合格者授予序班。译字生中犯有过错或私自逃回原籍者，提督官将姓名报送内阁，由司法部门将其押解回京继续学习，扣除旷课日期的公粮伙食，考核时一并核算，学习期限不满者不能参加晋升考试。

嘉靖（1522~1566）至万历（1573~1620）年间，四夷馆中纲纪松弛，人心涣散。为了整顿纪律，朝廷重申严格执行译字官生的考勤制度。据《增定馆则》卷十二"嘉靖元年礼部题复严规制稿"条载：

> 照得本馆官员，多京中仕宦之家及贵游子弟。入馆之后，勤懒相半，有一月无故不到四五卯者，有托病给假而实无病者。臣等虽立法惩治，稍从严抑，而彼此效仿，全不羞愧。为今之计，合无定为岁参之例，凡一月之内官生无故不到四五卯者，岁终查实参奏。中间托病给假者，作不到日期扣算，问罪罚俸，取自上裁。②

四夷馆的属官多出身于京城的官宦之家或是王公显贵子弟。他们进入四夷馆之后，既有一月内无故旷课四五次者，也有托病请假者。朝廷虽然立法进行惩治，但官生彼此效仿，很难管制。因此，四夷馆提督官建议朝廷制定年末弹劾制度，官生中凡一月内无故不到馆四五次者，经核实岁末进行弹劾，托病请假者按旷课计算，扣除相应公粮并治罪。

崇祯（1628~1644）初年，由于四夷馆内"馆少人多"，朝廷规定译字官生不必每日进馆报到。据《增定馆则》卷四"训规"载："旧例每日进馆，近因馆少人多，改为三、六、九日，今后每月朔望并三、六、九日俱齐进馆，书卯不到者，唤到重惩。""诸生每月止十一卯。二卯不到，记旷业

---

① 吕维祺等：《四译馆增定馆则》，《续修四库全书》第 749 册，上海，上海古籍出版社，2002，第 635 页。

② 吕维祺等：《四译馆增定馆则》，《续修四库全书》第 749 册，上海，上海古籍出版社，2002，第 598 页。

簿；四卯不到者，记旷，仍扣食粮；十一卯全不到者，即时参呈内阁停食，作旷满日，不准收考。"①四夷馆旧例译字官生必须每日进馆学习。崇祯(1628~1644)初年，改为每月初一、十五日及三、六、九日进馆学习，未报到者，一经查实予以重罚。每月报到11次，2次不到者记入点名册，4次不到者记为旷课，11次全不到者报送内阁停发公粮，按满月记旷，不准参加考试。

对于兼习举业的译字生，朝廷也制定了严格的考勤制度。据《增定馆则》卷十五载：

> 本馆旧规，会习举业者，非精通本等番译，不准应试。今监生、子弟以习举为名，不务本等番译。职等谨议得：若止习举业，监生自该由国子监，子弟自该由府州县学应举，缘何籍名本馆，冒费官钱，觊望两途。合该每月习本等番译，兼作举业文字六篇，掣签月考，校验二样书课，许其三、六、九日赴馆受业。每月终通查，三卯不到者，量行责治；六卯不到者，照例将旷业月日记簿，扣除月粮饭米。案候三年、六年、九年考选之时查算，习业月日不满数者，不准送考。具呈等因，批准查照旧规遵行，连送到院。②

按照四夷馆旧例，译字生可以兼习举业，但如果不精通翻译则不能参加科举考试。由于译字生多以习举为名，不认真学习翻译，因此明朝廷规定，兼习举业的译字生每月在学习翻译的同时还需撰写科举文章6篇，通过抽签参加月考，测验两项科目。允许译字生每月三、六、九日进馆学习，月末核查，3次不到者酌情处罚，6次不到者将旷课日期记录在案，扣除相应公粮伙食，考核时一并核算，学习期限不满者不能参加考试。

三、请假制度

严格的请假制度有利于营造良好的学习风气和积极向上的学习氛围，有利于加强管理。四夷馆为了有效管理译字官生，制定了严格的请假制

① 吕维祺等：《四译馆增定馆则》，《续修四库全书》第749册，上海，上海古籍出版社，2002，第541页。
② 吕维祺等：《四译馆增定馆则》，《续修四库全书》第749册，上海，上海古籍出版社，2002，第635页。

度。据《增定馆则》卷十五载："每月给假不许重复，如果疾病未痊及有事故不得已者，本馆教师查实准给。"①朝廷规定译字生每月不能以同样的理由请假，如果疾病尚未痊愈或者确实有事不能到馆者，则由教师核实后才能准假。

如前所述，嘉靖（1522～1566）至万历（1573～1620）年间，四夷馆中纪律松弛，为了整顿纲纪，朝廷重申严格执行请假制度。据《增定馆则》卷十二"嘉靖元年礼部题复严规制稿"条载：

> 今奉前因，看得各馆官生委的怠懒，立法当严。合无今后官生凡一年之内无故不到馆及托病给假在家者，三个月以里，本馆提督官行令该城兵马查勘。务取该司官吏及本官邻佑，同馆官生重甘结状回报，如果患病是实，行令复馆，准作日期。其三个月之上者，不论患病真假，照依官员告病事例，开粮除俸，不准实历，待病痊，勘明复馆，方算日期。中间再有虚诈者，听提督官年终指实参奏，以惩懒惰。②

明朝廷规定译字官生一年之内无故不到馆或者托病请假在家，三个月以内者，经核实允许回馆继续学习，病假时间算在学习时间内；三个月以上者，无论是否患病都要停发公粮，且不算在学习时间内。如有虚报者，则由提督官年终弹劾，进行惩治。崇祯（1628～1644）年间，朝廷对译字生的请假制度进一步明确。据《增定馆则》卷四"训规"载：

> 诸生果有真病及不得已事，应给假者，许赴馆师验明，将假票用一图书或花押呈堂，准放。每月五卯不到者，扣饭食一月，全假者，扣饭食，仍记旷。若真有别故，奉准长假者，不在此例。
> 诸生有给假毕姻、治丧、迁葬等事，查无欺诈等情，准行。给引回籍定限后，饭食截扣。若过三个月者，并月粮行文住支；若无故不到者，过两个月以上者，照例住支俸食，仍查明参革。③

---

① 吕维祺等：《四译馆增定馆则》，《续修四库全书》第 749 册，上海，上海古籍出版社，2002，第 640 页。
② 吕维祺等：《四译馆增定馆则》，《续修四库全书》第 749 册，上海，上海古籍出版社，2002，第 598 页。
③ 吕维祺等：《四译馆增定馆则》，《续修四库全书》第 749 册，上海，上海古籍出版社，2002，第 542 页。

　　译字生如果确实生病或者有事必须请假者，由教师核实后在请假条上签名或盖章后报送提督官，才能准假。译字生每月5次不到馆者扣除一个月的伙食，全不到者扣除当月伙食，仍按旷课计算。如果确实有事需要请长假者则另当别论。译字生因婚丧嫁娶等事项请假，经核实给予准假，扣除相应伙食。请假超出三个月者停发公粮，无故不到馆超过两个月者停发公粮，并进行处罚。四夷馆对于译字生病事假的相关规定，既维护了教学秩序的稳定，也体现了人性化的管理。

四、考试制度

　　考试具有双重功能：一是评价，这是基础性功能；二是选拔，这是为学校招生提供选拔的依据。明王朝建立之后，我国古代科举制度进入鼎盛时期。明天子对科举高度重视，科举方法之严密超过了以往历代。科举制度也为其他部门制定考试制度提供了参考，四夷馆为了选拔优秀学生，对学生的学习效果进行监督与评价，制定了较为完善的考试制度。

　　（一）招生考试

　　如前章所述，四夷馆设立之初，为了保证译字生生源的人数与质量，招生时并不考试，而是通过朝廷公选监生或者由四夷馆属官及边镇巡官从民间推荐人选。据《增定馆则》卷二"会考进馆"条载："国初译字缺人，选太学年幼俊秀监生充之。近年专选世业子弟，间有选监生及凡民俊秀者。"[1]正德（1506～1521）年间，四夷馆招生时只考语文、数学等基本科目，直到嘉靖（1522～1566）中期以后才开始将翻译作为考试内容。据《增定馆则》卷十二"嘉靖四十五年正月题选译字生稿"条载：

　　　　少师兼太子太师吏部尚书、建极殿大学士臣徐阶等谨题，为久缺译字生，恳乞照例题请，选收作养，以备任使。……查得正德三年选取译字生一百七名，嘉靖十六年选取译字生一百二十名，皆不问世家，不论本业，止泛考汉文、数字，待收馆之后，方习番文。考非所用，用非所考，譬之责工于商，难便成熟。今该大学士徐阶等具奏："专取各馆世业子弟资禀年岁相应者，考选送院作养。"其议甚当，相应申请。合候命下本部行移翰林院，转行四夷馆，即将各官名下世业子弟资禀清秀者，

---

　　① 吕维祺等：《四译馆增定馆则》，《续修四库全书》第749册，上海，上海古籍出版社，2002，第533页。

开送本部，考以番文，收馆习学。伏乞圣裁。①

嘉靖四十五年(1566)大学士徐阶上奏说，正德三年(1508)与嘉靖十六年(1537)在考选译字生时，都不问世家，不论职业，只考汉文与数学，译字生入馆后才开始学习翻译。这样一来，考非所用，用非所考。因此，徐阶建议今后只招收各译馆属官名下的子弟，对属官推荐的年龄资质相符者进行翻译考试，成绩合格者招收入馆学习。这是四夷馆首次将番文列为招考项目②，体现了四夷馆作为翻译人员培养机构的考试特点。四夷馆对学生的语言基础进行考查，这实际上是为了保证生源的质量，提高了译字生的入学门槛。

为了体现考试的公正与公平，四夷馆还实行了教考分离制度。据《增定馆则》卷十二"嘉靖四十五年正月题选译字生稿"条载：

> 查得先年试法甚疏，致通关节，且止考以七言绝句诗一首，既系成语，则或有预拟而暗合者。合于考试之日，严加搜检，封锁防范，前后不得相通。其试字不用旧句，临时杂出汉文三十字，令译番文。仍设弥封官一员，卷完时先行弥封，然后送看。预行各馆教师先将番文底本送部，以凭验封。其考试之日，各教师俱于部中别所封锁，待取定进呈之时放出，令其参验，庶免差讹。③

起初四夷馆对考试环节的要求并不十分严格，而且内容较为简单，只考七言绝句诗一首，因此会有学生猜中题目的情况。为了体现考试的公平性，朝廷规定考试当天要严格检查学生的随身物品，考试时不能交头接耳。考试题目不用旧诗，而是临时出题让学生翻译。考试完毕后设专人对试卷进行封存送审。各馆教师在考试之前需先提交番文底本，作为批阅试卷的依据。考试结束后教师可以参与阅卷。四夷馆实行的教考分离制度有利于提高翻译教学质量，检验译字生的学习成效，评价教师的教学效果，与科举考试的八股文相比，这无疑是进步的。此外，鉴于

---

① 吕维祺等：《四译馆增定馆则》，《续修四库全书》第749册，上海，上海古籍出版社，2002，第588页。
② 高晓芳：《晚晴洋务学堂的外语教育研究》，北京，商务印书馆，2007，第36页。
③ 吕维祺等：《四译馆增定馆则》，《续修四库全书》第749册，上海，上海古籍出版社，2002，第589页。

语言教学的特殊性，四夷馆考试强调番语和汉语的互译，而没有涉及性理道德方面的内容，这与国学、儒学、武学、宗学是完全不同的①。

万历三十一年(1603)朝廷对四夷馆招生考试的内容进行了细化。据《增定馆则》卷十二"万历三十一年五月题选译字生稿"条载：

> 查得九馆所习番文各异，而注以汉字亦互相有无，若一体考译，则有无其字者，将何以应？合于考试之日，公同于九馆番文底本内揭出一段，令其译写。又各馆事务繁简不同，亦难一概均取。合于事繁者多取数名，事简者少取数名。如有一馆无人习学者，则于别馆当取有余之数补之，令入馆之后改习其业，仍于考卷首行明写某馆译字，以便稽查。②

由于各馆所学番文不同，对应的汉字也不完全一样，如果统一出题考试，当番文没有对应汉字时，则无法校对。因此，朝廷规定考试时分别从各馆译字生所学番文底本中选出一段文字进行翻译。由于各馆事务繁简有别，招收译字生的人数也不相同，当个别译馆人数不足时可以从其他译馆调剂。四夷馆针对不同番文的特点分别拟定考试题目的做法符合语言学习的规律，招生后根据各译馆的实际情况对招生人数进行调整，可以弥补招生过程中的不均衡性，按需培养各语种的翻译人才。

(二)日常考试

语言学习是个循序渐进的过程，为了巩固并强化学生的记忆，日常考试显得非常重要。四夷馆在翻译教学过程中充分贯彻了这一理念，学生入馆之后，"日有课，月有试，季有考"。据《春明梦余录》卷五十二"四译馆·大学士高拱议补译字生疏"条载："查得旧例，考选入馆之后，提督官四季考试，欠精者责打二十。"③可见，四夷馆对考试成绩不佳的译字生严厉责罚。据《增定馆则》卷四"训规"载：

> 每进馆日，照先年批准教规，馆师将所教译字官生考验所授仿课，并背讲诏敕、来文、馆考等书。荒疏者量责，怠惰不

---

① 李国钧，王炳照主编，吴宣德著：《中国教育制度通史·第四卷·明代》，济南，山东教育出版社，1999，第435页。
② 吕维祺等：《四译馆增定馆则》，《续修四库全书》第749册，上海，上海古籍出版社，2002，第592页。
③ 孙承泽：《春明梦余录》，北京，北京古籍出版社，1992，第1087页。

习者重责。

各馆教师遵照旧例，每月将所教译字生考试，分别等第。托病不到者，记旷革食，并将所考试卷等第及不到姓名呈堂存案，以备岁参。

旧例每季官生一考，分别等第，因赏资无办，遂致废。阁今议仍复旧制，每年春秋各季考一次，分别等第。一等者备优送内阁用，二等、三等者为平常，四等者量行责治，屡次四等者会考之日，酌量裁抑。①

译字生进馆之后，由教师进行测验，需要背诵诏书、公文、馆考等内容，生疏者酌情责罚，怠惰不学者重罚。每月由教师对译字生所学的内容进行考试，给出成绩等级。托病不参加考试者记为旷课，扣除公粮。考试结束后将试卷、成绩及姓名备案，作为年终考评的依据。旧例每季度末要对译字官生进行考试，评定等级，这种惯例曾一度被废止。后来仍然恢复季考制度，每年春秋两季对学生考试，成绩一等者为优秀，送内阁备用，二等、三等者留在馆内学习，四等者酌情责罚，屡次考试成绩均为四等者酌情黜退。

（三）晋升考试

四夷馆不仅是教育机构，也是翻译机构，译字生学有成效后留在馆内进修的同时负责翻译朝廷的往来文书。译字生考试成绩优秀者可以晋升为朝廷正式官员，因此需要制定确保朝廷选用优秀人才的晋升考试制度。明朝廷规定，译字生学习满一定期限后，参加礼部与翰林院等相关部门举行的会考，成绩优秀者晋升为译字官，从此踏上仕途。相关内容已经在第四章第二节中详细论述，此处不再赘述。从宣德（1426～1435）年间到嘉靖（1522～1566）年间，四夷馆先后七次对译字生的考试制度进行了改革。详细情况如下：宣德九年（1434），"选习四夷译书学生。……人月支米一石，光禄寺日给饭食。习一年，能书者与冠带，惰者罚之，全不通者黜之"②。正统元年（1436），改为"考中一等者冠带，为译字官，又一年再考中，授职"③。景泰四年（1453），下令"送馆习学三年，依例

① 吕维祺等：《四译馆增定馆则》，《续修四库全书》第749册，上海，上海古籍出版社，2002，第541页。
② 《明宣宗实录》卷一百十二，梁鸿志1941年影印江苏国学图书馆传抄本，第8页。
③ 申时行：《大明会典》卷二百二十一，明万历刻本，第14页。

考试，中式者授以译字官，不中者仍令习学，以待再试"①。弘治三年
(1490)，规定"子弟不许别图出身，三年后考中食粮，月给米一石，又三
年考中冠带，为译字官，又三年考中，授序班职事，初试不中者许再试，
三试不中者黜退为民"②。弘治八年(1495)，规定"子弟有愿科举者，考
送顺天府应试"③。嘉靖元年(1522)，改为"习学三年，考不中者径黜为
民；六年冠带，不中者给以冠带荣身；九年授职，考不中者授以应得职
事，俱令回籍闲住，免其终身差役。其有资禀年岁相应、量终有成者，
听翰林院酌量，方许再试"④。嘉靖二十一年(1542)，规定"初试，译业
精通者，照例食粮，习学办事。译业粗通、资禀年岁尚堪策励者，姑送
馆习学，不许食粮，候三年满日再试。其译字差谬，习学无成，畏避考
试，临考不到，与未经起送，及原系纳贿夤缘者，俱革黜为民"⑤。

为了保证考试质量，朝廷对会考过程的监督也非常严格。据《增定馆
则》卷十三"起送考粮题稿"载：

> 合照先年事例，引赴午门里，听翰林院出题，会同六部并
> 都察院堂上官、翰林院掌印官及谙晓译字官考试。合用监察御
> 史二员监试，锦衣卫量拨官较看守。试毕将考试过等第缘由另
> 行奏请定夺。⑥

译字生参加会考时，首先被带至午门内，由翰林院出题，六部与都
察院堂上官、翰林院掌印官以及精通翻译的译字官共同进行考试，由两
名监察御史监督考试过程，锦衣卫派专人看守。考试结束后，由专人将
考试过程、名次等另行上报。从上述管理措施可见，四夷馆不同于当时
以私塾、书院等为主体的学校教育，更不同于有"教"而无"考"的中国传
统家庭教育⑦。

---

① 《明英宗实录》卷二百三十二，梁鸿志 1941 年影印江苏国学图书馆传抄本，第 10 页。
② 申时行：《大明会典》卷二百二十一，明万历刻本，第 14 页。
③ 申时行：《大明会典》卷二百二十一，明万历刻本，第 14 页。
④ 吕维祺等：《四译馆增定馆则》，《续修四库全书》第 749 册，上海，上海古籍出版社，
　 2002，第 600 页。
⑤ 申时行：《大明会典》卷二百二十一，明万历刻本，第 15 页。
⑥ 吕维祺等：《四译馆增定馆则》，《续修四库全书》第 749 册，上海，上海古籍出版社，
　 2002，第 604 页。
⑦ 田正平：《中外教育交流史》，广州，广东教育出版社，2004，第 93 页。

五、行为规范

没有规矩不能成方圆，良好的行为规范对形成良好的学风起到十分重要的作用。明朝廷对译字生的行为规范要求非常严格。据《增定馆则》卷十五载："每日诸生俱各早起赴馆习业，或掣签不到，或背书生疏，课仿不备并执事误者，除痛责外，每月终通查卯簿，如旷业日久，私自逃回，各照教规事理惩治，扣除饭食月粮参问，作旷施行。"①译字生每日清晨必须进馆学习，如有不到者或因背书生疏而耽误公务者，将给予严厉惩治。

嘉靖十七年(1538)，四夷馆制定了一系列行为规范，要求译字生严格遵守。据《增定馆则》卷十五载：

> 诸生各宜遵承师调，□□□矩毋得傲慢不恭，有□礼法。
>
> 诸生每日辰初入馆受业，升堂后厅掣签看课背书，候击梆散馆，不许先□违者馆长纠举。
>
> 诸生当以孝悌、忠信、廉耻为先，毋得佚游放纵，传□饮酒□□行检。
>
> 诸生正衣冠肃威仪，不许亵衣小帽出入馆门升堂，不许穿鞋在馆，不许喧哗谈笑，违者馆长纠举。
>
> 序立班次务要端肃整齐，不许紊乱喧哗，违者馆长纠举。
>
> 诸生在途遇九馆师长，必当端拱立俟其过，及遇公卿达官，敬谨回避，毋得越礼冲突。
>
> 九馆诸生乃同门朋友，务要道义相与，德业相劝，过失相规，谦恭和美，毋因小忿以伤友道。②

朝廷要求译字生必须做到以下事项：尊敬师长，每日进馆学习，不早退；孝敬父母，讲信用，知廉耻，不放纵游荡，不饮酒作乱，行为检点；衣冠整洁，不喧哗吵闹；路遇师长，必须恭敬站立，等其通过，才能行走；遇到达官贵人，要恭谨回避，遵守礼法规矩；要互相帮助，互相勉励，互相约束，团结友爱，不能因为矛盾而伤害友情。

---

① 吕维祺等：《四译馆增定馆则》，《续修四库全书》第749册，上海，上海古籍出版社，2002，第640页。

② 吕维祺等：《四译馆增定馆则》，《续修四库全书》第749册，上海，上海古籍出版社，2002，第639页。

崇祯(1628～1644)初年，由于四夷馆纪律涣散，时任提督官的吕维祺再次上奏，建议严申纲纪。据《增定馆则》卷四"训规"载："诸生升堂，务要整齐严肃，登则鱼贯而上，降则卷班而下，如有嬉笑乱次，呼唤不应者责。"①译字生进入译馆要整齐严肃，入馆时要依次进入，退馆时要顺序退出，如有嬉笑打闹，扰乱秩序或是点到未应者，要给予处罚。

为了规范考试制度，朝廷还对四夷馆的考试礼仪进行了规定。据《增定馆则》卷十"仪注"载：

> 验课仪节　本堂升堂毕，掣签验课，诸生持课置几上，一揖，或验课或面试。事毕，候赏罚，总一揖而退。
>
> 月考仪节　每月十六日月考，本馆诸生各执试卷序坐，听师出题。试毕，定名第，呈堂。
>
> 季考仪节　季考先数日本堂出示，先三日十馆诸生各备一色试卷，面写某馆译字生某人投递，委厅弥封钤印，用"天、地、玄、黄、宇、宙、洪、荒、日、月"十字编号，每馆一字，上用浮签。仍用号簿一扇，开写某号某人，先一日交桌凳编号，隔十馆序坐。封门毕出题，交卷毕齐散。发案之日，一等数名，送阁候用，余者以次发落。②

译字生日常考试的程序是：提督官上堂后，抽签决定考试内容。译字生将课本置于桌上，对提督官行礼后，由其抽查学习内容。考试结束后，听候赏罚，共同行礼退下。月考的程序是：每月十六日进行月考，译字生各持试卷，按顺序就坐，听候教师出题。考试结束后，教师将成绩报送提督官。季考的程序是：季考前数日由提督官通知译字生，临考前三日，各准备统一试卷，写上馆别姓名，由职掌部门盖章封存，用"天、地、玄、黄、宇、宙、洪、荒、日、月"十字编号，每馆一字，上面贴上纸签，在记录簿上登记编号姓名，考试前一日，上交桌椅编号。考试当天，按顺序就坐，大门关闭后发放试题，交卷后解散。公布成绩之日，一等者送内阁备用，其余人员按考试名次进行安排。

---

① 吕维祺等：《四译馆增定馆则》，《续修四库全书》第 749 册，上海，上海古籍出版社，2002，第 541 页。

② 吕维祺等：《四译馆增定馆则》，《续修四库全书》第 749 册，上海，上海古籍出版社，2002，第 538 页。

第三节　教学内容与方法

　　教学内容是为实现教学目标要求学生系统学习的知识与技能的总和。教学方法是教师为实现教学目标，完成教学任务，在教学过程中运用的方式与手段的总称。为了培养朝廷对外交往中的翻译人才，四夷馆根据需要制定了教学内容，并且针对翻译人员的不同工作特点，采取了不同的教学方法。

一、教学内容

　　如前所述，明朝廷设立四夷馆是为了适应日益频繁的对外交往活动，译字生学成之后负责朝廷往来文书的翻译。此外，四夷馆的设立也是国防的需要，便于让朝廷及时了解周边信息，做出正确应对。因此，在教学过程中译字官生不仅要掌握常用字、词、句的翻译，还需要了解对象国的风土人情。四夷馆的教学正是围绕上述内容展开的。

　　（一）杂字

　　四夷馆设立之初，译字生主要学习杂字，即常用字的翻译。朝廷将对外交往中使用的常用字词按照天文、地理、时令、花木等门类编辑成教材。这种分类标准沿袭了洪武十五年（1382）明太祖朱元璋命火原洁等主持编修的《华夷译语》中的分类方法。据《明太祖实录》卷一百四十一"洪武十五年正月丙戌"条载：

　　　　命翰林院侍讲火原洁等编类《华夷译语》。上以前元素无文字，发号施令，但借高昌之书制为蒙古字，以通天下之言。至是，乃命火原洁①与编修马沙亦黑等，以华言译其语。凡天文、地理、人事、物类、服食、器用，靡不具载。复取《元秘史》参考，纽切其字以谐其声音。既成，诏刊行之。自是，使臣往复朔漠，皆能通达其情。②

　　明太祖让翰林院侍讲火原洁与编修马沙亦黑等编辑《华夷译语》，用

---

①　一说为"火源洁"。《明太祖实录》及焦竑《玉堂丛语》、郑晓《今言》、黄佐《翰林记》等明人笔记中均记为"火原洁"，但洪武本《华夷译语》序文及《永乐大典》等文献中记为"火源洁"。本书除引文原记为"火源洁"之外，正文内容均因袭《明实录》记为"火原洁"。

②　《明太祖实录》卷一百四十一，梁鸿志1941年影印江苏国学图书馆传抄本，第3页。

汉字翻译蒙古字，包括天文、地理、人事、物类等门类，参照《元秘史》的内容进行校对。此书编辑完成后，明太祖下令刊行。此后使臣往来北方沙漠地带，都能够通晓语言文字。

四夷馆设立之后，译字生学习的课本也称为《华夷译语》，一般称为永乐本或四夷馆本《华夷译语》，其中收录了杂字与来文。关于明代《华夷译语》的编撰以及四夷馆本《华夷译语》的内容将在第六章详细论述。

（二）诏敕与来文

如前所述，译字生进入四夷馆学习一段时间后，经考试成绩合格者晋升为译字官，留在馆内继续进修并负责翻译朝廷的往来文书。四夷馆的教学内容除了杂字之外，后来还增加了诏敕与来文。据《增定馆则》卷十五载：

> 提督四夷馆少卿郭鋆为申严训规以图成效事，……学以适用当务为急，考之往昔专工一切番汉杂字而不及诏敕、来文，恐殊非急务。今后务将三者并行肄习，如正月习诏敕，则次月习来文，又次月习杂字，每季一周□为循环。庶蕴籍该括，日计不足岁计有余，久久浃洽文义通贯，而学不堕于一偏矣。①

嘉靖二十一年（1542），四夷馆提督官郭鋆上奏说，四夷馆的译字生学以致用是当务之急。以往译字生只学习常用字而不涉及诏书及表文的翻译，今后一定要三者并行。例如，正月学习翻译诏书，二月学习翻译表文，三月学习翻译常用字，以每季度为周期循环往复。这样才能融会贯通，翻译文书时不至于出现偏误。四夷馆将译字生学习的内容从杂字扩大到诏敕与来文，三者交替进行，对于提高译字生的翻译水平是非常有利的。

（三）其他

译字生除了学习常用字、诏书以及来文的翻译之外，还需要学习四夷馆的建置沿革以及对象国的风土人情等知识。据《增定馆则》卷四"训规"载：

> 每进馆日，照先年批准教规，馆师将所教译字官生考验所

---

① 吕维祺等：《四译馆增定馆则》，《续修四库全书》第749册，上海，上海古籍出版社，2002，第640页。

授仿课，并背讲诏敕、来文、馆考等书。荒疏者量责，怠惰不
习者重责。

　　每候本堂进馆日，升堂后间行掣签，考验各生杂字书课，
不能书写背讲者责惩。①

　　译字生进馆后，教师将定期对其所学知识进行抽查，也包括馆考等
内容，提督官进馆时也将测试译字生的学习，课业荒疏者将被责罚。

　　如前所述，万历六年(1578)朝廷设立暹罗馆。时任四夷馆提督官的
王宗载非常关心暹罗馆的发展，他在《四夷馆考·自序》中提到："余承乏
提督，会暹罗使者来庭，始辟馆授译。课业少间，辄进吏使而询之，具
述彼国之山川、道里、食货、谣俗，如在掌股间。"②暹罗馆设立之后，
王宗载经常让属官在课余时间询问暹罗使者有关暹罗国的地理、经济、
风俗等情况，并全部记录在案。可以推知，除了常用字句的翻译之外，
其它国家与地区的风土人情也是四夷馆的教学内容之一。此外，明代官
员编撰的外邦考略，如钱古训的《百夷传》、郑晓的《四夷考》、张燮的《东
西洋考》等都有可能成为四夷馆的教学参考书目。

二、教学方法

　　四夷馆内除了在馆学习的译字生之外，还有在馆内进修的译字官以
及参与翻译、教学事务的通事。译字官生专攻笔译，通事专攻口译，两
者分工不同。明朝廷针对翻译人员的不同特点，采取相应的教学方法。
嘉靖(1522~1566)年间，大学士徐阶上奏说：

　　臣等窃惟通事之设，上以宣明华夷一统之分，下以侦察来
夷诚伪之情，必须谙习其声音，而后能周知其意向，比之译字
官生，原不相同。盖译字以能译其文为业，而通事以能通其语
为职者也。节年相承，必试以字者，良以声音易混而字画有迹，
可以旌别耳。然夷语有音而或无其字，译书有字而未尽其音。
且今考试题字只依各夷译书，而夷考其书，本以中国之人审问
夷语，既未能无误，而自该边或本国转相抄写，亦不免渐失其
真。今虽所试字画尽无讹谬，终不适用，徒为弥文。所据各馆

① 吕维祺等：《四译馆增定馆则》，《续修四库全书》第749册，上海，上海古籍出版社，
2002，第541页。
② 王宗载：《四夷馆考》，民国十三年(1924)东方学会印本，第1页。

通事官生，固不在能译其字而已。但夷种有东西南北之异，而
夷语有喉舌齿唇之分，非可强解而骤通者，必立师以教之，而
又积以岁月，庶几可以渐入。①

徐阶认为设置通事是为了传达天子一统天下的意愿，了解朝贡者的
真诚与否，因此通事必须谙熟其他国家与地区的语言，才能够尽知其意
向，这与译字生是不同的。译字生要翻译文字，通事要精通语言。由于
各国地理位置不同，语言发音各异，因此学习语言不能一蹴而就，必须
选定教师教授，学生经过长时间的学习才能够掌握。

可见，徐阶看到了口译人员与笔译人员的工作差异与学习要点，同
时也认识到学习语言是个循序渐进的过程，这在当时是难能可贵的。因
此他建议说：

> 合无于各馆中视人数多寡，抡选年深通事了晓夷语者一二
> 人，立为教师。不分有无夷人，每日黎明时进馆，督率各馆通
> 事人等，演说夷语。或其中有未能尽晓者，遇有该边原来伴送
> 通事，许各馆教师备细询访，务求通晓，音字不差。……合无
> 行令提督主事置立卯簿一扇，每五日令各馆官生齐赴画卯。如
> 有不到者，明书各员名之下。每月朔望，教师引领生徒将所习
> 译书抽试数字，夷语演说一遍。遇有夷人到馆，则卯入酉出，
> 时刻不许擅离，不在五日之例。提督官于季终将卯簿封呈本部，
> 以一季考，兼论其勤怠，岁终备开考语，封呈本部，以待三年
> 通考其廉污。本部季考及三年通考之时，必合字与音相兼
> 考校。②

徐阶建议根据各译馆人数的多少挑选谙晓番语的资深通事定为教师，
每日清晨进馆率领其他通事人员练习讲说番语。遇到有伴送使者前来的
通事，允许教师详细咨询，做到语音文字全部正确。提督官制备点名册，
每五日让官生进馆签到，如有不到者，记录在案，每月初一、十五日教
师对所学内容进行抽测。遇到有使者前来朝贡，官生要卯时（早晨五点到

---

① 徐阶：《徐文贞公集》，陈子龙等辑：《皇明经世文编》卷二百四十五，《续修四库全书》
　第 1658 册，上海，上海古籍出版社，2002，第 527 页。
② 徐阶：《徐文贞公集》，陈子龙等辑：《皇明经世文编》卷二百四十五，《续修四库全书》
　第 1658 册，上海，上海古籍出版社，2002，第 527 页。

七点)进馆,酉时(下午五点到七点)退馆,不许擅自离开,提督官每季度末将点名册送呈礼部,作为年终考评的依据。季考以及三年后会考时,必须同时对文字与语音进行考查。可见,徐阶建议根据口译人员的特点进行教学与考查,必须语言与文字并重。这与之前割裂口译与笔译,分别进行语言与文字教授的教学方法相比无疑是进步的。

四夷馆除了必要的语言知识教学之外,还非常重视让译字生进行翻译实践,在实践中训练翻译技能是四夷馆教学的特点之一①。四夷馆的教学以口授为主,对于相关地区、民族、国家的山川地理、风土人情等主要采用口授方式教学。据《古今图书集成·方舆汇编·边裔典》第十卷,"边裔总部·总论一·图书编·外四夷馆考总叙"条载:"虽数十年后,籍记无征,而为之徒者犹能忆其师说,不烦考镜。"②数十年之后,四夷馆内虽然已经没有典籍可以参考,但译字官生仍能清楚记得当时教师传授的内容。当缺少教师教授时,则以自学为主。据《国朝列卿纪》卷一百三十七"四夷馆卿行实"条载:"时四夷文字体各地殊,八馆诸生学无师授,乃征求故译,考证诸文,以成一家之学,以通远人之情。"③明朝著名文学家边贡于嘉靖六年(1527)提督四夷馆。由于四夷文字不同,又没有教师教授,边贡便要求译字生收集考校以往的译文自学。

小　结

本章对明代四夷馆的教学目标、教学管理制度、教学内容与方法等问题进行了考察。明朝廷对四夷馆的教学目标提出了明确规定,要求译字生既要精通番语文字又要谙熟传统儒学。为了规范招生制度,不仅对教师推荐世业子弟的环节进行严格审查,还严厉打击招生过程中的请托行为。明朝廷对译字生的日常管理非常严格,制定了详细的考勤制度。四夷馆不同时期对译字生的招考要求也不相同。设立之初主要对招生年龄有所限制,正德(1506~1521)年间主要考查语文、数学等基本科目,嘉靖(1522~1566)中期以后开始将翻译列为招生考试的内容,并且实行了教考分离制度,万历(1573~1620)年间对译字生的考试内容进行了细化,不同译馆考试内容也不相同。

①　张美平:《教习译写番字,事虽轻而干系重——明代四夷馆翻译教学述略》,载《中国科技翻译》,2011年第2期

②　陈梦雷:《古今图书集成》第209册,上海,中华书局,1934,第44页。

③　雷礼:《国朝列卿记》卷一百三十七,明万历刻本,第5页。

　　译字生进入四夷馆后，"日有课，月有试，季有考"。明朝廷对译字生的行为规范要求非常严格，还对考试礼仪进行了规定。不同时期译字生的学习内容有所不同。四夷馆设立之初，译字生主要学习杂字，后来增加了诏敕与来文，此外还要学习四夷馆的馆制沿革以及对象国的风土人情等相关知识。四夷馆针对译字官生从事翻译工作的不同特点，教学方法也不相同，在实践中训练翻译技能是四夷馆教学的特点之一。

第六章　四夷馆的教材

　　教材是根据教学目标和实际需要编辑的供教师和学生用来进行教学活动的材料。《华夷译语》是四夷馆使用的主要教材，这早已被国内外学者所证实。《华夷译语》有广义与狭义之分，广义的《华夷译语》是指明代编撰的诸蕃语言与汉语的对译辞书，狭义的《华夷译语》指明洪武(1368～1398)年间编撰的《华夷译语》①。学界一般将明代的《华夷译语》分为甲、乙、丙三种版本，也被称为洪武本、永乐本(四夷馆本)、会同馆本。甲种本是指洪武十五年(1382)明太祖命火原洁与马沙亦黑编撰的蒙汉对照的分类词汇集《华夷译语》；乙种本是指永乐五年(1407)四夷馆设立之后，由各译馆编撰的作为四夷馆教材的《华夷译语》；丙种本是指明末茅瑞征辑录的番汉语言对照分类词汇集，被用作会同馆教材的《华夷译语》。除了《华夷译语》之外，四夷馆应该还有其他辅助教材。例如，鞑靼馆曾将原来用畏兀儿体蒙古文书写的《元秘史》用汉字加以注音并译成汉文作为教材②。此外，万历(1573～1620)年间曾任四夷馆提督官的王宗载编撰的《四夷馆考》是一部教学参考书，类似于今天英语专业大学生使用的《英美概况》、《中英中美关系史》等教材，这也是学习语言必备的指导书③。

第一节　明代的《华夷译语》

　　"译语"是指汉字与其他各族文字的互译，元朝时已经有各国译语的汇编，称为《华夷译语》。明朝的不同时期、不同部门分别编撰了不同类型的《华夷译语》，分别被称为洪武本、永乐本(四夷馆本)、会同馆本。洪武本《华夷译语》继承了元朝译语的编写体例，明朝其他版本的《华夷译语》是在洪武本的基础上编辑完成的。

---

①　乌云高娃，刘迎胜：《明四夷馆"鞑靼馆"研究》，载《中央民族大学学报》，2002年第4期。
②　何忠礼：《中国古代史史料学》，上海，上海古籍出版社，2004，第172页。
③　张文德：《王宗载及其〈四夷馆考〉》，载《中国边疆史地研究》，2000年第3期。

一、洪武本《华夷译语》①

明朝建立以后，明太祖朱元璋非常重视对元朝历史的总结，不仅下令让大学士宋濂组织人员编撰《元史》，而且为了深入研究元朝的历史，充分利用元朝的文献资料，还命令人员编写蒙汉辞典。洪武本《华夷译语》是洪武十五年(1382)明太祖命火原洁、马沙亦黑②等编撰的蒙汉对译辞典，只有蒙古译语一种，包括汉字、汉字音译蒙古语，但没有蒙古语原文。有学者指出洪武本《华夷译语》是在明初排斥胡风、发扬汉文化主义时代的产物，因而概不用胡字，而是以汉字写胡语③。据《明太祖实录》卷一百四十一"洪武十五年正月丙戌"条载：

> 命翰林院侍讲火原洁等编类《华夷译语》。上以前元素无文字，发号施令但借高昌之书，制为蒙古字以通天下之言。至是，乃命火原洁与编修马沙亦黑等，以华言译其语。凡天文、地理、人事、物类、服食、器用，靡不具载。复取《元秘史》参考，纽切其字以谐其声音。既成，诏刊行之。自是，使臣往复朔漠，皆能通达其情。④

蒙古族起初并没有文字，后来成吉思汗下令借助高昌文字创制了蒙古文字。洪武十五年(1382)，明太祖命翰林院侍讲火原洁与编修马沙亦黑等依类编撰《华夷译语》，用汉语翻译蒙古语，分为天文、地理、人事等门类；又用《元秘史》作为参考，校对蒙古文字的发音。

日本学者石田干之助指出，元世祖至元(1264～1294)年间所编的《至元译语》是同类"译语"中最早的一种，成为在其后编撰的明洪武(1368～1398)年间的《华夷译语》在内的汉蒙或蒙汉对译语汇辞书的先驱⑤。可见，洪武本《华夷译语》沿袭了元代《至元译语》的编撰体例，这种字书继

---

① 布日古德在《〈华夷译语〉(甲种本)音译汉字研究》(北京，中国社会科学出版社，2012)中对洪武本《华夷译语》的音译汉字的使用特征、变迁规律以及与《蒙古秘史》的内在联系进行了详细的研究。

② 一说并非人名，而是尊称，意思是"回回大师众长者"。参见金占祥：《"马沙亦黑"是尊称不是人名》，载《中国穆斯林》，1995年第1期。

③ 贾敬颜，朱风：《蒙古译语·女真译语汇编》，天津，天津古籍出版社，1990，第402页。

④ 《明太祖实录》卷一百四十一，梁鸿志1941年影印江苏国学图书馆传抄本，第3页。

⑤ 参引自乌云高娃：《日本学者对明"四夷馆"及〈华夷译语〉的研究状况》，载《中国史研究动态》，2002年第6期。

承了北朝时代以汉字"录写本言",再加汉字释义的古老传统,是一种特殊形式的双语对译字典①。《至元译语》又称《蒙古译语》,《永乐大典》载《蒙古译语》一卷,记录说:"不著撰人名氏。前有自序称:'言语不通,非译者无以达其志。今详定译语一卷,好事者熟之,则问答之间,随叩随应,而无鲠喉之患'云云。似乎元代南人所记。然其书分类编辑,简略殊甚,对音尤似是而非,殊无足取。"②《永乐大典》中记载说《至元译语》的编者不详,内容分类编辑,非常简略,语音记录不准确,没有很大的参考价值。

又据《永乐大典》载《华夷译语》一卷,记录说:

> 明洪武二十二年,翰林侍讲火源洁奉敕撰。钱曾《读书敏求记》作史源洁,字之讹也。前有刘三吾序称:"元初未制文字,借高昌之书,后命番僧造蒙古字,反复纽切,然后成文,繁复为甚。翰林侍讲火源洁,乃朔漠之族,遂命以华文译之。声音谐和,随用各足"云云。其分类编辑,与《蒙古译语》略同,而差为详备。然粗具梗概,讹漏孔多。钦定《元国语解》,已有成书,源洁此编,直付之覆瓿可矣。《读书敏求记》又别载《华夷译语》二卷,云为回回馆所增定。今虽未见其本,然明人於翻译之学,依稀影响,十不得一,其书亦可想像而知也。③

洪武二十二年(1389),火原洁奉命编辑完成《华夷译语》,分类体例与《至元译语》大致相同,内容比《至元译语》详细,但也只是粗具梗概且错误较多。因为之前已有《钦定元国语解》,所以一般认为此书价值不高。《读书敏求记》中收录的二卷本《华夷译语》据说是"回回馆"后来增订的。

其实,洪武十五年(1382)火原洁编撰的《华夷译语》还是很有史料价值的。《涵芬楼秘笈》第四集《华夷译语》、贞节堂袁氏抄本《华夷译语》以及《国朝典故》卷一百十所载《华夷译语》的底本都可以追溯到洪武十五年(1382)的《华夷译语》④。洪武本《华夷译语》书前有翰林学士、奉议大夫刘三吾所作序文,落款时间为"洪武二十二年冬十月十五日",可以推知

---

① 刘迎胜:《〈回回馆杂字〉与〈回回馆译语研究〉》,北京,中国人民大学出版社,2008,第5页。
② 永瑢:《四库家藏·经部典籍概览(二)》,济南,山东画报出版社,2004,第853页。
③ 永瑢:《四库家藏·经部典籍概览(二)》,济南,山东画报出版社,2004,第853页。
④ 张双福:《〈华夷译语〉研究》,载《内蒙古社会科学》,1994年第5期。

此书的刊行时间为洪武二十二年(1389)十月左右。从卷首刘三吾所写序文可以看出作者编撰此书的用意,"以其书一字数毋反复纽切,然后成文,繁复为甚,顾以中国无穷之字,全备之音,岂不足以译之"[①]。使用汉字准确标出番语发音,通过对照此书达到完全翻译番语的目的。也就是说,此书相当于一部番语辞典,是我国工具书史上第一部正规的蒙汉辞典[②]。

洪武本《华夷译语》不分卷,内容分为词汇与例文两部分,正文前有序文及凡例六条。从序文中可以看出明朝廷编辑《华夷译语》的目的所在,即实现华夷语言互通,最终完成天下一统。

　　　臣惟华夷之分,其来尚矣。列圣相传,终莫能一,何者?圣人之心,非不欲一之也。奈何人言异,风俗殊,势有所不可。人言既异,则教化不能通;教化不能通,则其风俗何从而变?是以其俗礼义不知,彝伦不叙,稽诸方册,自古为然。观者目羞,听者耳辱,况亲历其地者乎?中国圣王外之者以此。昔宋运告终,天命元君入主中国。其俗专骑射,尚杀伐,素无文字。以发号施令非文字不传,故借高昌之书为本俗之典。厥后复令番僧造蒙古字,声教内外,意皆不足。然其恩威法令终夫九十三年,惟华言是从而书独异者,其猜防之心有在也。钦惟皇上受天明命,君主华夷,迩来四海一家,胡人悉附。思夫天生兆民,立之君师,有教无类。教之者必始于通言语,通其言语非变更其书不可。以其书一字数母反复纽切,然后成文,繁复为甚。顾以中国无穷之字,全备之音,岂不足以译之?第未得兼通者耳。翰林侍讲臣火源洁乃朔漠之族,生于华夏,本俗之文与肩者罕,志通中国四书,咸明其意。遂命以华文译胡语,三五堆垛而其字始全,该对训释而其义始明,声音和谐,随用各足,俾辑录刊布焉。惟五方之人,言语不通,嗜欲亦异,故成周有象胥之官,以达彼此之情。方今天下同文同轨,皇上推一视同仁之心,经营是书,以通言语,以达志意。将见礼乐教化四达而不悖,则用夏变夷之道,端在是矣。岂日小补之哉?洪武二十二年冬十月十五日翰林学士奉议大夫兼左春坊左赞善臣

---

① 《华夷译语》,《涵芬楼秘笈》第4集,浙江大学西溪校区图书馆藏影印本。
② 李志跃:《明初南京出版的工具书〈华夷译语〉述略》,载《江苏图书馆学报》,1999年第3期。

刘三吾谨序。①

　　序文首先提出由于语言文字不同，政教风化不通是形成"华夷之分"的根本原因。其次，指出蒙古政权虽然借助高昌文字创制了蒙古文字，但在发号施令、官民交流时仍然使用汉语，说明其创制文字主要是为了防范汉人。最后，提出为了实现华夷互通，天下一统，必须通晓夷语文字。从序文中可知，火原洁原是蒙古族人，在中原长大，精通蒙汉双语，而且儒学功底深厚，的确是编辑《华夷译语》的不二人选。

　　《华夷译语》收录的词汇分为天文、地理、时令等 17 个门类，共收录蒙汉对译词汇八百余条，编写原则是"以华文译胡语，三五堆垛而其字始全，该对训释而其义始明，声音和谐，随用各足"②。即用记音直译的方法，用汉字音译蒙古语，并力求音韵和谐。序文后的凡例提供了音译汉字难以表达的蒙古语音的具体方法，即当汉字与蒙古语的音节在发音上不完全相同时，用"中"、"舌"、"丁"、"勒"、"黑"、"卜"等字标注在相应的汉字旁边，标明发音特点。这种方法为后世用汉字语音标注其他语言提供了标注规范，也为我们提供了使用汉字为蒙古语标音的体例，是研究《元秘史》标音以及复原古代蒙古语的参考材料③。但是此部《华夷译语》中的词汇并不能满足翻译蒙汉语言文字的需要，由于原文只有汉字以及用汉字标注的蒙古语音，却没有蒙古文字，因此只能作为口译的参考，不适用于笔译学习。

　　洪武本《华夷译语》中的例文选用了明朝廷与蒙古等地区的往来文书，这部分内容既是学习蒙古语的资料，也提供了蒙汉互译的范文。在当时来看，此书具备科学性与实用性，成为其后编写其他各馆译语的典范④。除官方编撰的《华夷译语》载有"鞑靼译语"之外，明人有传抄"鞑靼译语"的现象。如慎懋赏的《四夷广记》、王鸣鹤的《登坛必究》、茅元仪的《武备志》等明人文集中都收录有"鞑靼译语"⑤。从内容来看，作为诏敕、来文的翻译汇编，洪武本《华夷译语》的参考价值非常有限。诏敕部分用汉字标注的蒙古语音书写，附有字词对应的汉文意思，每句结束后译出汉文。来文部分只有汉字标注的蒙古语音以及对应的汉文字词意思，由于是逐

①　《华夷译语》，《涵芬楼秘笈》第 4 集，浙江大学西溪校区图书馆藏影印本。
②　《华夷译语》，《涵芬楼秘笈》第 4 集，浙江大学西溪校区图书馆藏影印本。
③　刘红军、孙伯君：《存世"华夷译语"及其研究》，载《民族研究》，2008 年第 2 期。
④　王雄：《明朝的四夷馆及其对译字生的培养》，载《民族研究》，1987 年第 2 期。
⑤　乌云高娃，刘迎胜：《明四夷馆"鞑靼馆"研究》，载《中央民族大学学报》，2002 年第 4 期。

字翻译，很多汉文的语序混乱，语意不明。

清末目录学家孙毓修为洪武本《华夷译语》作跋，内容如下：

> 《华夷译语》不分卷，明洪武十二年翰林侍讲火源洁译，经
> 厂刊本有刘三吾序，凡例六则，前半分天文等十七门，以类字，
> 后半载阿札失里等诏敕书状十二首。按：火源洁，本元人，仕
> 元。有朝鲜、琉球、日本、安南、占城、暹罗、鞑靼、畏兀儿、
> 西蕃、回回、满喇伽、女直、百夷十三国译语。元时有汇刻本，
> 亦名《华夷译语》。顾氏《日知录之余》卷四："上以前元素无文
> 字，但借高昌书制为蒙古字，以通天下语。至是，乃命翰林侍
> 讲火源洁与编修马沙亦黑等，以华言译其语，复取《元秘史》参
> 考，细切其字以谐其声音。既成，诏刻行之。自是，使臣往来
> 朔漠，皆能通达其情。"即谓此书。但今本无马沙亦黑名。马沙
> 亦黑即译西域天文书者，盖兼通蒙古文也。经厂书目载《增定华
> 夷译语》十一本，则明时固有二种，顾氏所见其增订本欤？语言
> 文字相辅而行，就史裁论，但得译成文义，以供编撰之资，固
> 不必问其传译之曲折也。以译书论，则必悉其原文而得其意。
> 《元朝秘史》湘中已有照元本刻出者，而元椠《华夷译语》并明人
> 毛寅、李广元诸人之十国译语则皆不可见，惟此本尚完好，急
> 为印行，与世之留心译事者共宝之。戊午春日无锡孙毓修跋。①

从上述内容可知，明朝存世的《华夷译语》有朝鲜、琉球、日本等 13
国译语，元朝时已经有各国译语的汇编，称为《华夷译语》。明朝时除了
《华夷译语》之外，还编有《增定华夷译语》，但存世完好的只有洪武本《华
夷译语》。顾炎武《日知录之余》卷四中曾提及此书，认为此书刊行之后成
为使臣学习的重要参考。此书编撰者之一马沙亦黑原是西域天文书籍的
翻译人员，精通蒙古文字。孙氏刊行此书，希望能够使其流传，为翻译
人员提供参考。

二、四夷馆本《华夷译语》②

四夷馆本《华夷译语》是永乐五年(1407)朝廷设立四夷馆之后，由各

---

① 《华夷译语》，《涵芬楼秘笈》第 4 集，浙江大学西溪校区图书馆藏影印本。
② 关于四夷馆本《华夷译语》的国内外研究概况参见聂鸿音，孙伯君：《〈西番译语〉校录及
汇编》，北京，社会科学文献出版社，2010。

馆编修的汉语与番语的对译辞典，是四夷馆翻译教学的主要教材，又被称为永乐本《华夷译语》。据日本学者石田干之助与田坂兴道研究，永乐本《华夷译语》（即四夷馆本）有 10 种抄本存世，分别是清末学者柯劭忞所藏明抄本、德国柏林国立图书馆所藏明抄本、英国剑桥大学图书馆所藏抄本、大英博物馆所藏明抄本、法国巴黎国民图书馆所藏清抄本、巴黎亚洲协会所藏抄本、日本东洋文库所藏明抄本、内阁文库所藏抄本、内藤湖南博士所藏抄本、神田喜之郎所藏抄本①。我国学者认为国内外现存四夷馆本《华夷译语》共有 11 种，分别是《鞑靼馆译语》（蒙古语）、《女直馆译语》（女真语）、《西番馆译语》（藏语）、《西天馆译语》（梵语）、《回回馆译语》（波斯语）、《百译馆译语》（傣语）、《高昌馆译语》（回鹘语）、《缅甸馆译语》（缅甸语）、《八百馆译语》（缅甸语）、《暹罗馆译语》（马来语）和《朝鲜馆译语》（朝鲜语）②。各种译语版本复杂，国内未见有完整收录③。

　　从四夷馆设立的译馆种类来看，上述《朝鲜馆译语》可能并非四夷馆本，而是会同馆本。如前所述，永乐五年（1407）四夷馆设立之初有鞑靼、高昌、"回回"等八个译馆，正德六年（1511）增设八百馆，万历七年（1579）增设暹罗馆，共计十馆。崇祯三年（1630）吕维祺增订的《四译馆则》中附有"十馆师生校阅姓氏"。可见从万历七年（1579）暹罗馆设立，到崇祯三年（1630）吕维祺增订《四译馆则》为止，四夷馆内一直维持十个译馆的规模，期间未见有裁革译馆或者增设朝鲜馆的记载。又据萧奭《永宪录》记载："顺治元年设四译馆。馆有十，曰：鞑靼、女直、回回、缅甸、百译、西番、高昌、西天竺、八百媳妇、暹罗。十五年，裁鞑靼、女直二馆。"④可知，清朝顺治元年（1644）设立四译馆时，依然沿袭明代四夷馆内十个译馆的规模，直到顺治十五年（1658）才裁革了鞑靼与女直二馆。

　　清末杰出的历史地理学家杨守敬曾在日本寻访到《华夷译语》的抄本。光绪六年（1880）杨守敬应驻日公使何如璋之邀，赴日充当随员。光绪二十三年（1897）杨守敬刊行了在日本访书期间所见到的各种珍秘古籍的知见录《日本访书志》，其中记载了《华夷译语》的相关信息，现抄录如下：

---

① 乌云高娃、刘迎胜：《明四夷馆"鞑靼馆"研究》，载《中央民族大学学报》，2002 年第 4 期。

② 刘红军、孙伯君：《存世"华夷译语"及其研究》，载《民族研究》，2008 年第 2 期。

③ 参见聂鸿音、孙伯君：《〈西番译语〉校录及汇编》，北京，社会科学文献出版社，2010，第 6～8 页。

④ 萧奭：《永宪录》，《清代史料笔记丛刊》，北京，中华书局，1959，第 12 页。

　　明茅伯符辑。首有朱之蕃《序》，称伯符领大鸿胪时所辑《四
夷考》，凡山川、道里、风俗、物产，无不备具。则此乃《四夷
考》中之一种，而标目直题《华夷译语序》，岂转钞者之所为与？
其书首朝鲜，次琉球，次日本，次安南，次占城，次暹罗，次
鞑靼，次畏兀儿，次西番，次回回，次满剌加，次女真，次百
夷。分天地、时令、花木、鸟兽、宫室、器用、人物、人事、
身体、衣服、声色、珍宝、饮馔、文史、数目、干支、封名、
通用诸类，或有合并，则各国详略不一也，大抵皆日用习语。
按《读书敏求记》有洪武二十一年翰林侍讲史源洁《华夷驿语》一
卷，又有分类《华夷译语》二卷。此虽不分卷，然十三册必非一、
二卷能容。且《皇明从信录》称前元素无文字，但借高昌书制蒙
古字行天下。洪武十五年，命侍讲史源洁编类《华夷译语》，复
取《元秘史》参考。自是，使臣往朔漠，皆得通其情。是则源洁
所撰仅蒙古译语，非此书审矣。此书当必明四夷馆中底本，为
茅氏所钞出者。①

　　杨守敬见到的这部《华夷译语》为明代茅伯符所辑，是茅伯符担任南
京光禄寺卿，掌管南京鸿胪寺时编辑的《四夷考》中的一种，卷首有朱之
蕃的序文。杨守敬认为此书是明代四夷馆本《华夷译语》的抄本。刘志强
认为台北珪庭出版社1979年出版的《华夷译语》影印本即为杨守敬在日本
所见《华夷译语》（13册）的合抄本无疑②。正如前文所述，万历七年
（1579）四夷馆在增设暹罗馆之后一直维持十个译馆的规模，上文中"朝
鲜"、"琉球"、"日本"、"安南"、"占城"、"畏兀儿"、"满剌加"等译语在
四夷馆内并没有相应译馆。另外，有学者指出"畏兀儿"之名仅见于会同
馆系译语，而"高昌"之名为四夷馆系译语所专有③。因此，笔者认为上
述《华夷译语》应该为会同馆本。

　　据《明神宗实录》卷八十三"万历七年正月丁巳"条载："上因考选译字
生，命将诸国番文各写一本进览。至是，辅臣传令四夷馆写完《华夷译
语》十册，进呈上留览。"④可知，万历七年（1579），四夷馆官生写完十册

① 杨守敬：《日本访书志》卷六，清光绪刻本，第28页。
② 刘志强：《中越文化交流史论》，北京，商务印书馆，2013，第210页。
③ 任小波：《书录题跋所见〈西番译语〉的版本及其流传》，《贤者新宴　五》，上海，上海
　 古籍出版社，2007。
④ 《明神宗实录》卷八十三，梁鸿志1941年影印江苏国学图书馆传抄本，第3页。

《华夷译语》，但是目前国内图书馆未见有完整收录①。据清代邵懿辰《增订四库简明目录标注》卷七"上古迹之属"条载："孝慈堂目有十国译语十卷抄本，毛寅朝鲜语、占城语、满剌加语，李广元西番语，杨日赓暹罗语，吴之任琉球语，杨振日本语，李遇阳鞑靼语，叶宏纶百夷语、委兀儿语。"②有学者指出此书为会同馆本《华夷译语》③，笔者也同意该观点。但也有学者认为《孝慈堂书目》所收十国译语（10 卷）中的《朝鲜馆译语》是四夷馆本《华夷译语》④。笔者认为上述"十国译语"与前文所述杨守敬在日本所见的《华夷译语》相比，收录的译语种类大部分相同，只是缺少安南、"回回"、女真三馆译语，因此很可能为同一底本的抄本，即为会同馆本。

三、会同馆本《华夷译语》

如前所述，明朝廷处理周边事务的机构除了四夷馆之外，还有永乐六年（1408）设立的会同馆。据《大明会典》卷一百四十五"兵部二十八·驿传一·会同馆"条载："国初改南京公馆为会同馆。永乐初设会同馆于北京。"⑤四夷馆隶属于礼部，负责语言文字的教习和往来文书的翻译；会同馆隶属于兵部，负责朝贡使团的接伴送迎并为其提供居住之地⑥。四夷馆的翻译人员主要以译字官生为主，负责翻译文书，即笔译工作；会同馆的翻译人员主要以通事为主，负责接待使者，即口译工作。据《大明会典》卷一百九"宾客·各国通事"条载，会同馆设有朝鲜、日本、琉球等19 处会馆，共有 60 名通事。为了便于各馆通事学习诸国语言，会同馆编写了一些使用汉字音译番语的词汇集，也称为《华夷译语》。与四夷馆本《华夷译语》不同的是，会同馆本《华夷译语》只适用于口语翻译，往往不录番语原文。

会同馆本《华夷译语》旧题是明末茅瑞征编撰，石田干之助经过考证，认为是后人的误解，渡边三男指出同馆本《华夷译语》是由不同人撰写各

① 韦红萍在《明清时期的东南亚语种人才培养》（载《东南亚纵横》，2012 年第 7 期）中认为北京图书馆善本室所藏（胶片）《华夷译语》明抄本十册，不分卷，也许就是万历七年（1579）所编《华夷译语》。此说因缺少令人信服的论据，尚需进一步考证。

② 邵懿辰：《增订四库简明目录标注》，上海，上海古籍出版社，2000，第 323 页。

③ 乌云高娃、刘迎胜：《明四夷馆"鞑靼馆"研究》，载《中央民族大学学报》，2002 年第 4 期。

④ 聂鸿音、孙伯君：《〈西番译语〉校录及汇编》，北京，社会科学文献出版社，2010，第 8 页。

⑤ 申时行：《大明会典》卷一百四十五，明万历刻本，第 7 页。

⑥ 聂鸿音、孙伯君：《〈西番译语〉校录及汇编》，北京，社会科学文献出版社，2010，第 8 页。

馆译语，最后由茅瑞征汇总而成的。① 台北珪庭出版社 1979 年影印本
《华夷译语》的首页写有"茅伯符辑""火源洁译"字样。茅伯符是明朝万历
(1573～1620)年间进士，《四库全书总目》卷十四谓茅瑞征："字伯符，归
安人，万历辛丑进士，官至南京光禄寺卿。解官后自号苕上渔父，又称
澹朴居士。"②《浙江通志》卷一百七十九有《茅瑞征传》曰：

> 茅瑞征，《静志居诗话》。字伯符，归安人。万历辛丑进士，
> 除知泗水县，调黄冈，擢兵部郎中，终南京光禄寺卿。有《澹朴
> 斋集》。瑞征为坤从孙，家世饶裕，耽情吟咏，历官有廉吏之
> 目，壮年即解组归，自号苕上渔公。③

《湖广通志》卷四十三《名宦志》谓瑞征曰："茅瑞征字五芝，归安人，
万历辛丑(1601)进士，初令泗水，有循声，调繁黄冈，凡保甲、赋役、
水利、邮传皆备极经画。公余手辑邑乘，勒为成书。"④火原洁是明初蒙
古郭尔罗斯人，洪武(1368～1398)年间官至翰林侍讲，与编修马沙亦黑
共同编撰《华夷译语》、《元秘史》。会同馆本《华夷译语》的编订时间一般
认为是在 16 世纪中叶⑤，比火原洁的在世时间要晚近两百年。从时间上
推断，会同馆《华夷译语》不可能是火原洁编译，应该是后人的误记。

从上述会同馆本《华夷译语》的序文落款来看，为此书作序的是明万
历(1573～1620)年间的状元朱之蕃。日本学者渡边三男认为此书序文中
"山川道里之近遥，境俗性智之优薄，产载物类之之品，气候凉燠之异
宜，无不备焉"决不是说语言、词汇之类。而且此序文应该是吴光义为茅
瑞征所著《皇明象胥录》所作的序文，并非出自朱之蕃之手，应为后人传
抄之误⑥。为证实渡边三男的观点，笔者查阅了收录在《四库禁毁丛刊》
史部第十册中的《皇明象胥录》。此书序文共有三篇，分别为吴光义、邹
维琏、茅瑞征所作，其中吴光义所作序文确实与会同馆本《华夷译语》的

---

① 参引自渡边三男：《关于华夷译语及日本馆译语》，载〔日〕《驹泽大学研究纪要》，1960
　年 18 期。
② 永瑢等：《四库全书总目》，北京，中华书局，1965，第 112 页。
③ 沈翼机等：《浙江通志》，《景印文渊阁四库全书》第 524 册，台北，台湾"商务印书馆"，
　1986，第 36 页。
④ 夏力恕：《湖广通志》，《景印文渊阁四库全书》第 532 册，台北，台湾"商务印书馆"，
　1986，第 638 页。
⑤ 聂鸿音，孙伯君：《〈西番译语〉校录及汇编》，北京，社会科学文献出版社，2010，第
　9 页。
⑥ 渡边三男：《关于华夷译语及日本馆译语》，载〔日〕《驹泽大学研究纪要》，1960 年第 18 期。

序文相同。

从《皇明象胥录》序文的落款来看，此书成书于崇祯二年（1629），而朱之蕃的卒年是天启六年（1626）①，因此可以断定会同馆本《华夷译语》的序文并非出自朱之蕃之手。朱之蕃是明神宗万历二十三年（1595）乙未科状元，擅长书画，官至吏部侍郎，卒后获赠礼部尚书。由于名望颇高，当时很多人都请他作序，如明人程汝继撰写的《周易宗义》前就有朱之蕃的序文。因此，笔者认为会同馆本《华夷译语》的作者或是传抄此书的人为了提高此书的知名度，很可能有意将《皇明象胥录》中吴光义所作序文移作《华夷译语》的序文，并署名朱之蕃。渡边三男认为序文中的语句不像在叙述语言、词汇之类。但是从会同馆本《华夷译语》中所收录的译语种类来看，包括朝鲜、琉球、日本、安南、占城、暹罗、鞑靼、畏兀儿、西番、"回回"、满剌加、女直、百夷13馆。只看日本馆寄语，内容就包括天文、地理、时令、花木、鸟兽、宫室、器用、人物、人事、身体、衣服、饮食、珍宝、文史、声色、数目、方隅、通用18个门类，正如序文中所说"山川道里之近遥，境俗性智之优薄，产载物类之之品，气候凉燠之异宜，无不备焉"。因此不能说序文完全和译语无关。又如序文开始说道：

> 《周官职方氏》辨四夷、八蛮、七闽、九貉、五戎、六狄之人民，周知其利害，《曲台礼》亦云夷、蛮、戎、狄，达其志，通其欲，东方曰寄，南方曰象，西方曰狄鞮，北方曰译。盖周之卫蛮镇夷，即禹之要荒，所谓东渐西被朔南，暨声教讫于四海，八表同风，以明一统，岂好大骛远哉？②

《周官职方氏》中有掌管周边不同地区的职官，《礼记》中也提到对不同地区翻译人员的称谓各不相同。周朝所谓的震慑蛮夷，即用声威教化四方，实现华夏一统，这并非好大骛远。如果仅从上述引文来看，完全可以认为这是《华夷译语》的序文。因此这很可能是后人有意的抄用，由此可以推知台北珪庭出版社1979年影印本《华夷译语》的成书时间比《皇明象胥录》要晚，在崇祯二年（1629）以后。

会同馆本《华夷译语》有九种抄本，分别是清王闻远《考慈堂书目》见

---

① 侯荣川：《明朝朱之蕃、朱孟震、潘之恒生卒年考》，载《玉林师范学院学报》，2012年第1期。
② 茅伯符辑，火源洁译：《华夷译语》，台北，珪庭出版社，1979，第1页。

所谓"十国译语"的本子、英国伦敦大学学院所藏明抄本、日本近藤守重目睹并著录于《正斋书籍考》的本子、松泽老泉著录于《汇刻书目外集》的本子、河内所藏法国远东学院的本子、稻叶君山秘藏本、水户彰考馆所藏本、静嘉堂①文库所藏本、德岛市光庆图书馆内旧阿波国文库所藏本②。会同馆本《华夷译语》目前国内所存不多，概有《鞑靼译语》、《女直译语》、《回回译语》、《委兀儿译语》、《河西译语》等。相比之下，遗失海外的译语较多，欧洲所存多为伦敦莫里森旧藏明抄本，日本所存多为水户彰考馆藏本，概有《朝鲜译语》、《琉球译语》、《安南译语》、《占城译语》、《暹罗译语》、《鞑靼译语》、《委兀儿译语》、《西番译语》、《回回译语》、《满剌加译语》、《女直译语》、《百夷译语》、《日本国译语》等③。

第二节　北图古籍珍本丛刊本《华夷译语》

清代江蘩于康熙三十四年（1695）前后编撰完成了《四译馆考》（10卷），书中记载了当时存世的《华夷译语》的情况，这些译语是明代四夷馆及清代四译馆编辑的译语。收录各馆译语的具体情况如下："卷一，回回馆，存馆来文一部计十七页，存馆杂字九百一十四。卷二，西番馆，存馆来文一部计二十页，存馆杂字七百六十三。卷三，暹罗馆，存馆来文一部计十二页，存馆杂字七百六十三。卷四，高昌馆，存馆来文一部计十五页，存馆杂字九百一十四。卷五，百译馆，存馆来文一部计十五页，存馆杂字九百零一。卷六，缅甸馆，存馆来文一部计二十页，存馆杂字一千零七。卷七，西天馆，存馆来文一部计十五页，存馆杂字六百一十。卷八，八百馆，存馆来文一部计十页，存馆杂字八百四十五。"④

如前所述，四夷馆本《华夷译语》国内未见有完整收录。北图古籍珍本丛刊本（下文略称珍本丛刊本）《华夷译语》中收录有《华夷译语》、《增定华夷译语》（2卷）、《高昌馆课》、《高昌馆译书》（1卷）、《高昌馆杂字》（1卷）、《回回馆杂字》（1卷）、《回回馆译语》（1卷）、《译语》、《百译馆译

---

① 国内学者多误记为"静喜堂"，如乌云高娃、刘迎胜：《明四夷馆"鞑靼馆"研究》，载《中央民族大学学报》，2002年第4期；杨中华：《肇源史海钩沉》，长春，吉林人民出版社，2007，第233页；贾敬颜、朱风：《蒙古译语·女直译语汇编》，天津，天津古籍出版社，1990，第411页。

② 乌云高娃、刘迎胜：《明四夷馆"鞑靼馆"研究》，载《中央民族大学学报》，2002年第4期。

③ 刘红军、孙伯君：《存世"华夷译语"及其研究》，载《民族研究》，2008年第2期。

④ 江蘩：《四译馆考》，《四库全书存目丛书》史部第272册，济南，齐鲁书社，1996，第674页。

语》(1 卷)、《西天馆译语》(1 卷)、《西番译语》(1 卷)、《暹罗馆译语》(1 卷)、《八馆馆考》(1 卷)等。其中《华夷译语》与《增定华夷译语》是译语词汇的汇编,其他各馆译语则包括杂字、诏敕与来文等内容。此处收录的《华夷译语》版本较为复杂,既有明刻本与抄本,也有清刻本与抄本。不同版本称谓也有不同,或称"译语"或称"杂字",汇总有西天、鞑靼、高昌、"回回"、西番、百译、暹罗等馆的译语。这些译语从体例来看大部分应该是四夷馆本《华夷译语》。

一、《华夷译语》与《增定华夷译语》

四夷馆本《华夷译语》收录有"杂字"或"译语",有些还包括"来文"。刘迎胜指出四夷馆本《华夷译语》中的"杂字"部分是现存我国古代翻译界与外语教学界编写的规模最大、种类最全的番汉对译字书,其"来文"部分并非原本,多数是伪造的,作者很可能是四夷馆的教师[①]。从嘉靖(1522～1566)年间大学士高拱的奏疏中,我们对四夷馆本《华夷译语》的编撰情况可见一斑:

> 又查得当时缅甸教师不识中国文字,使人口传汉字题目,令其写作番字。先因本馆教师不曾传有本国字样,本馆人员止将百夷字样习学,故考时欲要依本对看而无本可对,以致难定等第,封卷进呈。今据教师既缺,相应取补。合候命下本部行令该镇巡等官,多方览求通晓番、汉字样者,充缅甸教师,并求本国字迹,或就责令教师寻获,凑译成书,以便教授。庶各馆皆有全书,不致如往时含糊考校,漫无凭据。[②]

当时缅甸教师不识汉字,只能由翻译人员(很可能是通事)口译汉字题目,由缅甸教师写成缅甸文。由于教师没有缅甸文字样本,学生们只能参照百夷文字学习。考试阅卷时教师也无法判定学生的名次。因此,大学士高拱建议朝廷让边镇巡官寻访既精通缅甸文又精通汉文的人员担任缅甸馆教师,让教师收集缅甸文资料,翻译成书,以便教授。可见,缅甸馆的教材是由教师自己编撰的。

又据《万历起居注》"万历八年(1580)五月三日辛未"条载:"七年正月

---

① 刘迎胜:《宋元至清初我国外语教学史研究》,载《江海学刊》,1998 年第 3 期。

② 孙承泽:《春明梦余录》,北京,北京古籍出版社,1992,第 1089 页。

初四日，考选译字生马应坤等十名到馆教译。源等将本国大字母二十五个，生出杂字三千五百五十字，又生切音一万有余，仍将杂字类成十八门，与诸生讲解，令皆能默诵，意义了然。"①可知，暹罗馆的教材也是由教师握文源等根据本国字母创制出杂字，再将杂字分门别类编辑而成的。

如前所述，四夷馆本《华夷译语》是在洪武本《华夷译语》的基础上编辑而成的，编撰体例与洪武本大致相同，包括番文原文、汉字、汉字音译。珍本丛刊中收录的《华夷译语》是据明抄本影印的，内容比较繁杂，大部分都是蒙古文与汉文的对译词汇，国内学者将此处的《华夷译语》分别称为甲、乙、丙册。《华夷译语》（甲册）是据明抄本影印的，有两个抄本。前者按照天文门、地理门、时令门、花木门、鸟兽门、宫室门、器用门、衣服门、饮食门、珍宝门、人物门、人事门、声色门、数目门、身体门、方隅门、通用门共 17 个门类 845 条词语；后者按照天文门、地理门、时令门、花木门、鸟兽门、人物门、身体门、宫室门、器用门、衣服门、珍宝门、饮食门、文史门、方隅门、声色门、数目门、人事兼通用门共 17 个门类六百余条词语。通过与洪武本《华夷译语》的内容相比对，可知前者的底本为洪武二十二年（1389）刊行的洪武本《华夷译语》。

其后依次收录了"续增"部分，不分类 78 条词语；《华夷译语》（乙册）不分类 46 条词语；"新增"部分，有女真文原文、汉字、汉字音译，不分类 58 条词语；《华夷译语》（丙册）收录了天文门、地理门、时令门、花木门、鸟兽门、宫室门、器用门、衣服门、饮食门、珍宝门、人物门、人事门、声色门、数目门、身体门、方隅门、通用门 17 个门类 314 条词语。张双福认为丙册只有前三门即天文门、地理门、时令门共计 46 个词条真实可靠，其余各门词条都是后人拼凑而成②。

《续增华夷译语》收录了花木门、鸟兽门、宫室门、器用门、衣服门、珍宝门、人物门、人事门、声色门、数目门、身体门、通用门 12 个门类 374 条词语。从《华夷译语》的分类体系来看，都从天文门开始，但《续增华夷译语》却从花木门开始。张双福认为丙册《华夷译语》的前三门与《续增华夷译语》原来为完整一册③。

《增定华夷译语》是据明刻本影印的，包括西天馆与鞑靼馆，前者有

---

①　《万历起居注》第 2 册，北京，北京大学出版社，1988，第 57 页。

②　张双福：《〈华夷译语〉研究》，载《内蒙古社会科学》，1994 年第 5 期。

③　张双福：《〈华夷译语〉研究》，载《内蒙古社会科学》，1994 年第 5 期。

梵文原文及汉字音译，收录了"西天真实名经"519个词条与"续添西天字"39个词条，后者有蒙古文原文、汉字、汉字音译，收录的词条按照天文门、地理门、时令门、花木门、鸟兽门、宫室门、器用门、衣服门、饮食门、珍宝门、人物门、人事门、声色门、数目门、身体门、方隅门、通用门17个门类314条词语。

二、《高昌馆课》、《高昌馆译书》与《高昌馆杂字》

《高昌馆课》是据明抄本影印的，收录了来文原文与汉文译文以及汉文敕谕与番文译文，从内容来看"来文"部分主要有四种：其他地区与国家的进贡表文，使者请求回国的奏章，边防官员对边防情况的奏报以及宣慰使司头目的子嗣求讨职务、敕书的请求。① 第一种例如："哈密地面差来使臣都督金事刀伯颜答，大明皇帝前叩头奏：先年因地方不安，少差人来进贡，如今路途平稳，今差使臣到京朝见，将骟马十匹、西马四匹进贡去了，望朝廷收留的怎生恩赐，奏得圣旨知道。"②第二种例如："哈密地面差来使臣都督金事刀伯颜答，仰望天皇帝洪福，奴婢每来京进贡，求讨回去，乞赐织金段子二匹、青二匹、素二匹、瓷碗、瓷碟乞赐与的，奏得圣旨知道。"③第三种例如："分付守边官军知道，俱各谨慎，或有贼人在边墙外打围牧放，谨守地方，差人哨瞭，如有贼人走过边内，即调大军捉获，重罪不饶。"④第四种例如："朵颜卫指挥同知脱忽赤男撒哈塔奏：有我的父十二月十六日在东边外将原授职的敕书失落了，奴婢今要求讨新敕书，奏得圣旨知道。"⑤又例如："毛怜卫指挥使塔出奏：比先成化二十三年(1487)，有我祖撒鲁正直好人，同兀黑纳被辽东韩总兵领军马出边外时，将我的祖杀了，这等苦楚，今奴婢求讨升职，奏得圣旨知道。"⑥敕谕例如："敕麓川平缅甸军民宣慰使思任发等，尔以象、马方物来贡，赐予尔及妻彩段表里，而宜恪遵朝廷法度，以副朕意，故谕。"⑦

与洪武本《华夷译语》中收录的来文与译文的格式不同，《高昌馆课》

---

① 关于《高昌馆课》收录来文的详细内容参见胡振华，黄润华：《明代高昌馆来文及其历史价值》，载《中央民族学院学报》，1982年第1期。
② 《北京图书馆古籍珍本丛刊6·经部》，北京，书目文献出版社，1988，第239页。
③ 《北京图书馆古籍珍本丛刊6·经部》，北京，书目文献出版社，1988，第240页。
④ 《北京图书馆古籍珍本丛刊6·经部》，北京，书目文献出版社，1988，第244页。
⑤ 《北京图书馆古籍珍本丛刊6·经部》，北京，书目文献出版社，1988，第331页。
⑥ 《北京图书馆古籍珍本丛刊6·经部》，北京，书目文献出版社，1988，第333页。
⑦ 《北京图书馆古籍珍本丛刊6·经部》，北京，书目文献出版社，1988，第326页。

中先录入来文，然后录入相应的译文。从上述译文来看，句子接近白话，除个别地方语句不通之外，基本能够明白意义。《高昌馆课》中的大部分文书都是反映新疆各地进贡的，这既体现了各地在政治上对明王朝的臣属关系，也表现了新疆各地与内地在经济上的密切联系[①]。高昌馆来文至少有三种版本，日本东洋文库藏《高昌馆来文》收 15 篇，匈牙利人莱盖提在《东方学报》发表的来文收 41 篇，上述珍本丛刊本《高昌馆课》的来文89 篇，有回鹘文译文的 85 篇，是高昌馆来文中篇数最多的版本[②]。

　　《高昌馆译书》是据清初刻本影印的，词条形式包括畏兀儿文原文、汉字、汉字音译，收录了天文门、地理门、时令门、花木门、鸟兽门、人物门、身体门、宫殿门、器用门、衣服门、珍宝门、饮馔门、文史门、方隅门、声色门、数目门、人事兼通用门共 17 个门类 716 条词语。《高昌馆杂字》[③]是据清初同文堂抄本影印的，收录的各门类词条数目及内容与《高昌馆译书》完全一样，说明二者是同一底本的不同抄本。

　　国内现存《高昌馆杂字》的版本至少有四种，除了上述珍本丛刊本《高昌馆译书》与《高昌馆杂字》之外，还有北京图书馆藏《华夷译语·高昌馆杂字》。此书成书较早，共有词语 942 个（不重复词语为 940 个），比前两种版本多出 226 个。中央民族学院图书馆藏日本东洋文库藏本晒蓝本《高昌馆杂字》，收录 208 个词语，有 62 个是上述三种版本所不录的[④]。各种版本的《高昌馆杂字》共收录 1002 条常用词，从高昌、哈密等地的朝贡表文中摘出，共使用 18 个字母表示 28 个音，反映出明代土鲁番、哈密一带维吾尔语的特点，是迄今发现的回鹘文文献中最为重要的语言文字类文献[⑤]。

　　如前所述，四夷馆的教学内容最初只有杂字，后来增加了诏敕与来文[⑥]，因此不同时期的四夷馆本《华夷译语》收录的内容并不相同。可以

①　胡振华、黄润华：《〈高昌馆课〉介绍》，载《新疆大学学报》，1978 年第 2 期。
②　胡振华、黄润华：《明代高昌馆来文及其历史价值》，载《中央民族学院学报》，1982 年第 1 期。
③　关于"高昌馆杂字"收录杂字的详细内容参见胡振华，黄润华：《明代汉文回鹘文分类词汇集〈高昌馆杂字〉》，载《民族语文》，1983 年第 3 期。
④　胡振华，黄润华：《明代汉文回鹘文分类词汇集〈高昌馆杂字〉》，载《民族语文》，1983 年第 3 期。
⑤　欧阳戎元：《〈高昌馆杂字〉的入声》，载《南阳师范学院学报》，2007 年第 10 期。
⑥　据《增定馆则》卷十五载："提督四夷馆少卿郭鎜为申严训规以图成效事，……学以适用当务为急，改之往昔专工一切番汉杂字而不及诏敕、来文，恐殊非急务。今后务将三者并行肄习，如正月习诏敕，则次月习来文，又次月习杂字，每季一周□为循环。庶蕴籍该括，日计不足岁计有余，久久浃洽文义通贯，而学不堕于一偏矣。"

推知，四夷馆设立之初编撰的《华夷译语》只收录杂字，而上述包含来文的译语很可能是嘉靖二十一年（1542）以后编撰的。

三、《回回馆杂字》、《回回馆译语》与《译语》

《回回馆杂字》是据清初刻本影印的，词条形式包括"回回文"原文、汉字、汉字音译，收录了天文门、地理门、时令门、人物门、人事门、身体门、宫殿门、鸟兽门、花木门、器用门、衣服门、饮食门、珍宝门、声色门、文史门、方隅门、数目门、通用门共18个门类777条词语。《回回馆译语》是据清初同文堂抄本影印的，收录有18个门类775条词语。从各门类收录的词条数目与内容来看，《回回馆杂字》与《回回馆译语》相比，除了"通用门"中多了两个词条之外，其他完全一样，二者应是同一底本的不同抄本。刘迎胜指出《回回馆杂字》与《回回馆译语》都是四夷馆所编汉语与波斯语的分类词汇，二者并非好的版本，既不包括后来增补的词汇，也不包括"来文"部分①。

《译语》是据清袁氏贞节堂抄本影印的，首先介绍了蒙古文、畏兀儿文、梵文的基本字母、书写规范及文字特点等，分别例举了西番、蒙古字的字例。内容摘录如下：

> 《书史会要》云：元肇基朔方，俗尚简古，刻木为信，犹结绳也。既而颇用北庭字，书之羊革，犹竹简也。及奄有中原，爰命巴思八（土波国人）采诸梵文创为国字。字之母凡四十一。……凡诏诰、宣敕、表笺并以书写，其书右行，其字方古严重。畏吾儿字虽有二十余母，除重名外，止有一十五音，因此应声代用者多矣。……回回字，其母凡二十有九，横行而写，自前向后，复归于前。……天竺字，梵僧所作。颜师古云："西域僧能以十四字贯一切音，文省而义广，谓之婆罗门。"盛熙明云："尝览竺典，造书之主凡三字，曰梵、曰伽卢、曰仓颉。梵者光音天人也，以梵天之书传于印土，其书右行。伽卢创书于西域，其书左行，皆以音韵相生而成字，诸蕃之书悉其变也。其季仓颉居中夏，象诸物形而为文，形声相益以成字，其书下行。"未知其说果何所据，因而考之。西方以音为母，华夏以文为基，诸国

---

① 刘迎胜：《〈回回馆杂字〉与〈回回馆译语〉研究》，北京，中国人民大学出版社，2008，第10页。

之风土语音既殊，而文字遂亦各异，溯流穷源，其法似不出乎此三者也。①

元朝统治中原后，命令土波国（今西藏萨迦）人八思巴根据梵文创制了蒙古文字，字母有 41 个。凡是诏敕、来文等都用蒙古文字从左向右书写，文字方正古朴。回鹘文共有二十多个字母，除了重名的，实际上只有 15 个字母，普遍能够"应声代用"，即一字表数音。"回回文"字母有 29 个，从右向左横着书写。天竺文由梵僧创制。唐朝颜师古曾说道："西域僧能够用 14 个字母表达一切字音，称之为婆罗门文。"元代盛熙明曾提到，创制文字的有梵僧、伽卢与仓颉。梵僧创制的文字流传于印度，从左向右书写；伽卢在西域创制了文字，从右向左书写，以音韵协调组成文字，诸番文字都是西域文字变化而来的；仓颉居于中原，创制了象形文字，形声相辅组成文字，从上向下书写。西方以字音为基础，中国以文字为基础。虽然各国风土语音不同、文字各异，但溯其源流，都是基于以上三者创制的文字变化而来的。

《译语》后还附有《蒙古译语》、《鞑靼译语》、《委兀儿译语》、《河西译语》、《回回译语》等，这些译语的体例与前文所述《高昌馆译语》、《回回馆译语》等有所不同，没有番文原文，只在汉语词汇后注明番文的汉语音读。刘迎胜指出，此《译语》内容应该属于会同馆本《华夷译语》的系统②。

四、其他馆译语

《百译馆译语》是据清初同文堂抄本影印的，词条形式包括傣族文原文、汉字、汉字音译，收录了天文门、地理门、时令门、花木门、鸟兽门、人事门、人物门、身体门、宫室门、器用门、饮馔门、衣服门、颜色门、珍宝门、数目门、通用门共 16 个门类 674 条词语。由于明代四夷馆的百夷馆直到清顺治（1644～1661）年间才更名为百译馆，因此可以推知《百译馆译语》很可能并非明代四夷馆而是清代四译馆编撰的。

《西天馆译语》是据清初刻本影印的，词条形式包括梵文原文与汉字音译，收录杂字 219 个。魏英邦指出明代《华夷译语》中的《西天馆译语》只不过是一部录有汉字译音的短篇梵文佛经《西天真实明经》（即《真实名经》），与其他各种译语很不相同，很可能是明人抄录早已传入的《西天译

---

① 《北京图书馆古籍珍本丛刊 6·经部》，北京，书目文献出版社，1988，第 573 页。
② 刘迎胜：《〈回回馆杂字〉与〈回回馆译语〉研究》，北京，中国人民大学出版社，2008，第 20 页。

语》，以充作《华夷译语》的一种而已①。据《大明会典》卷一百六"礼部六十四·朝贡二·东南夷下"载："西天有五印度国，榜葛剌即东印度。永乐六年，国王霭牙思丁来朝贡，九年，至太仓，命行人往宴劳之。十二年，王塞弗丁遣使贡麒麟等物。正统三年，贡同。表用金叶。"②王宗载在《四夷馆考》卷下"西天馆"中提到："十二年王塞弗丁，遣人奉金叶表，献麒麟。至今贡使久不通，本馆虽设有专官，其所习番文止《真实名经》，不可通于文移往来，似属赘疣。不知当时开馆传习，何以止此，此当再考者也。"③可知，永乐六年（1408）、永乐十二年（1414）、正统三年（1438）东印度榜葛剌国王相继派遣使者前来朝贡，后来久不通贡。四夷馆内虽然设有西天馆并置有属官，但所教习的番文只限于《真实名经》，不涉及往来文书的翻译。万历（1573～1620）年间曾任四夷馆提督官的王宗载也认为西天馆的设置似乎是多余无用的。

《西番译语》是据清初刻本影印的，词条形式包括藏文原文、汉字、汉字音译，收录了天文门、地理门、时令门、人物门、身体门、宫室门、器用门、饮食门、衣服门、声色门、经部门、文史门、花木门、鸟兽门、珍宝门、香药门、数目门、人事门、通用门共 19 个门类 680 条词语。王弘治推断西番馆杂字编撰的年代上限不会超过永乐十一年（1413）④。《西番译语》所附来文的藏文蹩脚，因此有人推断此译语并非出自藏人亲笔，很有可能是出自四夷馆后来的拟作⑤。

《暹罗馆译语》是据清抄本影印的，词条形式包括泰文原文、汉字、汉字音译，收录了天文门、地理门、时令门、花木门、鸟兽门、宫室门、器用门、人物门、人事门、身体门、饮食门、文史门、方隅门、珍宝门、衣服门、声色门、数目门、通用门共 18 个门类 594 条词语。据《万历起居注》"万历八年五月三日辛未"条载："七年正月初四日，考选译字生马应坤等十名到馆教译。源等将本国大字母二十五个，生出杂字三千五百五十字，又生切音一万有余，仍将杂字类成十八门，与诸生讲解，令皆能默诵，意义了然。"⑥可知，当时暹罗馆教师握文源等教习的杂字共有 18 个门类 3550 字，而上述《暹罗馆译语》虽然也有 18 个门类，但只有 594 条词语。这说明当时四夷馆内译字生使用的教材远比存世《华夷译

①　魏英邦：《〈华夷译语〉研究拾零》，载《青海社会科学》，1982 年第 2 期。
②　申时行：《大明会典》卷一百六，明万历刻本，第 5 页。
③　王宗载：《四夷馆考》，民国十三年（1924）东方学会印本，第 16 页。
④　王弘治：《永乐本〈西番馆杂字〉中所见汉藏语言的性质》，载《民族语文》，2010 年第 2 期。
⑤　任小波：《明代西番馆与西番馆来文》，中央民族大学 2007 年硕士学位论文，第 25 页。
⑥　《万历起居注》第 2 册，北京，北京大学出版社，1988，第 57 页。

语》的内容要丰富得多。暹罗馆所译表文是维持两国关系最重要的凭证和手段，其程式化的表达体现了双方往来的政治传统①。

　　珍本丛刊本《华夷译语》的最后还收录有《八馆馆考》，是据清初同文堂抄本影印的。记录了"回回馆"、西番馆、高昌馆、暹罗馆、缅甸馆、百译馆、西天馆、八百馆对应地区的地理位置及风土人情等内容。

　　如前所述，虽然不能确定珍本丛刊本《华夷译语》全部为永乐本，但可以推知其中大部分内容确实为四夷馆师生使用的教材。以"回回馆"为例，刘迎胜指出较早的《回回馆译语》编于四夷馆设立之初，内容只有"杂字"，较晚的《回回馆译语》不仅对"杂字"作了增补，还增编了"来文"。而会同馆本《回回馆译语》则有所不同，只有"杂字"没有"来文"②。经过比较，可以发现四夷馆本的抄录者大多受过良好的书法训练，能够流畅的书写波斯文，但其波斯语与波斯文的实际水平并不高③。东洋文库藏本《回回馆译语》与珍本丛刊本《回回馆杂字》的笔迹极为接近，很可能出自同门生徒④。

　　明朝四夷馆设立之初有鞑靼、高昌、"回回"等8个译馆，后来增设八百馆与暹罗馆。珍本丛刊本《华夷译语》中缺少女直、缅甸、八百等馆的译语，而且收录的译语从体例上推知既有四夷馆本，也有会同馆本。由此可见，虽然珍本丛刊本《华夷译语》是我国目前研究四夷馆本《华夷译语》的重要参考文献，但其内容收录不全，版本较为复杂。不过，从各馆译语收录的词条来看，《华夷译语》收录的译语具有地域特点与实用性能。例如，只有《西番馆译语》中收录有"经部门"与"香药门"。因为经文为梵文，香药多是从西域进贡到中原，因此只有《西番馆译语》中收录相关词条。

①　张文德：《从暹罗馆的设立看明朝后期与暹罗的文化交流》，载《东南亚纵横》，2009年第2期。
②　刘迎胜：《〈回回馆杂字〉与〈回回馆译语〉研究》，北京，中国人民大学出版社，2008，第12页。
③　刘迎胜：《〈回回馆杂字〉与〈回回馆译语〉研究》，北京，中国人民大学出版社，2008，第14页。
④　刘迎胜：《〈回回馆杂字〉与〈回回馆译语〉研究》，北京，中国人民大学出版社，2008，第15页。

小　结

本章对明代《华夷译语》的种类、我国现存的北图古籍珍本丛刊本《华夷译语》的内容进行了论述。明代《华夷译语》分为甲、乙、丙三种版本，也称为洪武本、永乐本（四夷馆本）、会同馆本。洪武本《华夷译语》只有蒙古译语一种，包括汉字及汉字音译蒙古语。此书的编辑体例仿照元朝译语，内容具备科学性与实用性，成为其后编写其他各馆译语的典范。由于四夷馆与会同馆翻译人员工作特点的不同，所用翻译教材的内容也不一样。四夷馆本《华夷译语》在洪武本《华夷译语》的基础上编辑而成，编撰体例与洪武本大致相同。四夷馆本《华夷译语》中收录的各馆译语包括番文原文、汉字以及汉字音译。不同时期四夷馆编撰的《华夷译语》内容也不相同，前期只有杂字，后来还包括诏敕与来文。会同馆本《华夷译语》中收录的各馆译语只包括番文的汉字音译与汉文译文，没有番文原文。

北图古籍珍本丛刊本《华夷译语》中收录的译语版本较为复杂，既有明刻本与抄本，也有清刻本与抄本，同一译语的不同版本称谓也有不同，或称"译语"或称"杂字"。这些译语从体例来看大部分应该是四夷馆本《华夷译语》，从各馆译语收录的词条可以发现《华夷译语》收录译语的地域特点与实用性能。

余　论　我国古代外语教育机构溯源

——元代"回回国子学"与明代四夷馆的比较研究

　　关于我国最早的官办外语教育机构，学界一般有两种看法，一种认为是元代的"回回国子学"[①]，一种认为是明代的四夷馆[②]。刘迎胜认为从多民族国家的观点来谈论语言教学，历史上某些非汉族语言既是外语，也是中国少数民族语言，从这个意义上讲，我国外语教育的历史起码可以上溯到汉代[③]。笔者认为在追溯为近代外语教育奠基的古代外语教育机构时，需要从真正意义上的"外语"，即非本国人使用语言的角度出发，从教育机构的设立原因，教学内容，学生出路等方面进行综合考察。这不仅有利于我们对古代外语教育史进行追溯，也有利于对古代外语教育机构进行界定。

一、元代"回回国子学"与明代四夷馆的设立原因

　　元代"回回国子学"是元朝廷政治斗争的产物。元朝至元二十六年（1289）设立了"回回国子学"。关于"回回国子学"，学者们大都以下面两则史料作为研究依据。"至元二十四年（1287）正月初八日，总制院使桑哥、帖木儿左丞等奏：前者麦术丁说有来，'亦斯替非文书，学的人少有。这里一两个人好生的理会得有，我则些少理会得。咱每后底这文书莫不则那般断绝了去也么？教学呵，怎生？'道有来，么道。奏呵，麦术丁根底说者，交教者。么道，圣旨了也。钦此。"[④]"世祖至元二十六年（1289）夏五月，尚书省臣言：'亦思替非文字宜施于用，今翰林院益福的哈鲁丁能通其字学，乞授以学士之职，凡公卿大夫与富民之子，皆依汉

---

①　付克：《中国外语教育史》，上海，上海外语教育出版社，1986，第7页；孙培青：《中国教育史》，上海，华东师范大学出版社，2000，第202页；高晓芳：《元代外语教育说略》，载《外语教学与研究》，2005年第2期；吴明海：《中国少数民族教育史教程》，北京，中央民族大学出版社，2006，第119页。

②　马祖毅：《中国翻译简史·五四以前部分》，北京，中国对外翻译出版公司，1984，第230页；刘迎胜：《宋元至清初我国外语教学史研究》，载《江海学刊》，1998年第3期。

③　刘迎胜：《宋元至清初我国外语教学史研究》，载《江海学刊》，1998年第3期。

④　方龄贵：《通制条格校注》，北京，中华书局，2001，第247～248页。

人入学之制，日肄习之。'帝可其奏。是岁八月，始置"回回国子学"。至仁宗延佑元年(1314)四月，复置回回国子监，设监官，以其文字便于关防取会数目，令依旧制，笃意领教。"①从上述史料可知：第一，"回回国子学"是由当时的通制院使桑哥、帖木儿、麦术丁等人建议设立的；第二，"回回国子学"招收的学生为公卿、富民子弟，从"皆依汉人入学"可知，其招收的学生并非汉人，而是少数民族(即"回回人")；第三，"回回国子学"教习的是亦思替非文字，目的是"便于关防取会数目"，即用于守关防边，核实账目。

元朝时朝进入中原的"回回人"，或因战功显赫，或因理财出色而得到元朝廷的重用。上文所述桑哥、帖木儿、麦术丁等人都是进入元朝中央的"回回"高级官吏。"桑哥，胆巴国师之弟子也。能通诸国言语，故尝为西蕃译史。为人狡黠豪横，好言财利事，世祖喜之。"②可知，桑哥为人狡黠，善于理财，受到元世祖重用。可以说桑哥等人建议设立"回回国子学"主要是为了加强"回回人"的政治地位。王建军认为元朝廷中"回回"势力与汉儒势力及蒙古势力的争夺，是导致"回回国子学"产生的直接原因③。

元朝文化表现出多样性，在语言文字方面表现为汉文、蒙古文及"回回文"等多语种文字的并存，反映在教育方面则表现为以汉文、蒙古新字及亦思替非文字为载体的国子学、蒙古国子学和"回回国子学"三种教育体系并存的局面④。"至元六年(1269)秋七月，置诸路蒙古字学。""八年(1271)春正月，始下诏立京师蒙古国子学，……以《通鉴节要》用蒙古语言译写教之。""二十四年(1287)，立国子学，而定其制。……凡读书必先《孝经》、《小学》、《论语》、《孟子》、《大学》、《中庸》，次及《诗》、《书》、《礼记》、《周礼》、《春秋》、《易》。"⑤从上述史料可知，蒙古字学及蒙古国子学是为了教授与普及蒙古新字设立的，国子学是为了教授儒学经典设立的。元朝廷中的"回回官僚"提议开办"回回国子学"，一是为了彰显政治特权，二是为了争取教育平等。可以说，"回回国子学"是元代统治集团权力斗争的产物，因而其命运也就始终伴随着朝廷的政治斗争而浮

---

① 宋濂：《元史》，北京，中华书局，1976，第2028～2029页。
② 宋濂：《元史》，北京，中华书局，1976，第4570页。
③ 王建军：《元代回回国子监研究》，载《回族研究》，2004年第1期。
④ 张学强、王文娟：《多样性维持与整合缺失：多元文化背景下元代民族社会教育政策分析》，载《西北师范大学学报》，2010年第6期。
⑤ 宋濂：《元史》，北京，中华书局，1976，第2028～2029页。

沉①。"仁宗延祐元年(1314)四月，复置回回国子监。"②"回回国子学"升
格为"回回国子监"，说明元朝廷对"回回官吏"的器重。"延祐七年(1320)
罢回回国子监。"③太后宠幸的铁木迭儿借助英宗之手打击朝廷内外的"回
回势力"，是"回回国子监"被裁革的根本原因④。泰定帝即位之后，元朝
廷中"回回官僚"的势力有所恢复。"泰定二年(1325)春闰正月，以近岁公
卿大夫子弟与夫凡民之子入学者众，其学官及生员五十余人。"⑤文宗以
后，由于元朝廷势力大衰，逐渐失去对西北地区的统驭能力，交通几乎
断绝，亦思替非文字也逐渐失去了用途，"回回学士亦省，而亦思替非以
待制⑥兼掌之"⑦。

　　四夷馆是明朝廷朝贡贸易的产物。明成祖永乐五年(1407)，因"四夷
朝贡，言语文字不通"⑧，"命礼部选国子生蒋礼等三十八人，隶翰林院，
习译书"⑨。四夷馆在教授番文的同时也负责朝廷往来文书的翻译。明朝
廷之所以设立四夷馆与当时国内国际形势的变化密不可分。国内方面，
各民族的交往活动十分活跃，民族融合进一步加强，推动了民族地区经
济文化的发展，朝廷为了加强对边疆事务的管理，需要有通晓当地语言
文字的人员；国际方面，由于朝贡贸易的不断开展，明朝廷在与各国的
交往中对翻译人员的需求量大幅增加。

　　明朝建国之初，非常重视对边境少数民族地区的安抚。朝廷与边境
少数民族联系的加强，客观上要求必须培养一批精通少数民族语言文字
的翻译人员，适应国内各民族的交往与融合。同时，为了应对频繁朝贡
的外番使者，明朝廷迫切需要兴办翻译教育机构，培养通晓番语文字的
翻译人员。于是，我国最早的官办翻译教育兼中央翻译机构四夷馆便应
运而生了，"设四夷馆以通夷情"⑩，"习译夷字以通朝贡"⑪。明朝廷设立
四夷馆培养翻译人才是非常必要的，正所谓"似缓而实急，似轻而实重"。

---

① 陈垣：《元西域人华化考》，上海，上海古籍出版社，2008，第 96 页。
② 宋濂：《元史》，北京，中华书局，1976，第 2028 页。
③ 宋濂：《元史》，北京，中华书局，1976，第 601 页。
④ 王建军：《元代回回国子监研究》，载《回族研究》，2004 年第 1 期。
⑤ 宋濂：《元史》，北京，中华书局，1976，第 2028 页。
⑥ 待制是官职名。唐代始置，辽金元明均于翰林院设待制，位在学士、直学士之下。
⑦ 黄溍：《金华黄先生文集》卷八，《四部丛刊初编集部》，上海，商务印书馆，1919，第
　 18 页。
⑧ 申时行：《大明会典》卷二，明万历刻本，第 34 页。
⑨ 《明太宗实录》卷四十八，梁鸿志 1941 年影印江苏国学图书馆传抄本，第 11 页。
⑩ 严从简：《殊域周咨录》，北京，中华书局，1993，第 282 页。
⑪ 钱曾：《读书敏求记》，《续修四库全书》第 923 册，上海，上海古籍出版社，2002，第
　 243 页。

一是由于"其来朝贡及其陈说、辨诉、求索各用其国书，必加翻译然后知其意向之所在"；二是由于"一旦外夷有事，上书来言其情，使人人皆不知其所谓，或知之而未尽，则我所以应之者，岂不至相矛盾哉？非惟失远情，而或至启边衅者亦有之矣"①。

二、元代"回回国子学"与明代四夷馆的教学内容

如前所述，元朝设立"回回国子学"主要是为了教习亦思替非文字。关于亦思替非文字，学界有以下几种观点：以我国学者韩儒林为代表，认为很可能是指波斯文②；以邵循正为代表，认为是阿拉伯语③；以日本学者岩村忍为代表，认为是拜占庭语④；以伊朗学者巴赫蒂亚尔为代表，认为亦思替非文字是一种特殊的文字符号，用于财务税收的核算与管理⑤。上述观点中巴赫蒂亚尔的研究更具说服力，普遍被学界接受。亦思替非文字可以看作是"回回"财会人员所使用的一种速写数字⑥，它不是一种语言，而是一门技术。因此，"回回国子学"也可以看作是一所技术性学校，类似于今天的财经院校，而非外语学校。

据陈垣考证："盖元制文字用途之区别……大抵汉字用于中国本部，畏吾尔字用于葱岭以东，亦斯替非文字用于葱岭以西诸国也。"⑦又据方豪所述："盖元代诏令等，虽以蒙古新字为主，而中国以汉字副之，葱岭以东西域各国以畏吾儿字副之，葱岭以西各国，则亦思替非文字副之。"⑧可知，亦思替非文字适用于元朝廷与葱林以西各国的贸易往来。元朝廷教授亦思替非文字的目的是为了培养能与西域国家交往的精通敛

---

① 邱浚：《大学衍义补》，《景印文渊阁四库全书》第 712 册，台北，台湾"商务印书馆"，1986，第 677 页。
② 韩儒林：《穹庐集》，上海，上海人民出版社，1982，第 257 页；冯天瑜：《中华文化辞典》，武汉，武汉大学出版社，2010，第 377 页；丁国勇：《回族史话》，银川，宁夏人民出版社，2005，第 37 页。
③ 邵循正：《邵循正先生历史论文集》，北京，北京大学出版社，1985，第 12 页；刘迎胜：《唐元时代中国的伊朗语文与波斯语文教育》，载《新疆大学学报》，1991 年第 1 期；铁木尔·达瓦买提：《中国少数民族文化大辞典（综合卷）》，北京，民族出版社，1999，第 356 页。
④ 参引自刘迎胜：《宋元至清初我国外语教学史研究》，载《江海学刊》，1998 年第 3 期。
⑤ 〔伊朗〕穆扎法尔·巴赫蒂亚尔：《亦斯替非考》，叶奕良编：《伊朗学在中国论文集》，北京，北京大学出版社，1993；丁明仁：《伊斯兰文化在中国》，北京，宗教文化出版社，2003，第 90 页；马建春：《元朝东迁西域人及其文化研究》，北京，民族出版社，2003，第 304 页。
⑥ 刘迎胜：《宋元至清初我国外语教学史研究》，载《江海学刊》，1998 年第 3 期。
⑦ 陈垣：《元西域人华化考》，上海，上海古籍出版社，2008，第 86 页。
⑧ 方豪：《中西交通史（下册）》，上海，上海人民出版社，2008，第 407 页。

财技术的专门人才①。学者们认为"回回国子学"的教学内容还应包括波斯语②，笔者也同意此说，波斯语应该是学习亦思替非文字的基础。元朝社会除了汉文、蒙古文之外，还通行着第三种语言，即波斯语，因此不能将波斯语看作严格意义上的外语。

明代四夷馆设立之初有鞑靼、女直、西番、西天、"回回"、百夷、高昌、缅甸八个译馆，后来增设八百馆与暹罗馆。这些译馆不仅负责边境少数民族地区的往来文书翻译，也负责明朝廷与周边朝贡国家的往来文书翻译。明朝中期以后因为国力衰退，朝廷与西藏的联系不如前期密切，但始终掌握着西藏的主权，西藏一直是明朝疆域的一部分。而今天的新疆、内蒙古、青海和甘肃的一部分在明朝的大部分时间内都处于它的疆域之外③。因此，可以说四夷馆教授的内容既包括少数民族语言文字，也包括外国语言文字。

四夷馆设立之后，学生主要学习杂字，即常用字的翻译。明朝廷将对外交往中使用的常用字词按照天文、地理、时令、花木等分门别类编辑成书，作为学生的学习内容。嘉靖二十一年（1542）四夷馆提督官郭鋆上奏说："学以适用当务为急，改之往昔专工一切番汉杂字而不及诏敕、来文，恐殊非急务。今后务将三者并行肄习。"④四夷馆将教学内容从杂字扩大到诏敕与来文，这对于提高学生的翻译水平是非常有利的。

为了更好地进行翻译，馆内学生除了学习四夷馆的建置沿革，还需要学习对象国的风土人情。"每进馆日，照先年批准教规，馆师将所教译字官生考验所授仿课，并背讲诏敕、来文、馆考等书。荒疏者量责，怠惰不习者重责。"⑤万历六年（1578），朝廷在四夷馆内设立暹罗馆。时任四夷馆提督官的王宗载非常关心暹罗馆的发展，他在《四夷馆考》中曾提到："余承乏提督，会暹罗使者来庭，始辟馆授译。课业少间，辄进吏使而询之，具述彼国之山川、道里、食货、谣俗，如在掌股间。"⑥王宗载让属官记录有关暹罗国的地理、经济、风俗等情况，并让学生进行学习。

---

① 王建军：《元代回回国子监研究》，载《回族研究》，2004 年第 1 期。
② 刘迎胜：《宋元至清初我国外语教学史研究》，载《江海学刊》，1998 年第 3 期；王建军：《元代回回国子监研究》，载《回族研究》，2004 年第 1 期。
③ 葛剑雄：《中国历代疆域的变迁》，北京，商务印书馆，2012，第 140 页。
④ 吕维祺等：《四译馆增定馆则》，《续修四库全书》第 749 册，上海，上海古籍出版社，2002，第 640 页。
⑤ 吕维祺等：《四译馆增定馆则》，《续修四库全书》第 749 册，上海，上海古籍出版社，2002，第 541 页。
⑥ 王宗载：《四夷馆考》，民国十三年（1924）东方学会印本，第 1 页。

可以推知，其他译馆的学生也同样会学习对象国的风土人情。

三、元代"回回国子学"与明代四夷馆的学生出路

"回回国子学"培养的是译史等，即朝廷与地方机构中的官吏。蒙古帝国盛行使用波斯语（即"回回文"），特别是在元朝的政治与文化方面，波斯语扮演着国际语的角色①。西行的使臣，东来的西北诸王差官所携带的关防文书，多以"回回字"写成，所以必需培养能书写波斯文的专门人才②。"凡百司庶府所设译史，皆从本学取以充之焉。"③"诸内外百司有兼设蒙古、回回译史者，每遇行移及勘合文字，标译、关防兼用之。"④蒙元时期，所有官员由"谙习波斯文、畏兀儿文、契丹文、土番文、唐兀文等等的各种书记随同，以致无论向什么地方宣写敕旨，都可以用该民族的语言和文字颁发"⑤。可见，元朝廷设立"回回国子学"，培养通晓"回回语"及亦思替非文字的人员，一是为了适应国内推行政令的需要，二是为了迎合边境贸易的需要。元朝设立之初，由于尚无本族文字，在对内统治中有诸多不便，元朝廷一方面借助汉文、"回回文"等其他语言文字进行施政，一方面积极创立本族文字。

"至元六年（1269），诏颁行于天下。诏曰：'联唯字以书言，言以纪事，此古今之通制。我国家肇基朔方，俗尚简古，未遑制作，凡施用文字，因用汉楷及畏吾字，以达本朝之言，考诸辽、金，以及遐方诸国，例各有字，今文治寝兴，而字书有缺，于一代制度，实为未备。故特命国师思巴创为蒙古新字，译写一切文字，期于顺言达事而已。自今以往，凡有玺书颁降者，并用蒙古新字，仍各以其国字副之'。"⑥"回回国子学"为"回回人"争取到与汉人、蒙古人同样的教育背景，成为"回回人"步入仕途的重要台阶。"当时仕进有多歧，铨衡无定制，其出身于学校者，有国子监学，有蒙古字学、回回国子学。"⑦当时，"回回人"在元朝廷的各个领域都担任着先进文明输入者的角色，包括穆斯林语言文字学、史学、

---

① 〔日〕佐口透：《鞑靼的和平》，刘俊文主编：《日本学者研究中国史论著选译》第9卷，北京，中华书局，1993。
② 刘迎胜：《宋元至清初我国外语教学史研究》，载《江海学刊》，1998年第3期。
③ 宋濂：《元史》，北京，中华书局，1976，第2029页。
④ 宋濂：《元史》，北京，中华书局，1976，第2615页。
⑤ 〔伊朗〕志费尼：《世界征服者史（下册）》，呼和浩特，内蒙古人民出版社，1980，第723页。
⑥ 宋濂：《元史》，北京，中华书局，1976，第4518页。
⑦ 宋濂：《元史》，北京，中华书局，1976，第2016页。

哲学、阴阳学、医药学、天文历算、地理、工程技术等，都对元朝发生了重要影响①。元朝除了专司"回回人"军政事务的机构外，中央及地方的主要机构都设有"回回书写"、"回回译史"、"回回令史"、"回回掾史"、"回回架阁库管勾"等专门职务，这些必须具备一定专业"回回"语言文字能力的吏员，即由"回回国子学"加以培养②。

四夷馆培养的是译字官，即朝廷负责国内外往来文书翻译的属官。明朝设立四夷馆是为了适应频繁的对外交往的需要，各译馆一般负责相应地区与国家的往来文书翻译。由于译馆数量有限，往来国家数目众多、语言各异，难免会出现进贡表文无人能识、回赐表文无法撰写的情况。于是明朝廷规定，此时必须使用双方都通晓的第三种文字进行交流③。这样一来，四夷馆的部分译馆不仅需要负责本馆相应地区的文书翻译，还要代译其他地区的往来文书。以"回回馆"为例，"其附近诸国，如土鲁番、天方、撒马儿罕旧隶本馆译审。此外，如占城、日本、真腊、爪哇、满剌加诸国皆习回回教，遇有进贡，番文亦属本馆代译，今具列于后"。"哈密地近高昌，本属高昌馆译审，但其中多回回人，入贡时亦有用回回字者，故又属回回馆"④。可见，明朝与周边各民族、各地区的往来文书都需要经由四夷馆进行翻译。

当朝贡国家表文无法辨识、难以代译时，就需要设立新的译馆。以暹罗馆为例，"弘治十年（1497），时暹罗国进金叶表文，而四夷馆未有专设暹罗国译字官，表文无能译办，大学士徐溥等以为请。上曰：'既无晓译通事，礼部其行文广东布政司，访取谙通本国言语文字者一二人，起送听用'"⑤。万历"六年（1578）十月，该内阁大学士张等题据提督少卿萧禀呈，请于本馆添设暹罗一馆，考选世业子弟马应坤等十名送馆教习"⑥。可见，四夷馆各译馆的设立是为了适应频繁的朝贡贸易的需要，而朝贡贸易的展开也为明朝廷设立译馆提供了必要的师资条件，二者相辅相成。

综上所述，元代"回回国子学"是元朝廷中的"回回"官僚为了彰显政

① 王建军：《元代回回国子监研究》，载《回族研究》，2004年第1期。
② 马建春：《元朝东迁西域人及其文化研究》，北京，民族出版社，2003，第306页。
③ 刘迎胜：《古代中原与内陆亚洲地区的语言交往》，王元化主编：《学术集林》第7卷，上海，上海远东出版社，1996。
④ 王宗载：《四夷馆考》，民国十三年（1924）东方学会印本，第11页。
⑤ 林尧俞等纂修、俞汝楫等编撰：《礼部志稿》，《景印文渊阁四库全书》第598册，台北，台湾"商务印书馆"，1986，第684页。
⑥ 王宗载：《四夷馆考》，民国十三年（1924）东方学会印本，第22页。

治权利、争取教育平等的产物。"回回国子学"教授的亦思替非文字并非严格意义上的外语，而是一种财务统计符号，其教授的波斯语虽然在元朝对外贸易中通用，但也是元代社会通行的除汉文、蒙古文之外的又一官方语言，因此不能单纯看作是外语。"回回国子学"培养的人员主要充任元朝廷及地方各级行政机构的译史，是朝廷政令得以顺利实施的保障。明代四夷馆是朝廷为适应日益频繁的朝贡贸易而设立的，不仅教授番语文字，而且教习番地风土人情。学生学成后主要负责朝廷往来文书的翻译。因此，元代"回回国子学"的历史意义并非在于外语教育方面，而是在少数民族教育方面，其设立标志着回族教育在当时的历史条件下取得的重要进展。明代四夷馆可以视为我国古代最早的机构较为完备的多语种教育及翻译机构，其设立为近代外语教育的发展奠定了基础。

结　语　明代四夷馆的历史意义及其局限性

明代四夷馆是朝廷为了应对频繁的对外交往需要而设立的中央翻译机构，也是我国最早的官办多语种翻译学校。四夷馆培养了一批通晓少数民族及外国语言文字的翻译人才，在明朝廷对少数民族地区的监管以及与周边国家的交流中发挥了重要作用。四夷馆的设立在中外关系史、民族关系史、外语教育史、翻译史等方面都具有重要意义，对研究中外文化交流、各民族文化交流以及各民族语言等方面都具有重要研究价值。

第一，四夷馆的设立符合历史发展的规律，是时代的需要。

明朝建国之初，面对前元的残余势力以及周边的不稳定因素，明天子积极推行怀柔的民族政策及对外政策。郑和首次下西洋（永乐三年，1405）之后过了两年，由于"四夷朝贡，言语文字不通"[①]，永乐五年（1407），朝廷"设四夷馆以通夷情"[②]，"习译夷字以通朝贡"[③]。四夷馆的设立适应当时的民族大融合趋势以及频繁的对外交往需要，与明朝廷面临的内外形势密切相关。一方面，各民族的交往十分活跃，民族融合进一步加强，推动了少数民族地区经济文化的发展，明朝廷管理边疆事务需要通晓当地语言文字的人员；另一方面，由于朝贡贸易的开展，在与各国的贸易往来中，明朝廷在接待贡使及翻译表文时需要一批翻译人员。在上述历史背景及现实需要之下，四夷馆便应运而生了。正如明代著名政治家邱浚所说，四夷馆的设立"似缓而实急，似轻而实重"，明成祖"专设官以司之，其虑远哉"[④]。明朝廷设立四夷馆体现了明天子与一直以来的统治者的汉语本位主义有所不同，积极学习少数民族语言及外国语言，吸收外来文化，这在封建主义社会无疑是巨大的进步。

第二，四夷馆在明朝廷的政治、军事、对外交流方面发挥了重要作用。

与国子监一样，四夷馆在明代人才培养过程中发挥了重要作用。四

---

① 申时行：《大明会典》卷二，明万历刻本，第 34 页。

② 严从简：《殊域周咨录》，北京，中华书局，1993，第 282 页。

③ 钱曾：《读书敏求记》，《续修四库全书》第 923 册，上海，上海古籍出版社，2002，第 243 页。

④ 邱浚：《大学衍义补》，《景印文渊阁四库全书》第 713 册，台北，台湾"商务印书馆"，1986，第 677 页。

夷馆的主要职能可以分为两部分，一是培养精通各民族与国家语言文字的翻译人员，同时也为其他部门输送具有较高儒学素养的文史人才；二是翻译明朝廷与周边各地区及国家的往来文书，同时也为朝廷解析边境的情报信息。

四夷馆招募了一批少数民族人员担任教师，也选拔了汉族人员学习少数民族及外国的语言文字，客观上提高了少数民族文化在中国的地位，在几千年来儒学垄断的中国文化舞台上，使少数民族文化占据一席之地。四夷馆培养的翻译人员除了负责朝廷日常的翻译工作之外，还参与处理民族事务与外交事务。例如，译字官生有的被派往喜峰口验放进贡夷人，负责贡使的出入境管理，有的作为使者出使缅甸军民宣慰使司等周边各地区。这些都促进了汉族与少数民族以及中国与周边国家的经济文化交流，有利于各民族的融合，推动了统一的多民族国家的形成，也有助于明清时期东亚地区的繁荣与稳定。景泰（1450～1457）年间，文渊阁大学士邱浚认为在维护国家的安全及稳定方面，译字官生的作用可谓举足轻重，说："一旦外夷有事，上书来言其情，使人人皆不知其所谓，或知之而未尽，则我所以应之者，岂不至相矛盾哉？非惟失远情，而或至启边衅者亦有之矣。"[1]

明朝统治者吸取元朝灭亡的教训，在对外交往方面以文治代替武功。"自元政衰面西域诸王之贡不至，元亡而道路益棘。明祖知元人不习海，故东丧师于日本。欲习海必习航海术，与夫通究海外诸岛夷情状，则先设立四夷馆以储使才，辟林麓于钟山，植桐漆各千万本，以备楼船海舶之用。"[2]四夷馆的设立为明代扩大对外交流培养了翻译人员，推动了明朝廷与周边各国的双向交流。明成祖执政时期，积极扩展对外交流，多次派遣使者前往周边各国。"当成祖时，锐意通四夷，奉使多用中贵。西洋则和、景弘，西域则李达，迤北则海童，而西番则率使侯显。"[3]明成祖曾派宦官郑和、景弘、李达、海童、侯显等人出使周边地区。特别是郑和曾先后七次奉命出使西洋，到达三十多个国家，成为明代一大盛事。郑和七次下西洋在推行和平外交、发展海外贸易、传播华夏文明、促进航海事业等诸方面都做出了积极的贡献[4]。郑和下西洋极大地促进了中

---

① 邱浚：《大学衍义补》，《景印文渊阁四库全书》第 713 册，台北，台湾"商务印书馆"，1986，第 677 页。

② 郑鹤声、郑一钧：《郑和下西洋资料汇编（下）》，济南，齐鲁书社，1989，第 245 页。

③ 张廷玉等：《明史》，北京，中华书局，1974，第 7768 页。

④ 钱志乾：《试论郑和下西洋的主要目的》，载《江西社会科学》，2005 年第 2 期。

国与东南亚各国的物质文化、制度文化和精神文化的交流，推动了东南亚华侨移民与商业、宗教的发展①。当时的"回回字"即波斯语是郑和船队在海外时所使用的主要外交语言②。不难想象四夷馆特别是其中的"回回馆"也为郑和下西洋输送了翻译人员。

明朝各时期的重臣都曾意识到四夷馆在明朝廷对外交往中的重要性。例如，成化(1465～1487)年间，太子少保兵部尚书兼文渊阁大学士彭时上奏说："翰林院所属四夷馆教习译写番字，事虽轻而干系重。凡朝廷须下抚谕四夷诰敕及各处番文，若译写不精或名物不对，非惟于夷情有失，且于国体有损。"③天启(1621～1627)年间，礼部尚书兼翰林院学士李思诚上奏说："译字官生专为辨验番文，书写勅谕，应对九夷，所关夷情国体，良非渺小。"④

从明代四夷馆发展到清代会同四译馆，再到俄罗斯文馆及西洋馆，标志着我国古代的翻译教育机构从教授少数民族语言文字和外国语言文字并重，逐渐转变为以教授外国语言文字为主，这既符合中外文化教育交流的总体趋势，也对我国古代的对外文化教育交流起到了促进作用⑤。

第三，四夷馆为近代外语教育的发展奠定了基础，推动了外语教育理念的进步。

早在民国时期出版的《首都志》中，就将明代四夷馆追溯为我国最早的官办外语学校。据《首都志》卷七"教育上·明代学校·五百年前南京之国立大学"条载："永乐中，选监生习译外国文字，以四夷字学分为四斋。成祖北巡，则以译写四夷文字监生从行。后又增加学额，其不愿习译夷字者，则严罪之。习百夷字及回回字者，学生及家属皆有俸给。是吾国大学学生之读外国文字，当以明之大学为始。前此之国立大学，未有以外国文字强迫学生诵习者也。观成祖之用意，当由其时国力强盛，有志于开拓四境。且自洪武以来，西南诸国奔走朝贡者不下数十，交际频繁，非深悉其文字，不能得其国俗，而测其内情。故一面遣郑和等往使，一面使监生习译夷字，两者相互为用，具见成祖之雄心。世徒以郑和奉使

---

① 梁向明：《郑和下西洋对东南亚诸国的影响》，载《云南民族大学学报》，2005年第5期。

② 刘迎胜：《明初中国与亚洲中西部地区交往的外交语言问题》，《传承文明走向世界和平发展——纪念郑和下西洋600周年国际学术论坛论文集》，北京，社会科学文献出版社，2005。

③ 《明宪宗实录》卷五十六，梁鸿志1941年影印江苏国学图书馆传抄本，第16页。

④ 吕维祺等：《四译馆增定馆则》，《续修四库全书》第749册，上海，上海古籍出版社，2002，第595页。

⑤ 田正平：《中外教育交流史》，广州，广东教育出版社，2004，第98页。

为踪迹建文者，洵浅人之言也。"①

　　四夷馆在我国外语教育史上具有承上启下、继往开来的重要地位。四夷馆内的鞑靼馆与"回回馆"的前身分别是元代的蒙古国子学与"回回国子学"。明代的《华夷译语》在编撰体例上继承了元代编撰的蒙汉工具书《至元译语》的体例，在内容上则更为充实与丰富。明代四夷馆的机构设置与管理体制都得到了清代四译馆的继承。"顺治元年（1644）设四译馆。馆有十，曰：鞑靼、女直、回回、缅甸、百译、西番、高昌、西天竺、八百媳妇、暹罗。十五年，裁鞑靼、女直二馆。"②"乾隆十三年（1748），省四译馆入礼部，更名会同四译馆，改八馆为二，曰西域，曰百夷，以礼部郎中兼鸿胪寺少卿衔一人摄之。光绪二十九年省。"③乌云高娃认为清代"裁撤女真馆是因为满族人早已弃用女真字，但不设立鞑靼馆的原因尚不清楚。这也许与清初有不少满人懂蒙古语有关"④。

　　四夷馆也为后来清政府设立京师同文馆奠定了基础。例如，京师同文馆的学制为三年，学生的考试有月考、季考、岁考与大考，在教学中兼顾汉文素养、重视实践、采用学以致用的教学原则等⑤，这些都与明代四夷馆的教学管理一脉相承。京师同文馆的设立开启了我国近代外语教育的新纪元，直接影响到晚清以及民国期间的高等教育及外语教育的发展。清末的杰出历史学家杨守敬对四夷馆的教材给予了高度评价，认为"今泰西之语遍于寰中，而环卫我中国者或反少解其语，一旦有事，不虑隔阂乎？此亦当今必要之书也"⑥。

　　四夷馆具有明确的人才培养目标，根据国家的需要培养翻译人才。四夷馆在翻译教学中要求学生既要精通番语文字又要谙熟传统儒学，不仅重视其他语种的学习，也重视汉语文化的传承。这对当下的外语教育也具有重要启示。反观当前的语言教学，不可否认存在着较为严重的牺牲母语的现象⑦。

　　四夷馆的教学方法及教学管理制度在当时是进步的，对近代外语教育及高等教育的发展都具有很大的启发意义。宣德（1426～1435）年间以

①　叶楚伧、柳诒徵修，王焕镳纂：《首都志》，台北，成文出版社，1935，第13页。
②　萧奭：《永宪录》，《清代史料笔记丛刊》，北京，中华书局，1959，第12页。
③　赵尔巽等：《清史稿》，北京，中华书局，1976，第3283页。
④　乌云高娃、刘迎胜：《明四夷馆"鞑靼馆"研究》，载《中央民族大学学报》，2002年第4期。
⑤　李传松、许宝发：《中国近现代外语教育史》，上海，上海外语教育出版社，2006，第4～11页。
⑥　杨守敬：《日本访书志》卷六，清光绪刻本，第27页。
⑦　张美平：《晚晴外语教学研究》，北京，中国社会科学出版社，2011，第357页。

后，四夷馆将招收生源范围扩大至官民子弟，不限于监生，这种招生制度推动了教育向平民化的发展。在招生过程中，明朝廷意识到翻译学习与年龄及语言基础的关系，不拘一格选收优秀生源。嘉靖（1522～1566）年间，四夷馆将教学内容从单纯的杂字扩大到诰敕与来文，从教材《华夷译语》来看，当时的翻译教学已经意识到语言教学材料的真实性，注重用地道的文字材料进行语言输入[1]。四夷馆要求教师必须同时精通番语与汉文，其对于教师的双语要求，史料显示是比较早的，对于我们今天的外语教学工作仍然具有启发意义。国人起初学习外语，主要有两种途径：派学生出国留学和聘请外籍教师来华任教，四夷馆开创了聘请外籍教师来华任教的先河[2]。

四夷馆制定了严格的师生考核办法，公平的成绩评价体系，在翻译教学中理论与实践相结合的教学特点同样适用于我们今天的外语教学。四夷馆开创了翻译教学与翻译工作相结合的教学新理念。嘉靖（1522～1566）中期以后，四夷馆开始将翻译文字列为招生考试的内容之一，实行了教考分离制度，万历（1573～1620）年间，四夷馆对学生的考试内容进行了细化，不同译馆考试内容也不相同。四夷馆针对学生从事翻译工作的不同特点，教学方法也不相同，在实践中训练学生的翻译技能是四夷馆教学的特点之一。四夷馆的教材《华夷译语》中收录的译语具有地域特点与实用性能。这些都有别于传统的儒学教育体制，推动了外语教育理念的形成与发展。

第四，四夷馆是在封建教育体制下设立的，具有一定的历史局限性。

由于四夷馆设立之时，我国尚处于封建主义阶段，明朝廷具有很大的阶级局限性。同时，由于翻译教育体制特别是外语教育还是一个新兴事物，所以在很多方面都表现出明显的不足。例如，译字官生与通事分别负责笔译与口译工作，译字官生以翻译文字为主，通事以通译语言为主，这样就割裂了口译与笔译的联系，培养的翻译人才知识技能不够全面，影响了翻译工作的效率。四夷馆的教学内容虽然涉及杂字，诰敕及来文，但是只停留在简单的背诵记忆。从来文的译文来看，大多为生搬硬套字词意思，句子表述生硬，离"信、达、雅"的翻译标准还有很大差距。

受到封建传统思想的禁锢，以教授番语文字为主的四夷馆办学规模

---

[1]　高晓芳：《晚清洋务学堂的外语教育研究》，北京，商务印书馆，2007，第43页。

[2]　余定邦：《明代的四夷馆》，《庆祝中山大学建校六十周年（1924～1984）东南亚历史论文集》，广州，中山大学东南亚历史研究所，1985。

不大，教授语言种类有限，学生人数较少。自永乐五年(1407)四夷馆设立之初到崇祯三年(1630)吕维祺编完《增定馆则》为止，两百多年间四夷馆有文献可考的招生共有13次，平均大约十七年招生一次。在馆学习人数同一时期最多不超过200人。为了保证有足够的生源，以便翻译教学的正常进行，嘉靖(1522～1566)年间大学士高拱建议每六年招生一次，每次招生二三十人，在馆学生总人数控制在120人左右。但在明朝后期，这一招生制度并未得到落实，招生年限过长，招生人数过少都不利于四夷馆的可持续发展，学生之间也很难形成竞争，不利于明朝廷挑选到优秀人才。

四夷馆在招生过程中存在着明显的封建主义特点。初期主要招收监生，后来虽然扩大到民间子弟，但多面向官宦富民。由于明朝廷认为四夷馆的工作涉及国家的政治军事机密，教学具有保密性，不宜普及，因此四夷馆禁止民间私自习学番文，这在一定程度上遏制了民间学习翻译的积极性，对各民族的深入交流与融合也会产生一定影响。对于明朝廷而言可选生源有限，也不利于翻译人才的培养与储备。

作为新生事物，四夷馆的翻译教学受到"科举入仕"的牵制，很难突破陈规，独立发展。例如，四夷馆设立之初学制与学生考核主要参照儒学科举制度进行，进入四夷馆的学生也多将其作为科举入仕的跳板。翻译人员的地位不高，学习翻译被认为是"有损声誉"。这使得翻译学习得不到重视，制约了外语教育的发展。从1407年设立四夷馆到1902年同文馆脱离政府机构并入京师大学，经历了495年漫长的发展过程①。

尽管如此，不可否认四夷馆的设立是我国教育史上的一次重要尝试与改革。四夷馆编撰的各种教材，保存了少数民族语言文字和文化历史的原始材料。例如，《四夷馆考》中关于缅甸、暹罗等国的地理位置、婚丧嫁娶、宗教信仰、风俗习惯等方面的记载，成为我们今天研究这些地区的历史、文化以及语言的宝贵材料。四夷馆的教材《华夷译语》是研究相关国家特别是亚洲各国与各民族语言的重要文献资料。《华夷译语》中关于鞑靼、女真等地语言的发音、词汇的记录，对后代直至今天的中外文化、语言交流的研究依然具有重要参考价值。《华夷译语》中的"来文"部分主要记载了外国和少数民族地区向明王朝的朝贡活动，反映了明政府与这些地区在政治、经济等方面的相互关系，具有重要的史料价值②。

---

① 余定邦：《明代的四夷馆》，《庆祝中山大学建校六十周年(1924～1984)东南亚历史论文集》，广州，中山大学东南亚历史研究所，1985。

② 史金波、黄润华：《中国历代民族古文字文献探幽》，北京，中华书局，2008，第209页。

附 录

明代四夷馆事记

时间	事件
永乐五年（1407）	三月癸酉，命礼部选国子生蒋礼等三十八人，隶翰林院，习译书，人月给米一石。［《明太宗实录》卷四十八（红格抄本为卷六十五）］
永乐六年（1408）	八月辛丑，习达达等字监生刘勉等二十七人，户部奏请如例支给，从之。《南雍志》卷二
永乐七年（1409）	二月庚辰，上巡狩北京，车驾发京师，命皇太子监国留守，择吏部历事监生四十人译写四夷文字，监生十三人以从。（《南雍志》卷二）
永乐九年（1411）	三月甲戌，举人监生钟英、张习、张式、马信、邵聪以入翰林习译书。至是，等进士第，改庶吉士，仍隶翰林，遂为例。《南雍志》卷二
永乐十年（1412）	五月戊子，驾帖取举人监生梁弘等一百二十人习译夷字，弘独告免。礼部以闻，上怒，编伍交阯。《南雍志》卷二 六月，增建习译书馆十二槛。《国朝典汇》卷六十
永乐十二年（1414）	二月，令冠带举人监生杜超等习百夷字，月支教谕俸米二石，家属月支米一石；岁贡监生石庆等习"回回字"，月支米一石，家属月支米六斗。（《南雍志》卷二）
永乐十九年（1421）	八月，上谓："诸番字，中国宜解其义。"因选太学生聪明者习之。诸生多不悦，辄生谤议。上怒，将罪之。学士杨荣救免，遂命掌之。（《国朝典汇》卷六十）
宣德元年（1426）	兼选官民子弟，委官为教师，命翰林学士稽考课程。《明史·职官志三》
宣德二年（1427）	原译字邢恭为庶吉士。《科试考》考一
宣德九年（1434）	八月戊辰，选习四夷译书学生。《明宣宗实录》卷一百十二

时间	事件
正统元年（1436）	奏定，考中一等者冠带，为译字官；又一年再考中，授职。（《大明会典》卷二百二十一）
正统三年（1438）	九月壬辰，行在礼部奏："会官试得四夷馆谙晓回回等字官并监生子弟冀武等三十二人第为第三等，请定其赏罚。"（《明英宗实录》卷四十六）
正统六年（1441）	十一月庚申，礼部尚书胡濙会官考翰林院四夷馆谙晓百夷等字监生并子弟，得十九人，为三等，以闻。（《明英宗实录》卷八十五）
正统九年（1444）	六月，今著寺副姚本主事、于礼提督同教师，每专心训诲。（《增定馆则》敕谕）
景泰二年（1451）	有吴祯者，以民人译字四夷馆，得中乡会试。（《罪惟录》卷十八） 缅甸宣慰卜剌浪差酋陶孟思完、通事李瓒等进贡，并送人孟香、的酒、香中三名留本馆教授，俱授序班职事。（《四夷馆考》卷下）
景泰四年（1453）	八月己酉，礼部奏："……今后乞依永乐年间例，于国子监拣选年幼聪俊监生，送馆习学。三年依例考试，中式者授以译字官，不中者仍令习学，以待再试。庶革奔竞之风，而得实才之用。"从之。（《明英宗实录》卷二百三十二）
景泰七年（1456）	八月辛酉，少保太子太傅户部尚书华盖殿大学士兼文渊阁大学士陈循、少保吏部尚书兼谨身殿大学士王文等奏："永乐年间，四夷馆译字官监生人等俱许入乡试、会试，其所作文字俱是番书例，不属考官定其去取，俱送翰林院考试。中者送回科场，第入正榜，此是旧制，永当遵守。"（《明英宗实录》卷二百六十九）
天顺三年（1459）	二月辛巳，礼部左侍郎邹干等奏："……乞敕翰林院，今后各馆有缺，仍照永乐间例，选取年幼俊秀监生送馆习学。其教师不许擅留各家子弟私学及循私举报。"上命："今后敢有私自教习。走漏夷情者，皆重罪不宥。"（《明英宗实录》卷三百）
天顺七年（1463）	五月丙辰，礼部奏："本部会同各部并都察院堂上官及谙晓译字官，考试翰林院四夷馆习学番字子弟……"（《明英宗实录》卷三百五十二）

续表

时间	事件
成化三年(1467)	二月癸丑，礼部奏："……请行翰林院下四夷馆，不许私收教习，漏泄夷情。"上曰："四夷馆官员、子弟见在既多，礼部即会官考选，精通者量留，余送吏部改外任，子弟俱遣宁家。今后敢有私自教习者，必罪不宥。"(《明宪宗实录》卷三十九)
成化四年(1468)	七月丙戌，太子少保兵部尚书兼文渊阁大学士彭时等言："翰林院所属四夷馆教习译写番字，事虽轻而干系重……"(《明宪宗实录》卷五十六)
弘治二年(1489)	十二月己丑，礼部奏："四夷馆通事序班自有专职，近或夤缘改任鸣赞，似非设置译官初意，自今请勿改任。"从之。(《明孝宗实录》卷三十三)
弘治三年(1490)	五月戊午，定四夷馆翻译考选之法。……令本部选监生年二十五以下二十名，官民子弟年二十以下及有世业子弟翻译习熟者，不限年数，通考选一百名，俱送本院，分拨习学，仍定为事例。(《明孝宗实录》卷三十八)
弘治七年(1494)	内阁题请设太常卿一员、少卿一员提督。(《大明会典》卷二)
弘治八年(1495)	奏准习译监生子弟有愿科举者，考送顺天府应试。(《大明会典》卷二百二十一)
弘治十年(1497)	暹罗入贡。时四夷馆无暹罗译字官，阁臣徐溥等请移牒广东，访取能通彼国言语文字者，赴京备用。从之。(《明史·外国五》)
弘治十一年(1498)	十二月癸巳，升陕西按察司提学副使杨一清为太常寺少卿提督四夷馆。(《明孝宗实录》卷一百四十五)
弘治十三年(1500)	九月甲寅，修四夷馆。(《明孝宗实录》卷一百六十六)
正德三年(1508)	选收译字生一百七名。(《增定馆则》卷十二)
正德四年(1509)	二月己巳，大学士李东阳等言："四夷馆教师必番字番语与汉字文义俱通，方能称职。"(《明武宗实录》卷四十七)
正德六年(1511)	增设八百馆。(《大明会典》卷二百二十一)
正德八年(1513)	因八百、老挝等处译语失传，给内阁题请，暂留差来头目开馆教习，将各馆官下世业子弟并见在人□□子弟分拨传习。(《增定馆则》卷十三)

时间	事件
正德九年(1514)	该本馆题为严督劝以图成译学事。(《增定馆则》卷十四)
正德十年(1515)	暹罗遣使贡方物，进金叶表，下"回回馆"译写。该大学士梁疏："……合无比照蓝者歌事例，于暹罗国来夷人内选留二三名在馆，并选各馆世业子弟数名送馆令其教习，待有成之日将本夷照例送回彼国等因。"上从之。(《四夷馆考》卷下)
正德十一年(1516)	翰林院为严督劝以图成译学事，该提督四夷馆太常寺卿沈冬魁等呈前事。(《增定馆则》卷十五)
正德十四年(1519)	七月辛丑，命选各国通事译业精者，常令在馆习学，以通夷情，永为定规。(《明武宗实录》卷一百七十六)
嘉靖元年(1522)	礼部尚书毛等题为严规制，以成译学事，看得提督四夷馆卿杨一漢题博收取以求真才，严岁参以治顽懒，陟贤能以励后学，处不才以杜幸位等四事，臣等会同翰林院议拟，开立前件，上请定夺。(《增定馆则》卷十二)
嘉靖八年(1529)	八月，内题奉钦依，九年授职，考不中者授以应得职事，回籍闲住，免终身差役。(《增定馆则》卷二)
嘉靖九年(1530)	七月庚子，升右春坊右谕德彭泽为提督四夷馆太常寺卿。(《明世宗实录》卷一百十五)
嘉靖十六年(1537)	选收译字生一百二十名。(《增定馆则》卷十二)
嘉靖十七年(1538)	五月，提督四夷馆少卿王守为教规事。(《增定馆则》卷十五)翰林院为申明圣谕，查举旧规，以励人心，以便教习事。(《增定馆则》卷十五)女直等馆译字生鲍谊等三十余人优免房号。(《增定馆则》卷十四)
嘉靖十八年(1539)	二月，恭遇圣驾巡幸承天府，礼部题奉钦依，准带译字官生四员名，前往行在。(《增定馆则》卷一)
嘉靖十九年(1540)	十月，提督四夷馆少卿李开先为查举教规，以稽勤惰，以成译学事。(《增定馆则》卷十五)

续表

时间	事件
嘉靖二十一年(1542)	四月，提督四夷馆少卿郭鋆为申严训规以图成效事。(《增定馆则》卷十五) 十二月，少保兼太子太保礼部尚书武英殿大学士掌部事严一本考试译字生，乞赐查革先年夤缘奸弊，以正国法，以清仕途。(《增定馆则》卷十二) 礼部题奉钦依，将鞑靼等馆译字生丛德等，监生曹金等八十名照例午门里会考。(《增定馆则》卷二)
嘉靖二十五年(1546)	裁革卿，止存少卿，仍听内阁稽考。一切公移俱呈翰林院转行，其习译官鸿胪寺带衔。(《大明会典》卷二) 十月庚子，礼部复给事中厉汝进奏："欲将译字、通事官生会同大臣从公考较，甄别去留。"(《明世宗实录》卷三百十六)
嘉靖三十一年(1552)	内阁批准本堂少卿郭呈一款，岁参通呈内阁参治。(《增定馆则》卷二)
嘉靖四十三年(1564)	礼部议上考选译字生十一事。(《礼部志稿》卷九十二)
嘉靖四十五年(1566)	二月，该本部题考选过世业子弟田东作等七十五名。(《增定馆则》卷十二)
万历七年(1579)	增设暹罗馆。(《大明会典》卷二百二十一) 七年正月初四日，考选译字生马应坤等十名到馆教译。(《万历起居注》"万历八年五月三日辛未")
万历十二年(1584)	十月，大学士申时行等题为继习译业事。(《增定馆则》卷十三)
万历十三年(1585)	闰九月，"回回馆"译字官龚敏学优免房号。(《增定馆则》卷十四)
万历二十一年(1593)	提督少卿张为申严试规以维译学事。(《增定馆则》卷十五)
万历二十四年(1596)	四月，选四夷馆译字官序班刘佐等一十五员充誊录职。(《增定馆则》卷十四)
万历二十六年(1598)	六月，提督少卿傅好礼请给关防。(《增定馆则》卷一)
万历三十一年(1603)	五月，大学士沈一贯等谨题为译学缺人，恳乞照例题请收取，以永传习事。(《增定馆则》卷十二)
万历三十二年(1604)	五月，该大学士沈等题为译学缺人，照例收取。(《增定馆则》卷一)六月，该礼部署部事左侍郎李考中译字生马尚礼等九十四名。(《增定馆则》卷十二)

续表

时间	事件
万历三十三年(1605)	五月，差官修理馆舍。(《增定馆则》卷十二)
万历三十四年(1606)	二月，四夷馆译字生亦优免四个月。(《增定馆则》卷二)
万历三十五年(1607)	工部给与本馆银二百四十七两，自行修理馆舍。(《增定馆则》卷十四) 十二月，内少卿洪申久不到馆者，重则黜革，轻则责治，并将月粮扣除，充季考赏。(《增定馆则》卷四)
万历三十六年(1608)	二月，以教师署正林洲不愿往，选译字生王子龙差往大喜峰口验放夷人。(《增定馆则》卷十三)
万历三十八年(1610)	六月，礼部题奏钦依，会同六部都察院堂上官翰林掌印官考试，唐尚忠等三十九名，送吏部冠带，作译字官。(《增定馆则》卷二)
万历三十九年(1611)	六月，工部给与本馆银二百两修理馆舍。 九月，选四夷馆官光禄寺署正刘等瀛，詹事府主簿成九皋二员补诰敕房。(《增定馆则》卷十四) 十二月，提督少卿洪为严岁参以儆□弊事。(《增定馆则》卷十五)
万历四十年(1612)	三月，属官给由。 翰林院四夷馆为习学九年将满，恳恩比例预期起送，以便搭考授职事。(《增定馆则》卷十四)
万历四十一年(1613)	九月，选译字官马尚礼送诰敕房办事。(《增定馆则》卷十四)
万历四十二年(1614)	三月，选译字官马键送诰敕房办事。(《增定馆则》卷十四)
万历四十三年(1615)	三月，一等官生取周十员名在史馆供事，候补誊录。(《增定馆则》卷十四) 六月，东阁大学士礼部尚书方等题以四夷馆教师补起居注馆，誊录玉牒。(《增定馆则》卷十三)
天启元年(1621)	少卿董荐送朱国□等十二员名，开名荐举，以备内阁不时取用之需。(《增定馆则》卷十四)
天启五年(1625)	八月，少傅兼太子太师吏部尚书建极殿大学士臣顾秉谦等谨题为译学缺人，恳乞照例题请收取，以永传习事。……考中译字生韩永祯等九十四名。(《增定馆则》卷十二)

续表

时间	事件
崇祯元年(1628)	三月，内提督本馆太常寺少卿朱起送考粮，于四月十五日赴午门里搭附廷试。预考中译字生马士秀等六十八名，照例月给米一石，至七月二十七日满日开支讫。(《增定馆则》卷一) 本馆少卿朱奉批具呈内阁题请，优免商役。(《增定馆则》卷三)
崇祯二年(1629)	翰林院提督四夷馆太常寺卿管少卿事，吕维祺等谨题为□劾逃旷属官以两官箴事。(《增定馆则》卷十三) 九月，工部移文准与修理，银二百五十两。(《增定馆则》卷十四)
崇祯三年(1630)	考取一等教师四员、一等译字官二员、一等译字生七名，荐送内阁，以备取用。(《增定馆则》卷十四)

明代四夷馆提督卿名录①

康熙戊辰（1688）

姓名(字)	籍贯	升任时间	历任官职
李温(景和)	顺天府潥县人	由庚辰进士，弘治七年升任	历户部左侍郎
刘玑(用齐)	陕西咸宁县人	由辛丑进士，正德二年升任	历户部尚书
张志淳(进之)	云南金齿司人	由甲辰进士，正德三年升任	历南京户部右侍郎
陈震(文静)	陕西庆阳卫人	由丁未进士，正德四年升任	历兵部右侍郎
侯观(仕宾)	直隶雄县人	由戊戌进士，正德五年升任	历户部尚书
廖纪(廷陈)	直隶东光县人	由庚戌进士，正德七年升任	历吏部尚书
沈冬魁(伯贞)	直隶阜城县人	由庚戌进士，正德九年升任	历礼部尚书
杨一溟(子山)	广东南海县人	由己未进士，正德十四年升任	历副都御史
潘希曾(仲鲁)	浙江金华县人	由壬戌进士，正德二年升任	历兵部右侍郎
刘思贤(用宾)	湖广石首县人	由丙戌进士，嘉靖四年升任	历工部右侍郎
边贡(廷实)	山东历城县人	由丙辰进士，嘉靖六年升任	历南京刑部右侍郎
苏民(天秀)	陕西仪卫司人	由乙丑进士，嘉靖七年升任	历工部右侍郎

---

①　参见黎难秋：《中国科学翻译史料》，北京，中国科技大学出版社，1996，第363～364页。

续表

姓名(字)	籍贯	升任时间	历任官职
成文(质夫)	山西文水县人	由壬戌进士，嘉靖八年升任	历副都御史
魏校(子才)	直隶昆山县人	由乙丑进士，嘉靖八年升任	改国子监祭酒
彭泽(仁卿)	广东南海县人	由丁丑进士，嘉靖九年以左春坊左谕德升任	
管楫(汝济)	陕西咸宁县人	由辛未进士，嘉靖十年升任	历副都御史
刘栋(元隆)	浙江山阴县人	由辛未进士，嘉靖十三年升任	历南京兵部右侍郎
张邦奇(常甫)	浙江鄞县人	由弘治乙丑进士，嘉靖十七年以太子宾客吏部左侍郎兼翰林院学士，奉钦依暂令提督	历南京兵部尚书
赵标(贞甫)	山西解州人	万历丙戌进士，三十二年升任	历太仆寺卿照旧管事

明代四夷馆提督少卿名录①

康熙戊辰(1688)

姓名(字)	籍贯	升任时间	历任官职
王佐(廷辅)	山西和顺县人	由戊戌进士,弘治七年任	历南京户部尚书
杨一清(应宁)	云南安宁州人	由壬辰进士,弘治十一年升任	历吏部尚书武英殿大学士
孙交(志同)	湖广安陆州人	由辛丑进士,弘治十四年升任	历户部尚书
李逊学(希贤)	河南上蔡县人	由丁未进士,正德三年升任	历礼部尚书、东阁大学士
张桧(汝吉)	顺天府平谷县人	由壬辰进士,正德五年以大理寺寺丞提督	历金都御史
杨廷仪(正夫)	四川新都县人	由己未进士,正德五年升任	历兵部左侍郎
黄柯清(应期)	福建南安县人	由壬戌进士,正德八年升任	历南京右通政
万镗(仕鸣)	江西进贤县人	由乙丑进士,正德十一年升任	历副都御史
张云(季升)	河南信阳卫人	由壬戌进士,正德十五年升任	历户部尚书
张九叙(禹功)	山东商河县人	由乙丑进士,嘉靖三年升任	历金都御史
汪玄锡(天启)	直隶婺源县人	由正德辛未进士,嘉靖五年升任	历户部右侍郎
刘穆(敬之)	山西临汾县人	由正德丁丑进士,嘉靖六年升任	改本寺管事

---

① 参见黎难秋:《中国科学翻译史料》,北京,中国科技大学出版社,1996,第364～374页。缺字已据《增定馆则》卷六"提督少卿"名录补。

姓名（字）	籍贯	升任时间	历任官职
谢丕（以中）	浙江馀姚县人	由乙丑进士，嘉靖六年升任，仍兼翰林院侍读	历吏部左侍郎
欧阳铎（崇道）	江西泰和县人	由戊辰进士，嘉靖六年升任	历吏部右侍郎
王德明（宗周）	直隶保定府清苑县人	由戊辰进士，嘉靖十年升任	历金都御史
胡森（秀夫）	浙江金华府汤溪县人	由辛巳进士，嘉靖十二年升任	改南京鸿胪寺卿
王守（履约）	南直隶吴江县人	由丙戌进士，嘉靖十三年升任	历金都御吏
毛渠（世泽）	山东莱州府掖县人	由丙戌进士，嘉靖十五年升任	历太仆寺卿
崔桐（来凤）	直隶海门县人	由正德丁丑进士，嘉靖十八年升任	历南京礼部右侍郎
李开先（伯华）	山东章丘县人	由己丑进士，嘉靖十九年以吏部文选司郎中升任	
胡经（用甫）	江西庐陵县人	由己丑进士，嘉靖二十年升任	
郭签（允重）	山西高平县人	由壬辰进士，嘉靖二十一年升任	历南京光禄寺卿
李凤来（德仪）	直隶桐城县人	由辛巳进士，嘉靖二十三年升任	
彭黯（道显）	江西安福县人	由癸未进士，嘉靖二十四年升任	历都察院右副都御史
卢勋（汝立）	浙江缙云县人	由壬辰进士，嘉靖二十五年升任	历太仆寺卿
高澄（肃卿）	顺天府固安县人	由己丑进士，嘉靖二十八年以南京太仆寺少卿改任	升光禄寺卿
罗廷绣（公裳）	陕西淳化县人	由戊戌进士，嘉靖二十八年升任	

续表

姓名（字）	籍贯	升任时间	历任官职
张鹗翼（习之）	直隶上海县人	由辛丑进士，嘉靖二十九年升任	
雷礼（必进）	江西丰城县人	嘉靖壬辰进士，三十二年任	升顺天府府尹，历少傅兼太子太傅工部尚书
何云雁（时宾）	浙江分水县人	嘉靖辛丑进士，三十二年任	改南京通政司右通政
郝良臣（廷荩）	山西襄垣县人	嘉靖辛丑进士，三十二年任	升南京太仆寺卿，历光禄寺卿
卢宗哲（浚卿）	直隶德州左卫人	嘉靖乙未进士，三十四年任	历光禄寺卿
刘大实（子虚）	河南确山县人	嘉靖戊戌进士，三十五年任	升太仆寺卿，历户部左侍郎
查秉彝（性甫）	浙江海宁县人	嘉靖戊戌进士，三十六年任	升顺天府尹
徐陟（子明）	直隶华亭县人	嘉靖丁未进士，三十八年任	升光禄寺卿，历南京刑部右侍郎
王秩（伯庸）	湖广汉阳县人	嘉靖甲辰进士，三十九年任	
王鹤（子皋）	陕西长安县人	嘉靖甲辰进士，四十年任	升大理寺左少卿，历应天府尹
万虞龙（言卿）	江西南昌县人	嘉靖庚戌进士，四十一年任	
吴承煮（仁甫）	直隶吴江县人	嘉靖癸丑进士，四十一年任	
任士凭（可依）	山东平原县人	嘉靖丁未进士，四十二年任	升通政司右通政，历兵部右侍郎兼都察院右金都御史
李敏（钝甫）	山西榆次县人	嘉靖丁未进士，四十三年任	升大理寺右少卿，历顺天府府尹

续表

姓名(字)	籍贯	升任时间	历任官职
陆炜(文蔚)	浙江平湖县人	嘉靖甲辰进士,四十三年任	
晋应槐(植吾)	山西洪洞县人	嘉靖丙辰进士,四十三年任	历巡抚宁夏右佥都御史
杨豫孙(幼殷)	直隶华亭县人	嘉靖丁未进士,四十三年任	升通政司右通政,历大理寺卿
陆光祖(与孝)	浙江平湖县人	嘉靖丁未进士,四十四年任	历工部右侍郎
丘岳(子瞻)	湖广黄冈县人	嘉靖丁未进士,四十四年任	升礼部右侍郎
吴悌(思诚)	江西金溪县人	嘉靖壬辰进士,四十五年任	升南京太仆寺卿,历刑部右侍郎
陈炌(文晦)	江西临川县人	嘉靖辛丑进士,四十五年任	升南京太仆寺卿,历都察院左都御史
罗良(虞臣)	江西万安县人	嘉靖癸丑进士,四十五年任	升大理寺右少卿,历光禄寺卿
林润(若雨)	福建莆田县人	嘉靖丙辰进士,隆庆元年任	升右佥都御史,巡抚应天等处
徐公遴(举之)	浙江开化县人	嘉靖甲辰进士,隆庆元年任	升南京光禄寺卿
胡汝桂(芳甫)	山东金乡县人	嘉靖丙辰进士,隆庆元年任	
赵灼(时章)	直隶上海县人	嘉靖丙辰进士,隆庆元年任	升通政司右通政
武金(砺甫)	直隶井陉县人	嘉靖癸丑进士,隆庆二年任	升都察院右佥都御史,提督抚治郧阳等处
曾同亨(于野)	江西吉水县人	嘉靖己未进士,隆庆三年任	升光禄寺卿,历巡抚贵州,右副都御史

续表

姓名(字)	籍贯	升任时间	历任官职
周怡(顺之)	直隶太平县人	嘉靖戊戌进士,隆庆三年任	
张卤(召和)	河南仪封县人	嘉靖己未进士,隆庆四年任	升右通政,历右金都御史,大理寺卿
孙光佑(仲笃)	山西绛州人	嘉靖壬戌进士,隆庆五年任	升大理寺少卿,历巡抚应天右金都御史
吕藿(忱卿)	湖广零陵县人	嘉靖壬戌进士,隆庆五年任	历提督操江,右金都御史
韩楫(伯通)	山西蒲州人	嘉靖乙丑进士,隆庆五年任	升通政司右通政
宋良佐(守忠)	江西万载县人	嘉靖乙丑进士,隆庆六年任	升大理寺右少卿
刘浡(自裕)	河南陈州卫人	嘉靖壬戌进士,隆庆六年任	
胡价(士重)	湖广宜城县人	嘉靖壬戌进士,隆庆六年任	升大理寺右少卿,南京光禄寺卿,操江右金都御史,回院,历左副都御史
王篆(汝文)	湖广夷陵州人	嘉靖壬戌进士,万历元年任	升提督誊黄右通政,操江右金都御史,升左金都回院,历左副都御史,吏部右侍郎
刘大受(子可)	顺天府大城县人	嘉靖己未进士,万历二年任	
孙拢(文中)	锦衣卫官籍,浙江余姚县人	嘉靖丙辰进士,万历三年任	升右通政光禄寺卿
方九功(允治)	河南南阳县人	嘉靖乙丑进士,万历三年任	改南京鸿胪寺卿

姓名(字)	籍贯	升任时间	历任官职
温纯(景文)	陕西三原县人	嘉靖乙丑进士，万历五年任	升大理寺左少卿，历太常寺卿
杨俊民(伯章)	山西浦州人	嘉靖壬戌进士，万历五年任	升大理寺左少卿，历山东巡抚、右副都御史
郑汝璧(邦章)	浙江缙云县人	隆庆戊辰进士，万历六年任	
贾三近(德修)	山东峄县人	隆庆戊辰进士，万历六年任	历升大理寺少卿、光禄寺卿
肖廪(可发)	江西万安县人	嘉靖乙丑进士，万历六年任	升南京太仆寺卿，历陕西巡抚、右金都御史
王宗载(时厚)	湖广京山县人	嘉靖壬戌进士，万历六年任	升大理寺右少卿，历巡抚江西右金都御史
臧惟一(守中)	山东诸城县人	嘉靖乙丑进士，万历七年任	升大理寺右少卿，历太仆寺卿
蒋遵箴(叔检)	广西全州人	隆庆戊表进士，万历八年任	升南京先录寺卿
孙维清(仲直)	山西解州人	嘉靖乙丑进士，万历十年任	
萧崇业(允修)	云南临安卫籍，应天府上元县人	隆庆辛未进士，万历十一年任	升南京太仆寺卿，历右金都御史，提督操江
姜宝(廷善)	直隶丹阳县人	嘉靖癸丑进士，万历十一年任	升南京太常寺卿，历南京礼部尚书，加太子少保

续表

姓名（字）	籍贯	升任时间	历任官职
奏耀（道明）	直隶无锡县人	隆庆辛未进士，万历十二年任	升太仆寺卿，历右副都御史，巡抚湖广
沈思孝（纯甫）	浙江嘉兴县人	隆庆戊辰进士，万历十三年任	升顺天府府尹，历巡抚陕西、河南戎政、右都御史
陈有年（登之）	浙江余姚县人	嘉靖壬戌进士，万历十三年任	升右金都御史，巡抚江西，历吏部尚书
齐世臣（惟良）	江西南昌县人	隆庆辛未进士，万历十四年任	
赵世卿（象贤）	山东历城县人	隆庆辛未进士，万历十五年任	升通政司右通政，历户部尚书
邵仲禄（孟廉）	四川奉节县人	隆庆戊辰进士，万历十五年任	升通政司右通政，历右副都御史，赠兵部右侍郎
杨廷相（君赞）	福建晋江县人	万历甲戌进士，万历十七年任	升应天府府尹，历南京通政使
陈大科（思进）	直隶阳州府通州人	隆庆辛未进士，万历十七年任	升通政司右通政，历兵部右侍郎，总督两广
陈与郊（广野）	浙江杭州府海宁县人	万历甲戌进士，万历十八年任	
刘希孟（醇甫）	山东安丘县人	隆庆辛未进士，万历十八年任	升通政司右通政
朱来远（文甫）	直隶庐州府庐江县人	万历丁丑进士，万历十九年任	
周思敬（子礼）	湖广黄州府麻城县人	万历戊辰进士，万历二十年任	升光禄寺卿，历南京大理寺卿，户部右侍郎

姓名（字）	籍贯	升任时间	历任官职
张一元（鸣春）	山东济南府邹平县人	隆庆辛未进士，万历二十一年任	升通政司右通政，历右佥都御史，巡抚河南
刘元霖（元泽）	直隶河间府任丘县人	万历庚辰进士，万历二十一年任	升右佥都御史，巡抚浙江
赵崇善（伯兼）	浙江金华府兰溪县人	万历丁丑进士，万历二十二年任	
白栋（子隆）	陕西榆林卫人	隆庆辛未进士，万历二十三年任	升大理寺右少卿
郑继之（伯孝）	湖广襄阳仪卫司人	嘉靖乙丑进士，万历二十四年任	历吏部尚书
傅好礼（伯恭）	顺天府固安县人	万历甲戌进士，万历二十六任	
南企仲（伯稷）	陕西渭南县人	万历庚辰进士，二十六年任	升太仆寺卿，起南京户部右侍郎
朱敬循（叔理）	浙江绍兴府山阴县人	万历壬辰进士，二十八年任	升通政司右通政
赵崇善（伯兼）	浙江金华府兰溪县人	万历丁丑进士，二十八年复任	
景明（尔涵）	山西平阳府安邑县人	万历壬辰进士，三十二年任	
赵标（贞甫）	山西平阳府解州人	万历丙戌进士，三十二年任	升太仆寺卿，照旧管事
马洙（汝鲁）	山西平阳府蒲州人	万历己丑进士，三十三年任	
刘一焜（元丙）	江西南昌府南昌县人	万历壬辰进士，三十四年任	升右佥都御史，巡抚浙江
耿庭伯（惟芳）	山东济南府新城县人	万历壬辰进士，三十五年任	升太仆寺卿，历右佥都御吏，巡抚浙江

续表

姓名（字）	籍贯	升任时间	历任官职
洪文衡（平仲）	直隶徽州府歙县人	万历己丑进士，三十八年任	升大理寺少卿，历太常寺卿，赠工部右侍郎
朱光祚（世其）	湖广江陵县人	万历乙未进士，三十九年任	升大理寺右少卿，历工部尚书，总督河道
王纪（惟里）	山西芮城县人	万历己丑进士，四十年任	升右佥都御史，巡抚保定，历刑部尚书
李养正（若蒙）	直隶魏县人	万历戊戌进士，四十年任	升右佥都御史，巡抚河南，历太子少保刑部尚书
史孟麟（际明）	南直宜兴县人	万历癸未进士，四十二年任	升太仆寺卿
丁启浚（蓼初）	福建晋江县人	万历壬辰进士，四十四年任	升太常寺卿，历刑部左侍郎
梁克从（壶岭）	河南鄢陵县人	万历戊戌进士，四十五年任	
周永春（毓阳）	山东兖州府金乡县人	万历辛丑进士，四十六年任	升右佥都御史，巡抚辽东
胡来朝（光陆）	直隶真定府赞皇县人	万历戊戌进士，四十六年任	升右佥都御史，巡抚大同
官应震（阳谷）	湖广黄州府黄冈县人	万历戊戌进士，四十八年任	
范济世（含初）	河南怀庆府济源县人	万历戊戌进士，四十八年任	升大理寺左少卿，历太子太保，南京户部尚书
杨东明（晋安）	河南归德府虞城县人	万历庚辰进士，天启元年任	历刑部左侍郎
杨道寅（湛我）	福建泉州府晋江县人	万历丁未进士，天启元年任	

姓名(字)	籍贯	升任时间	历任官职
董王举(见龙)	福建福州府闽县人	万历戊戌进士,天启元年任	升太仆寺卿,历工部右侍郎、荆州铸钱
王洽(葱岳)	山东济南府临邑县人	万历甲辰进士,天启二年任	升右佥都御史,巡抚浙江,历兵部尚书
王大智(浚宇)	顺天府蓟州玉田县人	万历甲辰进士,天启二年任	历太仆卿
梅之焕(长公)	湖广黄州府麻城县人	万历甲辰进士,天启二年任	升右佥都御史,巡抚南赣、甘肃
吴亮嗣(纳存)	湖广黄州府广济县人	万历甲辰进士,天启二年任	
暴谦贞(襟漳)	山西潞安府屯留县人	万历癸丑进士,天启三年任	
王命浚(虞石)	福建龙岩县籍,泉州府晋江县人	万历甲辰进士,天启三年任	升太常寺卿,历大理寺卿
路升(天衢)	直隶真定府饶阳县人	万历丁未进士,天启三年任	升太常卿
杨鹤(弱水)	湖广常德府武陵县人	万历甲辰进士,天启三年任	升南赣巡抚,历兵部右侍郎,兼右副都御史,总督三边
赵时用(霖宇)	直隶扬州府江都县籍,徽州府休宁县人	万历癸丑进士,天启四年任	
程达(芸阁)	湖广德安府孝感县人	万历庚戌进士,天启四年任	历太仆卿
张守道(生洲)	南直宁国府宣城县人	万历甲辰进士,天启四年任	升南京太常寺卿,历工部右侍郎
甄淑(锦岳)	湖广黄州府黄冈县人	万历庚戌进士,天启四年任	历光禄卿

续表

姓名（字）	籍贯	升任时间	历任官职
白储珝（华池）	直隶顺德府南和县人	万历甲辰进士，天启五年任	升太常卿
李逢节（来吴）	南直苏州府吴江县人	万历丁未进士，天启五年任	升应天府尹，历兵部右侍郎，总督两广
庄钦邻（阳初）	福建泉州府晋江县人	万历辛丑进士，天启五年任	
亓诗教（静初）	山东济南府莱芜县人	万历戊戌进士，天启五年任	升右佥都御史，巡抚河南
赵兴邦（澹舍）	直隶真定府高邑县人	万历辛丑进士，天启六年任	
谢升（青墩）	山东德州人	万历丁未进士，天启六年任，崇祯元年复任	升太仆寺卿，历吏部左侍郎
崔尔进（以可）	陕西长安县人	万历甲辰进士，天启六年任	升南京太仆寺卿，历户部右侍郎，巡抚天津
朱大启（广原）	浙江秀水县人	万历庚戌进士，崇祯元年任	升太仆寺卿
魏照乘（瑶海）	直隶滑县人	万历丙辰进士，崇祯元年任	升右佥都御史，巡抚江西
段国章（王屋）	河南济源县人	万历癸丑进士，崇祯元年任	
张振秀（存宇）	山东临清州人	万历庚戌进士，崇祯元年任	
吕维祺（豫石）	河南新安县人	万历癸丑进士，崇祯元年任	二年升太常寺卿，照旧管理，三年升南京户部右侍郎兼右佥都御史，总督粮贮
章光岳（仲山）	江西临州县人	万历癸丑进士，崇祯二年任	升太常寺卿

姓名(字)	籍贯	升任时间	历任官职
耿志炜(孟诸)	陕西武功县人	万历癸丑进士，崇祯二年任	
解学龙(石帆)	南真兴化县人	万历癸丑进士，崇祯三年任	
彭汝楠(让木)	福建莆田县人	万历丙辰进士，崇祯三年任	

参考文献

(一)古籍

[1]归有光：《归先生文集》，明万历四年(1576)翁良瑜雨金堂刻本。

[2]申时行：《大明会典》，明万历刻本。

[3]雷礼：《国朝列卿记》，明万历刻本。

[4]王九思：《渼陂集》，明嘉靖刻本崇祯补修本。

[5]杨守敬：《日本访书志》，清光绪刻本。

[6]《华夷译语》，《涵芬楼秘笈》第 4 集，浙江大学西溪校区图书馆藏影印本。

[7]张岱：《石匮书后集》，清抄本南京图书馆影印本。

[8]黄溍：《金华黄先生文集》卷八，《四部丛刊初编集部》，上海，商务印书馆，1919。

[9]《嘉靖重修一统志》，《四部丛刊续编史部》，上海，商务印书馆，1919。

[10]王宗载：《四夷馆考》，民国十三年(1924)东方学会印本。

[11]陈梦雷：《古今图书集成》第 209 册，上海，中华书局，1934。

[12]金毓绂：《辽海丛书·全辽志》，沈阳，辽海书社，1934。

[13]叶楚伧、柳诒徵修，王焕镳纂：《首都志》，台北，成文出版社，1935。

[14]黄佐：《翰林记》，丛书集成初编本，上海，商务印书馆，1936。

[15]张燮：《东西洋考》，丛书集成初编本，上海，商务印书馆，1936。

[16]沈节甫：《纪录汇编》，上海，商务印书馆，1938。

[17]《明太宗实录》，梁鸿志 1941 年影印江苏国学图书馆传抄本。

[18]《明宣宗实录》，梁鸿志 1941 年影印江苏国学图书馆传抄本。

[19]《明英宗实录》，梁鸿志 1941 年影印江苏国学图书馆传抄本。

[20]《明宪宗实录》，梁鸿志 1941 年影印江苏国学图书馆传抄本。

[21]《明孝宗实录》，梁鸿志 1941 年影印江苏国学图书馆传抄本。

[22]《明武宗实录》，梁鸿志 1941 年影印江苏国学图书馆传抄本。

[23]《明世宗实录》，梁鸿志 1941 年影印江苏国学图书馆传抄本。

[24]《明穆宗实录》，梁鸿志 1941 年影印江苏国学图书馆传抄本。

[25]《明神宗实录》，梁鸿志 1941 年影印江苏国学图书馆传抄本。

[26]《明熹宗实录》，梁鸿志 1941 年影印江苏国学图书馆传抄本。

[27]王溥：《唐会要》，北京，中华书局，1955。

[28]龙文彬：《明会要》，北京，中华书局，1956。

[29]司马光编，胡三省注：《资治通鉴》，北京，中华书局，1956。

[30]徐松：《宋会要辑稿》，北京，中华书局，1957。

[31]萧奭：《永宪录》，《清代史料笔记丛刊》，北京，中华书局，1959。

[32]班固撰，颜师古注：《汉书》，北京，中华书局，1962。

[33]陈子龙等：《明经世文编》，北京，中华书局，1962。

[34]司马彪撰，刘昭注补：《后汉书》，北京，中华书局，1965。

[35]永瑢等：《四库全书总目》，北京，中华书局，1965。

[36]魏征等：《隋书》，北京，中华书局，1973。

[37]房玄龄等：《晋书》，北京，中华书局，1974。

[38]欧阳修：《新五代史》，北京，中华书局，1974。

[39]沈约：《宋书》，北京，中华书局，1974。

[40]脱脱等：《辽史》，北京，中华书局，1974。

[41]魏收：《魏书》，北京，中华书局，1974。

[42]张廷玉等：《明史》，北京，中华书局，1974。

[43]李延寿：《南史》，北京，中华书局，1975。

[44]刘昫等：《旧唐书》，北京，中华书局，1975。

[45]欧阳修，宋祁：《新唐书》，北京，中华书局，1975。

[46]宋濂等：《元史》，北京，中华书局，1976。

[47]赵尔巽等：《清史稿》，北京，中华书局，1976。

[48]脱脱等：《宋史》，北京，中华书局，1977。

[49]茅伯符辑，火源洁译：《华夷译语》，台北，珪庭出版社，1979。

[50]许慎撰，段玉裁注：《说文解字注》，上海，上海古籍出版社，1981。

[51]郑晓：《今言》，《元明史料笔记丛刊》，北京，中华书局，1984。

[52]《清高宗实录》，北京，中华书局，1985。

[53]查继佐：《罪惟录》，杭州，浙江古籍出版社，1986。

[54]杨一清：《关中奏议》，《景印文渊阁四库全书》第 428 册，台北，台湾"商务印书馆"，1986。

[55]沈翼机等：《浙江通志》，《景印文渊阁四库全书》第 524 册，台北，台湾"商务印书馆"，1986。

[56]夏力恕等：《湖广通志》，《景印文渊阁四库全书》第 532 册，台北，台湾"商务印书馆"，1986。

[57]杨衒之：《洛阳伽蓝记》，《景印文渊阁四库全书》第 587 册，台北，台湾"商务印书馆"，1986。

[58]林尧俞等纂修，俞汝楫等编撰：《礼部志稿》，《景印文渊阁四库全书》第 598 册，台北，台湾"商务印书馆"，1986。

[59]邱浚：《大学衍义补》，《景印文渊阁四库全书》第 712、713 册，台北，台湾"商务印书馆"，1986。

[60]释赞宁：《宋高僧传》，北京，中华书局，1987。

[61]《北京图书馆古籍珍本丛刊6·经部》，北京，书目文献出版社，1988。

[62]《万历起居注》，北京，北京大学出版社，1988。

[63]周密：《癸辛杂识》，北京，中华书局，1988。

[64]纪昀等：《历代职官表》，上海，上海古籍出版社，1989。

[65]梁储：《郁洲遗稿》，《四库明人文集丛刊》，上海，上海古籍出版社，1991。

[66]孙承泽：《春明梦余录》，北京，北京古籍出版社，1992。

[67]严从简：《殊域周咨录》，北京，中华书局，1993。

[68]樊维城，胡震亨：《海盐县图经》，《四库全书存目丛书》史部第208册，济南，
齐鲁书社，1996。

[69]朱元璋：《皇明祖训》，《四库全书存目丛书》史部第264册，济南，齐鲁书社，
1996。

[70]徐学聚：《国朝典汇》，《四库全书存目丛书》史部第265册，济南，齐鲁书社，
1996。

[71]江繁：《四译馆考》，《四库全书存目丛书》史部第272册，济南，齐鲁书社，
1996。

[72]郑玄注，孔颖达疏：《礼记正义》，北京，北京大学出版社，1999。

[73]邵懿辰：《增订四库简明目录标注》，上海，上海古籍出版社，2000。

[74]方龄贵：《通制条格校注》，北京，中华书局，2001。

[75]吕维祺等：《四译馆增定馆则》，《续修四库全书》第749册，上海，上海古籍出
版社，2002。

[76]黄佐：《南雍志》，《续修四库全书》第749册，上海，上海古籍出版社，2002。

[77]钱曾：《读书敏求记》，《续修四库全书》第923册，上海，上海古籍出版社，
2002。

[78]张萱：《西园闻见录》，《续修四库全书》第1169册，上海，上海古籍出版社，
2002。

[79]余子俊：《余肃敏公文集》，陈子龙等辑：《皇明经世文编》卷六十一，《续修四库
全书》第1655册，上海，上海古籍出版社，2002。

[80]严嵩：《严嵩南宫奏议》，陈子龙等辑：《皇明经世文编》卷二百十九，《续修四库
全书》第1658册，上海，上海古籍出版社，2002。

[81]徐阶：《徐文贞公集》，陈子龙等辑：《皇明经世文编》卷二百四十五，《续修四库
全书》第1658册，上海，上海古籍出版社，2002。

[82]徐元浩：《国语集解》，北京，中华书局，2002。

[83]吕友仁译注：《周礼译注》，郑州，中州古籍出版社，2004。

[84]永瑢：《四库家藏·经部典籍概览(二)》，济南，山东画报出版社，2004。

(二)专著

[1]〔伊朗〕志费尼：《世界征服者史(下册)》，呼和浩特，内蒙古人民出版社，1980。

[2]韩儒林:《穹庐集》,上海,上海人民出版社,1982。

[3]邵循正:《邵循正先生历史论文集》,北京,北京大学出版社,1985。

[4]付克:《中国外语教育史》,上海,上海外语教育出版社,1986。

[5]方豪:《中西交通史》,长沙,岳麓书社,1987。

[6]周一良:《中外文化交流史》,郑州,河南人民出版社,1987。

[7]郑鹤声,郑一钧:《郑和下西洋资料汇编(下)》,济南,齐鲁书社,1989。

[8]贾敬颜,朱风:《蒙古译语·女真译语汇编》,天津,天津古籍出版社,1990。

[9]邱树森:《中国历代职官辞典》,南昌,江西教育出版社,1991。

[10]朱亚非:《明代中外关系史研究》,济南,济南出版社,1993。

[11]陈炎:《海上丝绸之路与中外文化交流(增订本)》,北京,北京大学出版社,1996。

[12]黎难秋:《中国科学翻译史料》,北京,中国科技大学出版社,1996。

[13]黎虎:《汉唐外交制度史》,兰州,兰州大学出版社,1998。

[14]史仲文,胡晓林:《中华文化制度辞典》,北京,中国国际广播出版社,1998。

[15]李国钧,王炳照主编,吴宣德著:《中国教育制度通史·第四卷·明代》,济南,山东教育出版社,1999。

[16]铁木尔·达瓦买提:《中国少数民族文化大辞典(综合卷)》,北京,民族出版社,1999。

[17]陈福康:《中国译学理论史稿》,上海,上海外语教育出版社,2000。

[18]孙培青:《中国教育史》,上海,华东师范大学出版社,2000。

[19]黎难秋:《中国口译史》,青岛,青岛出版社,2002。

[20]钟智翔,颜剑:《缅汉翻译概论》,北京,军事谊文出版社,2002。

[21]丁明仁:《伊斯兰文化在中国》,北京,宗教文化出版社,2003。

[22]马建春:《元朝东迁西域人及其文化研究》,北京,民族出版社,2003。

[23]张星烺:《中西交通史史料汇编》,北京,中华书局,2003。

[24]何忠礼:《中国古代史史料学》,上海,上海古籍出版社,2004。

[25]马祖毅:《中国翻译简史料〈五四以前部分〉》,北京,中国对外翻译出版公司,2004。

[26]田正平:《中外教育交流史》,广州,广东教育出版社,2004。

[27]丁国勇:《回族史话》,银川,宁夏人民出版社,2005。

[28]李传松,许宝发:《中国近现代外语教育史》,上海,上海外语教育出版社,2006。

[29]马祖毅等:《中国翻译通史·古代部分》,武汉,湖北教育出版社,2006。

[30]吴明海:《中国少数民族教育史教程》,北京,中央民族大学出版社,2006。

[31]张文德:《明与帖木儿王朝关系史研究》,北京,中华书局,2006。

[32]曹明伦:《翻译之道:理论与实践》,保定,河北大学出版社,2007。

[33]高晓芳:《晚晴洋务学堂的外语教育研究》,北京,商务印书馆,2007。

[34]萧启庆：《内北国而外中国·蒙元史研究》，北京，中华书局，2007。

[35]陈垣：《元西域人华化考》，上海，上海古籍出版社，2008。

[36]刘迎胜：《〈回回馆杂字〉与〈回回馆译语研究〉》，北京，中国人民大学出版社，2008。

[37]缪咏禾：《中国出版通史·明代卷》，北京，中国书籍出版社，2008。

[38]史金波，黄润华：《中国历代民族古文字文献探幽》，北京，中华书局，2008。

[39]冯天瑜：《中华文化辞典》，武汉，武汉大学出版社，2010。

[40]聂鸿音，孙伯君：《〈西番译语〉校录及汇编》，北京，社会科学文献出版社，2010。

[41]张美平：《晚清外语教学研究》，北京，中国社会科学出版社，2011。

[42]布日古德：《〈华夷译语〉（甲种本）音译汉字研究》，北京，中国社会科学出版社，2012。

[43]葛剑雄：《中国历代疆域的变迁》，北京，商务印书馆，2012。

[44]郝勇，黄勇，覃海伦编著《东南亚研究：老挝概论》，广州，世界图书出版广东有限公司，2012。

[45]李帆：《民国思想文丛·学衡派》，长春，长春出版社，2013。

[46]刘志强：《中越文化交流史论》，北京，商务印书馆，2013。

（三）论文

[1]向达：《瀛涯琐志——记巴黎本王宗载四夷馆考》，载《图书季刊》，1940年第2期。

[2]胡振华，黄润华：《〈高昌馆课〉介绍》，载《新疆大学学报》，1978年第2期。

[3]姚从吾：《辽金元时期通事考》，《姚从吾先生全集》第5册，台北，正中书局，1981。

[4]魏英邦：《〈华夷译语〉研究拾零》，载《青海社会科学》，1982年第2期。

[5]胡振华，黄润华：《明代高昌馆来文及其历史价值》，载《中央民族学院学报》，1982年第1期。

[6]胡振华，黄润华：《明代汉文回鹘文分类词汇集〈高昌馆杂字〉》，载《民族语文》，1983年第3期。

[7]余定邦：《明代的四夷馆》，《庆祝中山大学建校六十周年（1924—1984）东南亚历史论文集》，广州，中山大学东南亚历史研究所，1985。

[8]魏向东：《两汉谒者官职初探》，载《苏州大学学报》，1985年第2期。

[9]王雄：《明朝的四夷馆及其对译字生的培养》，载《民族研究》，1987年第2期。

[10]刘迎胜：《唐元时代中国的伊朗语文与波斯语文教育》，载《新疆大学学报》，1991年第1期

[11]〔伊朗〕穆扎法尔·巴赫蒂亚尔：《亦斯替非考》，叶奕良编：《伊朗学在中国论文集》，北京，北京大学出版社，1993。

[12]〔日〕佐口透：《鞑靼的和平》，刘俊文主编：《日本学者研究中国史论著选译》第 9
　　卷，北京，中华书局，1993。

[13]陈尚胜：《论宣德至弘治时期(1426～1505)明朝对外政策的收缩》，载《山东大学
　　学报》，1994 年第 2 期。

[14]张双福：《〈华夷译语〉研究》，载《内蒙古社会科学》，1994 年第 5 期。

[15]金占祥：《"马沙亦黑"是尊称不是人名》，载《中国穆斯林》，1995 年第 1 期。

[16]胡振华：《珍贵的回族文献〈回回馆译语〉》，载《中央民族大学学报》，1995 年第
　　2 期。

[17]刘迎胜：《古代中原与内陆亚洲地区的语言交往》，王元化主编：《学术集林》第 7
　　卷，上海，上海远东出版社，1996。

[18]黄明光：《明代译字教育述议》，载《民族研究》，1996 年第 1 期。

[19]刘迎胜：《宋元至清初我国外语教学史研究》，载《江海学刊》，1998 年第 3 期。

[20]黎虎：《汉唐外交管理体制的演进及其特点》，载《北京师范大学学报》，1998 年
　　第 3 期。

[21]李志跃：《明初南京出版的工具书〈华夷译语〉述略》，载《江苏图书馆学报》，
　　1999 年第 3 期。

[22]刘瑞：《秦"属邦"、"臣邦"与"典属国"》，载《民族研究》，1999 年第 4 期。

[23]张文德：《王宗载及其〈四夷馆考〉》，载《中国边疆史地研究》，2000 年第 3 期。

[24]照那斯图：《回鹘文字母的八思巴字注音》，载《民族语文》，2000 年第 4 期。

[25]王剑：《洪武初年东北亚国际格局的变迁与明代的对策》，载《黑龙江社会科学》，
　　2000 年第 3 期。

[26]王静：《隋唐四方馆、鸿胪客馆论考》，载《西域研究》，2002 年第 2 期。

[27]吴丽娱：《试论晚唐五代的客将、客司与客省》，载《中国史研究》，2002 年第
　　4 期。

[28]张帆：《元朝诏敕制度研究》，《国学研究》第 10 卷，北京，北京大学出版社，
　　2002。

[29]乌云高娃，刘迎胜：《明四夷馆"鞑靼馆"研究》，载《中央民族大学学报》，2002
　　年第 4 期。

[30]乌云高娃：《日本学者对明"四夷馆"及〈华夷译语〉的研究状况》，载《中国史研究
　　动态》，2002 年第 6 期。

[31]乌云高娃：《14—18 世纪东亚大陆的"译学机构"》，载《黑龙江民族丛刊》，2003
　　年第 3 期。

[32]王建军：《元代回回国子监研究》，载《回族研究》，2004 年第 1 期。

[33]薛宗正：《大行令、大鸿胪与鸿胪卿》，载《新疆社会科学》，2004 年第 5 期。

[34]高晓芳：《元代外语教育说略》，载《外语教学与研究》，2005 年第 2 期。

[35]刘迎胜：《明初中国与亚洲中西部地区交往的外交语言问题》，《传承文明　走向
　　世界　和平发展——纪念郑和下西洋 600 周年国际学术论坛论文集》，北京，社

会科学文献出版社，2005。

[36]钱志乾：《试论郑和下西洋的主要目的》，载《江西社会科学》，2005年第2期。

[37]周毅：《近代广东通事及其角色特征之分析》，载《四川大学学报》，2005年第3期。

[38]梁向明：《郑和下西洋对东南亚诸国的影响》，载《云南民族大学学报》，2005年第5期。

[39]李云泉：《明代中央外事机构论考》，载《东岳论丛》，2006年第5期。

[40]王静：《清代会同四译馆论考》，载《西北大学学报》，2006年第5期。

[41]李艳洁：《明代泰宁卫的经济生活及与明朝的关系》，载《内蒙古师范大学学报》，2007年第2期。

[42]欧阳戎元：《〈高昌馆杂字〉的入声》，载《南阳师范学院学报》，2007年第10期。

[43]任小波：《明代西番馆与西番馆来文》，中央民族大学2007年硕士学位论文。

[44]李占魁：《再探元代穆斯林地位优越的原因》，载《西北民族研究》，2008年第1期。

[45]刘红军，孙伯君：《存世"华夷译语"及其研究》，载《民族研究》，2008年第2期。

[46]特木勒：《迁都前明朝四夷馆方位小考》，刘迎胜主编：《元史及民族与边疆研究集刊》第21辑，上海，上海古籍出版社，2009。

[47]张文德：《从暹罗馆的设立看明朝后期与暹罗的文化交流》，载《东南亚纵横》，2009年第2期。

[48]宋丹：《周朝"象胥"考——周朝的翻译制度考证》，载《兰台世界》，2010年第2期。

[49]王弘治：《永乐本〈西番馆杂字〉中所见汉藏语言的性质》，载《民族语文》，2010年第2期。

[50]辛全民：《通事的词义变迁》，载《淄博师专学报》，2010年第2期。

[51]辛全民，姚东：《中国翻译史的通事时期初探》，载《青海民族大学学报》，2010年第3期。

[52]张学强，王文娟：《多样性维持与整合缺失：多元文化背景下元代民族社会教育政策分析》，载《西北师范大学学报》，2010年第6期。

[53]赵巍，马艳姿：《传统译论中的翻译策略术语研究——重九译、重译、九译、直译和音译》，载《西安外国语大学学报》，2010年第3期。

[54]何春明：《唐朝四方馆研究——兼论其在处理中外民族关系中的地位和作用》，中央民族大学2011年博士学位论文。

[55]辛全民：《中国翻译史的分期新探》，载《广东外语外贸大学学报》，2011年第2期。

[56]张美平：《教习译写番字，事虽轻而干系重——明代四夷馆翻译教学述略》，载《中国科技翻译》，2011年第2期。

[57]高寿仙：《市场交易的徭役化：明代北京的"铺户买办"与"召商买办"》，载《史学

月刊》，2011 年第 3 期。

［58］陶新华：《魏晋南北朝时期尚书台令史的职责和政治影响》，载《湖南大学学报》，
2011 年第 3 期。

［59］王永宽《明末至清代新安吕氏家族世系与支派考略》，载《中州学刊》，2012 年第
1 期。

［60］任小波：《明代西番馆职司与史事述考》，载《西藏大学学报》，2012 年第 3 期。

［61］张德玉，刘彦红：《辽东边墙以内的女真人——东宁卫及草河千户所的设置》，
载《满族研究》，2012 年第 3 期。

［62］周松：《明代达官民族身份的保持与变异——以武职回回人昌英与武职蒙古人昌
英两家族为例》，载《西北民族大学学报》，2012 年第 3 期。

［63］贺爱军，乔璐璐：《从"译"到"翻译"》，载《宁波大学学报》，2013 年第 1 期。

后　记

　　本研究能够以专著的形式出版,首先非常感谢全国哲学社会科学规划办公室提供的出版资助,也要感谢浙江省哲学社会科学规划办公室以及浙江树人大学科研处提供的前期研究资助。感谢北京师范大学出版社的编辑同志在本书编辑出版的过程中付出的辛勤劳动。

　　在此一是要对本研究的研究始末进行简单梳理,二是要对一直以来给我诸多指导与帮助的良师益友表达感激之情。本研究最早的雏形是笔者 2006 年完成的硕士学位论文《明四夷馆翻译培养研究——兼论日本寄语》,其中对明代四夷馆有两万多字的论述。2007 年至 2010 年笔者基于硕士论文的内容继续扩展研究,相继在《上海翻译》《日本学论坛》《解放军外国语学院学报》等刊物上发表了一些文章。非常感谢这些刊物,他们的肯定给了我继续研究的动力,也为我提供了与相关领域的专家学者进行交流的平台。2011 年笔者以《明代官办外语教育研究》为题申报的浙江省哲社规划课题顺利获得立项。经过两年多的努力,2013 年当本书的主体内容接近完成时,恰逢国家社科基金后期资助项目的申报。于是,抱着试试看的心理,我以《明代四夷馆研究》为题进行了申报。同年 11 月得知本研究获得立项,真是喜出望外,但同时也感到前所未有的压力。毕竟这是为国家社科基金提交的一份作业,我有义务更有责任把它做好。荣幸的是,在本书申报国家社科基金后期资助项目时,评审专家对书稿的内容给以充分的肯定并提出了宝贵的修改意见,为本书进一步的修改完善起到了很好的指导作用。借此机会对评审专家致以崇高的敬意与诚挚的谢意!

　　如今到了提交作业的时候,内心真是喜忧参半,感慨万千。喜的是在近年来研究成果基础上完成的这部专著终于可以面世了,忧的是由于受到时间、能力所限,研究中不免还有许多疏漏之处,只能恳请各位专家学者给予批评指正,留待日后继续改进。

　　我深知在研究道路上取得的每一点成绩都离不开师友的指导与鼓励,借此机会表达对他们的感激之情。首先,感谢浙江工商大学王宝平教授与广东外语外贸大学韦立新教授。两位教授对我的硕、博学位论文的悉心指导与严格要求为后来的研究工作打下了坚实的基础。在本书的撰写

过程中，王宝平教授一如既往地给予我指导与鞭策，不仅无私传授查阅
资料的方法，还对书稿内容提出了十分具有指导意义的修改建议。其次，
感谢浙江工商大学王勇教授与厦门大学吴光辉教授。两位教授曾为我的
博士论文提出了宝贵的意见，使我受益匪浅。虽然本书的内容与博士论
文并无直接关联，但两位教授对我的启发拓展了日后的研究思路与视野。
在本书的撰写过程中，吴光辉教授对研究内容提出了不少参考意见。再
次，感谢北京外国语大学郭连友教授与浙江工业大学徐萍飞教授。两位
教授和蔼可亲，亦师亦友，激励我不断进步。感谢浙江工商大学江静教
授、陈小法教授以及浙江树人大学丛滋杭教授、张美平教授一直以来给
予我的鼓励和帮助。感谢浙江财经大学王力博士、湖北大学郝祥满博士
在项目申报过程中给予的无私指导与解惑。感谢浙江树人大学科研处与
外国语学院的相关领导，也要感谢日语教研室的同人。没有领导的支持
鼓励与同事的互助友爱，本研究亦无法如期完成。还要感谢已故浙江树
人大学特聘教授，中国社会科学院研究员卞崇道先生。先生多年来一直
关心我的成长，为我创造良好的学术氛围与研究环境，指引我在研究道
路上不断进步。遗憾的是先生已经逝去，未能见证此书的出版，希望以
此告慰先生。

最后，特别感谢家人一直以来的理解与付出。这几年没有他们无私
地默默地支持与分忧，我也无法完成本书的撰写。还有许多给予我帮助
和鼓励的师友，此处未能一一述及，请允许我一并向你们表示衷心的
感谢。

任　萍

2014 年 9 月于杭州